মাইন্ড পজেটিভ লাইফ পজেটিভ

জোগিন্দর সিংহ
প্রাক্তন নির্দেশক (সী. বী. আই.)

ডায়মণ্ড বুক্স

প্রকাশক ঃ ফ্যুজন বুকস্
X-30, ওখলা ইণ্ডাস্ট্রিয়াল এরিয়া, ফেজ-2
নূতন দিল্লী-110 020
ফ্যাক্স ঃ 011-40712200
ই-মেল ঃ sales@diamondpublication.com
ওয়েবসাইট ঃ www.diamondbook.in

Printed by : Repro (India)

Mind Positive Life Positive (Bangla)

By : *Joginder Singh*

ভূমিকা

'মাইন্ড পজেটিভ, লাইফ পজেটিভ', মন যদি সংশয়হীন হয় তাহলে জীবনও সংশয়হীন হোতে দেরি লাগে না। আমাদের জীবনের সব কিছুই মনের ওপরেই নির্ভর করে।

বলা হয়েছে যে -

বিচার যদি সংশয়হীন হয়, তাহলে বিচারই হয়ে ওঠে শব্দ।
শব্দ যদি সংশয়হীন হয়, তাহলে শব্দই হয়ে ওঠে ব্যবহার।
ব্যবহার যদি সংশয়হীন হয়, তাহলে ব্যবহারই হয়ে ওঠে অভ্যাস।
অভ্যাস যদি সংশয়হীন হয়, তাহলে অভ্যাসই হয়ে ওঠে মূল্যবোধ।
মূল্যবোধ যদি সংশয়হীন হয়, তাহলে মূল্যবোধ ভাগ্যে পরিণত হয়।

এই বইতে জীবনের সাথে সম্পর্কিত বিভিন্ন দিক গুলিকে রেখাঙ্কিত করা হয়েছে, জীবনের প্রতিটা ধাপে তার গুরুত্ব অপরিসীম, জীবনের সেই প্রতিটা চরণ যাতে সংশয়হীন হয়ে ওঠে এই পুস্তক সেই প্রেরণাই প্রদান করার চেষ্টা করেছে।

আমাদের আচরণে সততার গুণ থাকাটা খুবই জরুরি। এটা আমাদের জীবনের আভূষণ হয়ে ওঠে। সৎ ব্যক্তির মধ্যে সর্বদাই সততা ও আগ্রহ কাজ করে। কোনো সৎ ব্যক্তির কখন মিথ্যা বলতে হয় না বা কিছু লোকাতে হয় না সেই কারণেই বিকল্প পথেও তাদের কোনো সমস্যা হয় না। সে সর্বদাই মাথা তুলে বাঁচার চেষ্টা করে। সেই সাথে আমাদের এটাও মনে রাখতে হবে যে, চরিত্রের বিকাসের সাথে সাথেই ব্যক্তিত্বের বিকাস ঘটে। প্রত্যেক ব্যক্তির মধ্যে চরিত্র তথা ব্যক্তিত্ব বিকাসের অসীম সম্ভাবনা লুকিয়ে থাকে। চারিত্রিক গুণ সূর্যাস্তের পরেও উজ্জ্বল হয়ে থাকে। এটা হল এমন শক্তি যার সাহায্যে আপনি হেরে যাওয়া বাজীও জিতে যেতে পারেন।

এই পুস্তক লেখার সময় যুবক সম্প্রদায়, গৃহিণী এবং সাধারণ পাঠকদের কথা মাথায় রাখা হয়েছে, যারা নিজেদের নির্বাচিত ক্ষেত্রে সফলতা লাভ করতে চায়। মানবীয় মূল্যবোধ গুলিকে উপেক্ষা করাই, আধুনিক জীবনশৈলীর অঙ্গ হয়ে উঠেছে কিন্তু যদি সেই গুলিকে জীবনের অঙ্গ করে তোলা যায় তাহলে জীবনে সফলতা অর্জন করতে বেশী দেরী হয় না।

সঠিক বিনিয়োগ, সময়ের সদ্ব্যবহার এবং কর্তব্য নিষ্ঠা হয়ে উঠুক আপনার জীবনের অঙ্গ, নিন্দা বা সমালোচনা যেন আপনার ব্যক্তিত্বকে দৃঢ়তা প্রদান করতে পারে, তাহলে সফলতা নিজের থেকেই এসে আপনার কাছে ধরা দেবে।

একজন আত্মপ্রেরক হয়ে ওঠার চেষ্টা করুন। ছোটো ছোটো অসফলতা যেন আপনাকে হতাশ করে তুলতে না পারে, সেই জালে কখনও জরিয়ে পড়বেন না। হয়তো এই অসফলতাই আপনার জীবনকে সফল করে তোলার পিছনে বিরাট ভূমিকা পালন করবে।

এই পুস্তকের সাহায্যে যে পথ দেখানো হয়েছে তার দ্বারা তিনটি ক্ষেত্রে - জীবন, কেরিয়ার এবং পরিবারিক জীবনে আগত সমস্যার ইতিবাচক সমাধান পেতে পারেন।

জয়ী হয়ে ওঠার জন্য এই পথে আপনাকে স্বাগত জানাচ্ছি।

-জোগিন্দর সিংহ

প্রাক্তন নির্দেশক (সী. বী. আই.)

বিষয় সূচী

1. সততা 7
2. স্বর্গ হয়ে উঠুক নিজের... 10
3. চরিত্রের বিকাসের থেকে ব্যক্তিত্বের বিকাস 13
4. আত্মপ্রেরক হয়ে উঠুন 16
5. স্মরণ শক্তিতে পরিবর্তন 19
6. অনুশাসনের মহত্ত্ব 23
7. সমস্যার সমাধান 26
8. প্রভাবী কথোপকথন 29
9. আত্মবিশ্বাস বৃদ্ধি করুন 32
10. সময়ের গন্ডী 35
11. উল্লেখযোগ্য সফলতা লাভ করুন 38
12. জীবনের আর এক নাম হল সংঘর্ষ 41
13. ভাবী সফলতার জন্য 45
14. সামনে হোক লক্ষ্য 48
15. সময়ের সদ্ব্যবহার 51
16. ব্যবহারিক সমাধান 54
17. সৃজনশীল চিন্তাধারা 57
18. শ্রেষ্ঠ হোক পরিণাম 60
19. লক্ষ্য প্রাপ্তিতে সহায়ক 63
20. 'না' বলতে শিখুন 66
21. ব্যবস্থাপকীয় ক্ষমতা 69
22. ফীডব্যাক থেকে লাভ 72
23. দূর হোক বাধা 75
24. একজন প্রভাবী প্রবন্ধক 78

25. নিজের প্রতিভা চিনে নিন 81
26. ঘুরে তাকাবেন না.... 84
27. নিজের শর্তানুসারে বাঁচুন 87
28. ধারণা স্পষ্ট করুন 90
29. দৃঢ় পরখ ক্ষমতা... 93
30. উঁচুতে পৌঁছান 96
31. হিত ও সময়ের রক্ষা 99
32. আত্মদয়ার হাত থেকে কিভাবে মুক্তি পাবেন 102
33. একটা অনুশাসিত জীবন 105
34. আত্মনীরিক্ষণের লাভ 108
35. কষ্টকে ভয় পাবেন না 111
36. সম্পূর্ণতার ধারণা 114
37. জীবনকে উপভোগ করতে শিখুন 117
38. সরল জীবন উচ্চ বিচার 120
39. কিছু করে দেখাতে হবে 123
40 এক সফল বিবাহ 126
41. সফলতা লাভের পরম রহস্য 129
42. স্বার্থ ও বাহানা ত্যাগ করে কিভাবে জীবন যাপন করবেন........ 132
43. গুরুত্বপূর্ণ কি? 135
44. সময় নষ্ট করবেন না 138
45. পরিবর্তনের ধারা 141
46. গোছানো ই-মেল 144
47. যা চলে গেছে, তা চলে গেছে 147
48. প্রতিটা গতিবিধি হোক উৎপাদক........ 151
49. আগে আগে 154
50. বিজয়ী হোন........ 157
51. মনকে নিয়ন্ত্রণে রাখুন 159

1

সততা

সততা বলতে যেটা বোঝায় তা হল, আপনাকে নিজের সমস্ত সওদা এবং লেনদেনের ক্ষেত্রে সৎ, ন্যায়-পরায়ণ এবং গম্ভীর থাকতে হবে। এতে আপনার নৈতিকতাও অন্তর্ভুক্ত থাকবে যা আপনার নৈতিক চরিত্রকে বল প্রদান করে।

ছোটোর থেকেই আমরা বাবা-মা, শিক্ষক-শিক্ষিকা এবং ধার্মিক ব্যক্তিত্বদের কাছ থেকে শিখি যে, সততা এবং সৎ পথে জীবন-যাপন মহান মানবিকতার লক্ষণ। সৎ থাকার মানে মনে সততা ও আগ্রহ থাকা। এটাকে মুদ্রার অপর দিক বলা যেতে পারে।

সততা হল সবচেয়ে বড়ো নীতি। এটা যে শুধু প্রাচীন প্রবাদ তাই নয়, সময়ের সাথে সাথে বহুবার এর সত্যতা প্রমাণীতও হয়েছে। জীবনকে অতি সহজ ও সরল ভাবে অতিবাহিত করার সবচেয়ে ভালো পথ হল এটি। আমরা প্রতিদিন সচেতন বা অসচেতন ভাবে ঠিক করি যে, আমাদের ব্যবহারে সততা থাকবে নাকি বেইমানী। যদিও সৎ পথে থাকাটাও অত সহজ নয়, কারণ আপনার বিচার ধারা অন্যদের খারাপ লাগতে পারে। কিন্তু বেইমানী হল এমন একটা জাল যাতে ফেঁসে যাওয়ার পর কেউই আর জীবিত অবস্থায় ফিরে আসতে পারে না। আমরাও তাতে ফেঁসে গেলে তার জন্য আমাদের মূল্য দিতে হয়। সৎ পথে থেকে সত্য কথা বললে আপনার ফেঁসে যাওয়ার ভয় থাকে না, কারণ আপনি কখন কাকে কি

বলেছিলেন তা মনে রাখার কোনো প্রয়োজন আপনার হয় না। সত্য সর্বদাই অটল, কিন্তু একটা মিথ্যাকে লোকানোর জন্য হাজারটা মিথ্যা বলতে হয়। সৎ ব্যক্তিকে কখনই কিছু লোকানোর প্রয়োজন হয় না। সৎ থাকতে পারলে আপনি গর্বের সাথে মাথা উঁচু করে জীবন অতিবাহিত করতে পারবেন।

আপনি যদি মিথ্যা না বলেন তাহলে জীবন অতিবাহিত করার ক্ষেত্রে আপনাকে সংকোচ বা ভয় করে চলতে হয় না, আপনার সতাত আপনার জীবনকে স্বাধীন করে তোলে। অনেকে মনে করে যে, এতে মানুষের জীবন গন্ডীতে আবদ্ধ হয়ে যায়, কিন্তু তা ভুল, আসলে সততা মানুষকে স্বতন্ত্র করে তোলে। বেইমানী কখন গোপন করা যায় না, তা কখন না কখন প্রকাশ ঠিকই পায়।

বেইমানী বৃহৎ আকার ধারণ করলে প্রথমে আপনাকে জেলে গিয়ে তার মূল্য দিতে হবে আর তারপর সারা জীবন জুড়ে তার মূল্য দিতে হবে। পরিবার হোক বা জীবিকা, সবক্ষেত্রেই সততা বজায় রাখাটা খুবই জরুরি।

আমরা সততার সাথে জীবন অতিবাহিত করে নিজেদের চরিত্রের নির্মাণ করে থাকি। চরিত্র আমাদের যথার্থতার একটা ঝলক মাত্র। যে কোনো মানুষের চরিত্রের সাহায্যেই তার ভেতরের রূপটা প্রকাশিত হয়ে ওঠে।

বেইমানী মানুষের স্বভাবের অঙ্গে পরিণত হয়। আমরা সাবধানতার সাথে চলতে না পাড়লে তা আমাদের ভেতরে জমতে শুরু করবে। তা আমাদের চরিত্রে ঘুন ধরিয়ে ধীরে ধীরে তা ধ্বংস করে দেয়। এর চক্করে পড়লে আমরা নিজেদের প্রকৃত চরিত্রকেই হারিয়ে ফেলি, আমরা নিজেরা নষ্ট তো হয়েই যাই সেই সঙ্গে আমরা নিজেদের সম্ভাবনাকেও হারিয়ে ফেলি।

বেইমানী সে যেমনই হোক না কেনো তার জন্য বিরাট মূল্য দিতে হয়। কোনো ছাত্র যদি পরীক্ষার হলে টুকলি করতে গিয়ে ধরা পড়ে বা কোনো ব্যবসায়ী যদি ঠগ বলে পরিচিত হয়ে যায় তাহলে অবশ্যই কোনো না কোনো ভাবে তাদের শাস্তি ভোগ করতে হয়।

যে ব্যক্তি সৎ বলে পরিচিত সে সকলের ভরসার পাত্র হয়ে ওঠে, সকলেই তাকে বিশ্বাস করে। যখন কোনো ব্যক্তি আমাদের কথার ওপর ভরসা রাখে তখন আমাদের ক্ষমতা কয়েক গুণ বৃদ্ধি পায়।

বেইমানী করলে নিজের সাথে সাথে অন্যদেরও সমস্যা বৃদ্ধি পায়, কিন্তু সৎ পথে চললে যে-কোনো সমস্যা অতি সহজেই দূর করা যায়। সৎ পথে চললে যে জীবনে কোনো সমস্যা আসে না তা নয়, আমাকেও অনেক সময় মন্ত্রী ও প্রধান

মন্ত্রীর সাথে থেকেও বহু সমস্যার সম্মখীনতা করতে হয়েছে।

আমি সর্বদাই এটাই ভাবতাম যে বেইমান হয়ে সমস্যার পর সমস্যা বৃদ্ধি করার তুলনায় দৃঢ়তার সাথে সত্যের সম্মখীনতা করা অনেক শ্রেয়। সৎ ব্যক্তি সর্বদা মাথা উঁচু করে বেঁচে থাকে আর বেইমানরা কখনও অন্যের চোখে চোখ রেখে কথা বলতে পারে না।

কোনো বয়সেই সততা বা সত্যের পথ ছাড়া উচিত না। যেকোনো মানুষ সর্বদাই একটা সৎ মানুষের খোঁজ করে থাকে। অসততা যেকোনো সম্পর্ককেও নষ্ট করে দিতে পারে। বৈবাহিক সম্পর্ক গড়েই ওঠে সততা ও বিশ্বাসের ওপর। যে কোনো রকম ছলনা এই সম্পর্কের ভিতকে নষ্ট করে দিতে পারে। বিশ্বাস ও ভরসাই হল সবচেয়ে বড়ো সম্পদ।

যেকোনো সফলতার পিছনে সততাই হয়ে ওঠে সবচেয়ে বড়ো আধার। এর অভাবে বিশ্বাস তথা যোগ্যতা কিছুই ঠিক মতো কাজ করতে পারে না। সবার আগে নিজের ব্যাপারে সততা বজায় রাখাটা খুবই জরুরি।

সততা এত বড়ো আভূষণ যে, আর কোনো সাজ-সজ্জার প্রয়োজন হয় না। আমাদের কখনও এমন কাজ করা উচিত না যাতে আমাদের ধরা পড়ার ভয় থাকতে পারে। আমি একটা জিনিস দেখেছি যে, সততার সাথে অর্জিত ধন-সম্পত্তি হারিয়ে গেলে তা কোনো না কোনো ভাবে ঠিকই ফিরে পাওয়া যায়, কিন্তু বেইমানীর অর্থ চোখে দেখা যায় না।

অসততা বা বেইমানী করলে প্রকৃতির থেকে দণ্ড ভোগ করতেই হয়। তেমনি সঠিক আচরণ বা সততার জন্যও পুরস্কার লাভ করা যেতে পারে। আমাদের সেই ভাবে নিজেদের গড়ে তুলতে হবে, যাতে সকলে আমাদের বিশ্বাস করতে পারে। মিথ্যা যেকোনো মানুষের আবেগকে আহত করতে পারে, তা যেকোনো সম্পর্ককে নষ্ট করে দিতে পারে।

বেইমানী আমাদের কেরিয়ার, মিত্রতা এবং বৈবাহিক সম্পর্ককে নষ্ট করে দেয়। অনেক সময় সত্য কথা বলতে সমস্যা হোতে পারে, কিন্তু তা উচিত না। যে কোনো পরিস্থিতির থেকে আমরা এই শিক্ষায় লাভ করি যে, সৎ পথে চলাই সবচেয়ে ভালো নীতি।

2

স্বর্গ হয়ে উঠুক নিজের...

যেকোনো কাজ করার সময় একটা কথা অবশ্যই মাথায় রাখবেন যে, সম্পূর্ণ একাগ্রতা ও প্রয়োজনীয় সময় সেই কাজের পিছনে অবশ্যই ব্যয় করতে হবে। এটাই আমাদের জীবনের প্রথম গুরুত্বপূর্ণ সিদ্ধান্ত হয়ে ওঠা উচিত। তা না হলে আমরা কোনো কাজের ব্যাপারেই ন্যায় করতে পারব না। আজকের দিনটা কালকের থেকে ভালো ছিল কিনা তা জানার জন্য আমাদের নিজেদেরই তুলনা করে দেখতে হবে। আমাদের জীবন কি গতানুগতিক ভাবেই চলছে নাকি তা উন্নতির দিকে যাচ্ছে তা বিচার করে দেখাটা খুবই জরুরি।

আপনি নিজেকে প্রশ্ন করে দেখুন যে, আপনি কি নিজের জীবনে কোনো পরিবর্তন আনতে সক্ষম হয়েছেন? আপনি কি আগের মতোই উৎসাহের সাথে কাজ করেন নাকি আপনার সমস্ত উৎসাহ নষ্ট হয়ে গেছে, তাও বিচার করে দেখতে হবে। যদি আপনার উত্তর নেতিবাচক হয়, তাহলে এই পরিস্থিতি শোধরাতে কি করতে হবে তা জানার জন্য আত্ম বিশ্লেষণ করাটা খুবই জরুরি।

আপনি যদি নিজের এজেন্ডার থেকে পিছনে থেকে যান তাহলে নিজেকে কখন দোষারোপ করবেন না। আপনি জীবনে কি কি পেয়েছেন তা মনে রেখে আনন্দে থাকার চেষ্টা করুন। আপনি এগিয়ে যান, আপনার জীবনের রাস্তা আপনে আপ সঠিক পথে চলতে থাকবে। আপনার নেতিবাচক ও ইতিবাচক বিচার গুলি আপনার জীবন ও ব্যক্তিত্ব গড়ে তোলার ক্ষেত্রে গুরুত্বপূর্ণ ভূমিকা পালন করে।

সাধারণত আপনি যেভাবে জীবন যাপন করতে চান আপনার জীবন সেই ভাবেই অতিবাহিত হয়ে থাকে।

আমাদের প্রশ্নের মধ্যেও কিছু বিশেষ উত্তর লুকিয়ে থাকে, তা নিশ্চিত ভাবে কর্ম-অকর্ম এবং প্রতিক্রিয়ার দিকে নিয়ে যায়। তা সেই স্তরের পরিণামও নিয়ে আসে। যদি আমরা নিজেদের পিছন দিকে নিয়ে যাওয়ার মতো প্রশ্ন করি তাহলে আমরা পিছন দিকেই যাব। ঠিক তেমনি আপনি যদি নিজেকে প্রশ্ন করেন যে, আপনি নিজের অভিজ্ঞতা থেকে কি শিখলেন, জীবনকে কিভাবে আরো উন্নত করে তোলা যায়, কিভাবে নিজেকে আরো শক্তিশালী করে তুলবেন, তাহলে আপনি নিজের থেকেই নিজেকে আরো বেশি দৃঢ় করে তুলতে পারবেন।

আপনি নিজের থেকেই প্রস্ফুটিত হোতে শুরু করবেন। যদি আপনার মনে হয় যে, লোকেরা আপনার কথা শুনে আপনাকে উপহাস করছে তাহলে আপনার কাউকে কিছু বলার প্রয়োজন নেই। আপনাকে ক্রমাগত চেষ্টা চালিয়ে নিজেকে ওপরে তোলার প্রয়াস চালিয়ে যেতে হবে। আপনার কাজ যেন আপনার বোঝা হয়ে না ওঠে, সেই সাথে নিজেকে কোনো অবস্থাতেই অবসাদ গ্রস্থ করে তুলবেন না। আপনার মানসিকতা যদি ইতিবাচক হয় তাহলে যেকোনো হতাশাই আপনি হাসি মুখে জয় করতে পারবেন। কখনই ভাববেন যে, অর্থ বা শরীরের সাথে সম্পর্কিত কোনো সমস্যা কোনোদিনই আপনার জীবন থেকে দূর হবে না, জীবন এমন একটা চক্র, যাতে কখনও আপনি উঁচুতে পৌঁছাবেন তো কখন নিচে। জীবন যে পরিস্থিতির মধ্যে দিয়েই অতিবাহিত হোক না কেনো, তা ছোটো হোক বা বড়, তার মধ্যে কোনো না কোনো ইতিবাচক দিক থাকেই, তাই নেতিবাচক পক্ষ যতই দৃঢ় হোক তা যেন আপনার জীবনে দৃঢ় হয়ে উঠতে না পারে।

গত মাসে। আমাকে দিল্লীর এক পাঁচ তারা হোটেলে দুবার রাতের ভোজনের আমন্ত্রণ জানানো হয়েছিল। দিল্লীর বিভিন্ন এলাকায় আমার যে বন্ধুরা ছরিয়ে ছিটিয়ে আছে, সেখানে গেলে তাদের সকলের সাথেই আমার দেখা হওয়ার সম্ভাবনা ছিল, এটাই ছিল সেই ভোজনে অংশ গ্রহণ করার ইতিবাচক পক্ষ। আর নেতিবাচক পক্ষ ছিল, আসা-যাওয়া নিয়ে আমার প্রায় চার ঘন্টা সময় লেগে যাচ্ছিল। আমরা যতদিন বেঁচে আছি, ততদিন সামাজিকতা পালন করতেই হবে। তাই ঠিক করে ফেলেছিলাম যে আমি দুটি জায়গায় এক ঘন্টার বেশি থাকব না। তারপর ড্রাইভার আমাকে বাড়িতে নিয়ে আসবে।

সমস্যা যেমনি হোক না কেনো, তা বিকৃত হয়ে ওঠার অপেক্ষা করবেন না,

তার আগেই তার সমাধান করে ফেলুন। কোনো সমস্যা যত এরিয়ে যাওয়ার চেষ্টা করবেন আপনার অপ্রসন্নতা, হতাশা, উদ্বেগ ও মানসিক চাপ তত বৃদ্ধি পাবে। সর্বদা সবচেয়ে ভালোটা পাওয়ার আশা করতে হয়, তবেই আমাদের পক্ষে তা পাওয়া সম্ভব। আপনি কাউর মতো জীবন যাপন করতে যাবেন না, তেমনি কাউর কাছ থেকে আশা করা উচিত না যে, সে আপনার অনুসারে নিজের জীবন যাপন করবে। অপরের ইচ্ছা বা পরামর্শের ওপর ভিত্তি করে নিজের জীবিকা নির্বাচন করবেন না, সেক্ষেত্রে আপনার সম্মতিই সবচেয়ে বড়ো কথা।

আপনি অবশ্যই মনে উচ্চাকাঙ্ক্ষা পোষণ করতে পারেন, তবেই আপনি তা সম্পূর্ণ করতে সক্ষম হবেন। আপনি যদি সম্পূর্ণ পরিশ্রমের দ্বারা নিজের স্বপ্ন পূরণ করতে চান তাহলে অতি সহজে তা পূরণ করতে পারবেন। আমরা সকলে এক আকাশের তলায় বাস করলেও আমাদের প্রত্যেকের দৃষ্টিভঙ্গী আলাদা আলাদা হয়। জীবনে যেকোনো জিনিস পাওয়ার জন্য ঘাম ঝড়াতেই হয়, আমরা হাসি মুখে জীবন কাটাব নাকি দুঃখের সাথে তা নির্ভর করে আমাদের ওপর, সব ক্ষেত্রেই পরিশ্রম তো করতেই হয়।

যে নিরাশাকে নিজের কাছে ঘেঁসতে দেয় না, সেই সৌভাগ্যের অধিকারী হয়। কয়েক মাস আগে নেপাল থেকে ফেরার সময় আমার প্লেন কয়েক ঘন্টা লেট করেছিল। আমি প্লেনে বসেই ল্যাপটপে নিজের কিছু গুরুত্বপূর্ণ কাজ শেষ করে নিয়েছিলাম। আমি বুঝেছিলাম যে কোনো রকম নালিশ জানিয়ে কিছুই হবে না। আমি সেই সময় বসে সন্ধ্যের আসরে কি বক্তৃতা দেব তা লিখে ফেলেছিলাম। সবকিছুই আমাদের দৃষ্টিভঙ্গীর ওপর নির্ভর করে, তার সাহায্যে আমরা যেকোনো ক্ষেত্রকে স্বর্গ বানিয়ে তুলতে পারি। আপনি যদি শ্রেষ্ঠ হয়ে উঠতে চান, তাহলে যেকোনো পরিস্থিতিও আপনাকে শ্রেষ্ঠ হয়ে উঠতে সাহায্য করবে।

> *"অজ্ঞানী হওয়া কোনো মানুষেরই অসাধারণ অধিকার নয়, বরং স্বয়ংকে অজ্ঞানী বলে মনে করাই তার বিশেষ অধিকার।"*
>
> \- রাধাকৃষ্ণণ

3

চরিত্র বিকাসের থেকে ব্যক্তিত্বের বিকাস

যেকোনো ব্যক্তির ব্যক্তিত্ব তার গুণ ও বিশেষত্বের মিলন, যা তাকে আরো বিশিষ্ট করে তোলে। কোনো ব্যক্তি কত চতুর, বুদ্ধিমান, অন্তর্মুখী বা বহির্মুখী তা তার বিশেষত্বকেই দর্শায়। আমরা পরিবেশ, ধারণা ও পরিস্থিতি অনুসারে নিজেদের ব্যক্তিত্ব বিকসিত করি আর সেই অনুসারেই তা বদলাতে থাকি। বিভিন্ন গঠনগত বিশেষত্ব আমাদের ব্যক্তিত্ব গড়ে তোলে যা যেকোনো ব্যক্তির সম্পূর্ণ অস্তিত্বে পরিণত হয়।

প্রত্যেক পরিস্থিতি আমাদের ব্যক্তিত্বে পরিবর্তন আনতে পারে। আমাদের প্রতিচ্ছবি, প্রবৃত্তি, আচরণ এবং মানসিকতার সাথে এর প্রত্যক্ষ সম্পর্ক থাকে। জীবনের প্রাপ্তির সাথে কোনো ব্যক্তির ব্যক্তিত্বের এক গভীর সম্পর্ক থাকে। আমরা আমাদের সামাজিক ও ব্যবসায়িক ক্ষেত্রে বন্ধু ও ব্যক্তিদের প্রভাবিত করতে পারি।

আমাদের চরিত্রের দ্বারা প্রভাবিত ভালো ব্যক্তিত্ব জীবনে এগিয়ে চলার প্রেরণা দেয়। কোনো ব্যক্তির উচ্চতা, ওজন, রঙ, পদ বা সামাজিক অধিকার তার ব্যক্তিত্বের জন্য যথেষ্ট নয়। যদিও শারীরিক গঠন সামান্য হলেও গুরুত্বপূর্ণ, কিন্তু তা ছাড়াও অন্য আরো কিছু শারীরিক বিশেষত্ব থাকে; যেমন - চরিত্র, ব্যবহার বা মানসিকতা; তা যেকোনো ব্যক্তির ব্যক্তিত্বের আধার হয়ে ওঠে। ব্যক্তিত্বও বিভিন্ন প্রকারের হয়ে থাকে - বহির্মুখী, সম্মতি প্রকটকারী, অভিজ্ঞতার ব্যাপারে আগ্রহী, আক্রমণাত্মক বা শান্ত প্রভৃতি।

বহির্মুখী ব্যক্তিত্বের অধিকারী লোকেরা সামাজিক জীব, তারা প্রাণোচ্ছল এবং উর্জায় ভরপুর থাকে তথা কর্মের শক্তির ওপর বিশ্বাস থাকে তাদের। অন্তর্মুখী ব্যক্তিদের মধ্যে প্রাণোচ্ছলতা ও উর্জার অভাব দেখা যায়।

যারা অতি শীঘ্র সফলতা লাভ করে, তারা এটা বিশ্বাস করে যে, একটা ঘটনা সম্পর্কে লোকেদের আলাদা বিচার ও দৃষ্টিকোণ থাকতে পারে। ভাবুক প্রকৃতির মানুষেরা যেকোনো কথায় আহত হয়, নেতিবাচকতা এদের খুব বেশি করে প্রভাবিত করে থাকে। অভিজ্ঞতার ওপর আস্থাশীল ব্যক্তি সৃজনশীল, কল্পনাশীল, উৎসাহী এবং বুদ্ধিমান হয়।

আমাদের ব্যক্তিত্বের থেকে চরিত্রের একটা দিক ধরা পড়ে না, বরং সমস্ত পক্ষ ধরা পড়ে। তা আমাদের বিচার ও ভাবনার প্রতিবিম্ব।

আমরা কিভাবে নিজের আবেগ ও ইচ্ছাকে নিয়ন্ত্রণ করছি তার ওপরেও আমাদের ব্যক্তিত্ব কেন্দ্রীভূত থাকে। ব্যক্তিত্ব হল এমন এক ভাবনা যা শক্ত ভিতের ওপরে দাঁড়িয়ে থাকে। যদি কোনো ব্যক্তির আত্মবিশ্বাস খুব প্রবল হয় তাহলে সে অন্যদেরও প্রভাবিত করতে পারে। জীবনে কোনো মিথ্যা বা ছলনাই বেশি দিন টিঁকে থাকতে পারে না। দীর্ঘদিন সেই মোরোকে নিজেকে ঢেকে রাখা যায় না।

ব্যক্তিত্বের বিকাসের জন্য চরিত্রকে বিশেষ ভিতের ওপর দাঁড় করাতে হবে, আমাদের ব্যক্তিত্বের বিকাসের জন্য নিজেদের ব্যবহার, কথোপকথন কৌশল, অন্তঃপরস্পর সম্বন্ধ, জীবনের প্রতি দৃষ্টিভঙ্গী, মূল্যবোধ ও নৈতিক মান্যতাকে সম্মান জানাতে হবে।

মানুষের ব্যক্তিত্বই মানুষকে অসাধারণ ও উল্লেখযোগ্য করে তোলে। নিজের দৃঢ় সংকল্প ও লক্ষ্য যদি ধরে রাখা যায় তাহলে ব্যক্তিত্ব অবশ্যই শুধরে যাবে। অপরের সৃষ্ট পথে চলার বদলে আমাদের নিজেদের পথ তৈরি করে নিতে হবে কারণ প্রত্যেকের জীবনের লক্ষ্য ও উদ্দেশ্য ভিন্ন হয়ে থাকে।

আপনার ব্যক্তিত্বকে বিকসিত করে তোলার জন্য অবশ্যই আপনাকে কঠোর পরিশ্রম করতে হবে। এটা একবার করার পর ভুলে যাওয়ার মতো কাজ নয়। এটা এমন প্রক্রিয়া যা ক্রমাগত চালিয়ে যেতে হয় সেই সাথে ব্যক্তিত্ব বিকসিত করার জন্য কোন ক্ষেত্রে কেন্দ্রীভূত থাকাটা জরুরি তাও জানতে হবে।

নিজের দুর্বলতা ও ভুলের বিশ্লেষণ করাটা খুবই জরুরি, আপনি নিজেকে কিভাবে শোধরাবেন তার সন্ধান আপনাকেই করতে হবে। একজন ভালো মানুষ হয়ে ওঠার সাথে সাথে নিজের ব্যক্তিত্ব বিকসিত করার এটা প্রথম পদক্ষেপ।

স্বপ্নেও নিজেকে এই কথা বলবেন না যে, আপনি কোনো কাজের নয়, তাতে করে আপনি নিজেই নিজেকে গন্ডী বদ্ধ করে ফেলেন। আপনি নিজের জীবন থেকে 'করতে পারব না' এই কথাটা বাদ দিয়ে দিন। লক্ষ্য পূরণের পথে এই ধরণের কথা একটা বড়ো বাধায় পরিণত হয়।

যেকোনো উচ্চাকাঙ্ক্ষা পূরণের জন্য ক্রমাগত চেষ্টা চালিয়ে যেতে হয়। নিরন্তরতা এবং চরিত্র একসাথে চলতে থাকে। আপনি নিজের মুডের চাকর হয়ে যাবেন না। সঠিক জীবন যাপন বা ব্যক্তিত্ব বিকসিত করে তোলার জন্য কখনই আজকের কাজ কালকের জন্য ফেলে রাখবেন না।

নিজের মনের প্রভু হয়ে উঠুন। তাকে আপনার ওপর চেপে বসতে দেবেন না। তা যদি আপনাকে বশ করে ফেলে তাহলে আপনারই সবচেয়ে বেশি ক্ষতি হবে। আপনার শরীর ও পরিস্থিতির ওপর আপনার কোনো নিয়ন্ত্রণ নেই ঠিকই, কিন্তু নিজের প্রবৃত্তি, ব্যবহার এবং ভাবনার ওপর নিয়ন্ত্রণ রাখা যেতে পারে।

চরিত্রের বিকাস হোক বা ব্যক্তিত্বের নির্মাণ, উল্লেখযোগ্য পরিণাম পাওয়ার জন্য অভ্যাস থাকা খুবই জরুরি। একজন খেলোয়াড় যেভাবে নিয়মিত ব্যায়াম করে আপনাকেও তেমন অভ্যাস গড়ে তুলতে হবে। এই অভ্যাস গড়ে তোলা অত সহজ নয়, রাস্তায় বহু বাধা আসবে। বিশ্রাম ও সুবিধার মোহ মানুষকে অতি সহজে ফাঁসিয়ে দিতে পারে। লক্ষ্যের দিকে পা বাড়ানোর পর তা পিছিয়ে নিলে আপনার জীবনে তা ঘাতক হয়ে উঠবে।

আমাদের সকলের মধ্যেই ব্যক্তিত্ব বিকাসের অসীম সম্ভবনা লুকিয়ে থাকে, কিন্তু আপনাকে নিজের বিশেষত্ব চিনে নিয়ে তা আরো বেশি করে প্রয়োগ করার রাস্তা খুঁজতে হবে। নিজের বিচার ও আদর্শকেও স্থান দিতে হবে। চরিত্র নির্মাণ ও ব্যক্তিত্ব বিকাস একটা নিজেস্ব ব্যাপার। অন্য কেউ আমাদের শারীরিক ও মানসিক শক্তি প্রদান করতে পারবে না, আমাদের অসফলতাকে সফলতায় বদলাতে পারে না।

আমাদের নিজেদেরই অসলতাকে সফলতার জামা পরাতে হবে। মনে রাখবেন আপনার চরিত্রের দীপ্তি সূর্যাস্তের পড়েও উজ্জ্বল হয়ে থাকে, তখন চারদিকে কোনো আলো থাকে না। এটা এমন শক্তি, যার বলে আমরা হেরে যাওয়া বাজিও জিতে যেতে পারি।

4

আত্মপ্রেরক হয়ে উঠুন

আমরা আমাদের সারা জীবন ধরে বিভিন্ন লোকেদের কাছ থেকে বিভিন্ন রকম প্রেরণা লাভ করে থাকি। কাউর কাছে তার পরিবার, মিত্র বা তার সফলতা প্রেরক হয়ে ওঠে তো, কাউর কাছে পয়সা এবং শক্তিই হয়ে ওঠে প্রেরণার উৎস।

প্রেরণাই আমাদের কঠোর পরিশ্রমের জন্য প্রেরিত করে। কোনো ভালো ও মন্দ প্রদর্শনের মধ্যে যে অন্তর তার কারণ হল প্রেরক। জীবনের কোনো এক সময়ে কোনো প্রেরণাই আমাদের জন্য কাজ করে না। আমরা জীবনে যা চাই তা পাওয়ার পরেই সেবা করার বিষয়ে আগ্রহ দেখাতে পারি।

সম্পূর্ণ জীবনের জন্য আমাদের ক্রমাগত নিজেদের প্রেরিত করার চেষ্টা করতে হবে। এই কাজ আমরাই করতে পারি, অন্য কেউ আমাদের জন্য এই কাজ করতে পারবে না। যদি আমরা বিজয়ি হোতে চাই, তাহলে ক্রমাগত নিজেকে প্রেরণা দিতে হবে। সবার আগে এটা দেখতে হবে যে, জীবনের কোন ক্ষেত্রে প্রেরণার প্রয়োজন সবচেয়ে বেশি। মনোবল ক্ষীণ হোতে থাকলে নিজেই নিজেকে বাহবা দিন, যাতে প্রেরণার স্তর অব্যাহত থাকে।

আপনার প্রাপ্তি তা ছোটো হোক বা বড়ো তা লিখে রাখতে ভুলবেন না। সেগুলি দেখে নিজেকে মানসিক ভাবে প্রস্তুত করতে পারবেন, আর বলতে পারবেন যে, আপনি জীবনে সবকিছু পেতে পারেন। একে মানসিক ও শারীরিক অভ্যাসের অঙ্গ রূপে নিন।

নিজেকে কখন তুচ্ছ করবেন না বা নিজের শত্রু হয়ে উঠবেন না। নিজের চোখে নিজেকে ছোটো করবেন না। এর মানে এই দাঁড়ায় যে, আপনি নিজেকে কাউর যোগ্য বলে মনে করেন না। এতে করে আপনি নিজের প্রতি ভরসা হারিয়ে ফেলবেন। যেকোনো পরিকল্পনায় সফলতা পাওয়ার জন্য নিজের ওপরে বিশ্বাস থাকাটা খুবই জরুরি। শেক্সপীয়ার সঠিকই বলেছিলেন, 'যদি কোনো গুণ নাও থাকে তাহলে ভেতরে তার কল্পনা করুন।' আপনি যদি নিজেকে ভরসা না করেন, তাহলে কে আপনাকে ভরসা করবে? কোনো মূল্যেই প্রেরণার স্তর কম হোতে দেবেন না।

নিজের প্রেরণার স্তর অব্যাহত রাখার জন্য কোনো প্রেরণা দায়ক গল্প বা কবিতা পড়তে পারেন। যারা আমাকে উৎসাহ প্রদান করে এবং সফল ভাবে দেখতে চায় আমি তাদের সাথে থাকতে খুবই পছন্দ করি। আমি কখন হতাশ থাকি না বা সেই রকম বিচার ধারা মনে আনি না। কোনো কাজে হাত দেওয়ার আগে একটা পরিকল্পনা করে নিই, আর মানসিক ভাবে নিজেকে সফল রূপে দেখার কল্পনা করি। আমি নিজেই আমার 'চিয়ার লীডার' আর সেই পুরস্কার পাওয়ার আশা রাখি যা নিজের লক্ষ্য পূরণের পর আমি পেতে পারি। অন্যের কথা শোনার সময় একটা কথা মাথায় রাখি, যাতে তার নেতিবাচকতার প্রভাব আমার ওপর না পড়ে।

অন্যের কোনো কথা যদি আমাকে নিজের লক্ষ্য পূরণের বিষয়ে সাহায্য করে তাহলে আমি অবশ্যই তা শুনি। তবে আমি একটা কথা মানি যে, প্রেরণা বাইরের থেকে লাভ করা যায় না। আমি যা পেতে চাই এটা তারই প্রাকৃতিক পরিণাম। আমি একটা কথা বিশ্বাস করি যে, আমার মধ্যে সমস্ত কিছু পাওয়ার ক্ষমতা আছে। প্রেরণার স্তর বজায় রাখার একটা উপায় হল নিজের কার্যের স্তর পরীক্ষা করুন, তা লক্ষ্য প্রাপ্তির দিকে অনুকূলতার সাথে এগাচ্ছে কি না তা দেখুন।

শুধু চিন্তা করলেই হবে না, সঠিক পদক্ষেপ নেওয়াটাও খুবই জরুরি। রুজভেল্ট বলেছিলেন,'কোনো সমালোচক গুরুত্বপূর্ণ হয়ে উঠতে পারে না, কোনো ব্যক্তি কিভাবে নিজেকে সামলাতে পারেনি বা কোনো কাজকে কিভাবে আরো ভালো করে তোলা যায় যে এই কথা বলে সেও কোনো গুরুত্ব রাখে না। শ্রেয় তো সেই ব্যক্তিই পায়, যে যুদ্ধ ক্ষেত্রে অটল থাকে, যার মুখে থাকে ধূলো, রক্ত ও ঘামের দাগ, যে বীরের মতো লড়াই করে, যে বারংবার পড়ে গেলেও উঠে দাঁড়ানোর ক্ষমতা রাখে, যে উৎসাহ ও শ্রদ্ধাকে মানে, যে কোনো ভালো কাজের

জন্য ত্যাগ করতে জানে, এমন ব্যক্তি যদি অসফল হয়েও যায় তাহলেও সে অসফল ব্যক্তিদের অন্যতম হয়ে ওঠে না। যারা ভীরুতার সাথে জীবন কাটায় তারা জয়-পরাজয়ের স্বাদই জানে না।'

যে কাজ আমাকে লক্ষ্যের দিকে নিয়ে যায়, তাই আমার কাছে সবচেয়ে গুরুত্বপূর্ণ, আমি কখনই অন্যের বানানো পথ দিয়ে যাইনা, নিজেই পথ তৈরি করার চেষ্টা করি এবং সংশয়হীন ভাবে উৎসাহের সাথে পথ চলার চেষ্টা করি।

আপনি যে কাজে হাত দেবেন তা মাঝ পথে ছেড়ে দেবেন না, এতে আপনার প্রেরণার স্তর কমে যেতে পারে। মানুষ মাত্রই ভুল হয়, আমি নিজের ভুল থেকে শিক্ষা নেওয়ার চেষ্টা করি এবং যাতে তা পুনরায় না হয় সেই দিকে খেয়াল রাখি। প্রাপ্তি এবং পূর্ণতা আমার প্রেরণার স্তরকে উঁচু রাখতে সাহায্য করে। সময়ের সাথে সাথে মানুষের মধ্যে নেতিবাচক বিচার এসেই যায়, তাই প্রেরিত থাকাটা এক বিরাট সংঘর্ষ। আমার মনে যে সংশয় আসে না তা নয়, কিন্তু তার থেকে বেরিয়ে আসাটাই বড়ো কথা। সফল ও অসফ ব্যক্তির ক্ষেত্রে এটাই সবচেয়ে বড়ো পার্থক্য।

প্রেরণায় ভরপুর ব্যক্তিও একটা ছোট্টো অসফলতার জন্য হতাশা গ্রস্ত হয়ে উঠতে পারে, সেই হতাশা কাটিয়ে ওঠার জন্য আপনার হাতে যে কাজ থাকবে তার দিকে মনোসংযোগ করার চেষ্টা করবেন। ঠিকই তো বলেছে -

'কোনো কাজ ইচ্ছা থাকা সত্ত্বেও যদি না করেন, তাহলে তার জন্য আজ থেকে কুড়ি বছর বাদে অফসোস করবেন। তাই দ্রুততার সাথে এগিয়ে যান, সুরক্ষিত আস্তানা ছেড়ে ঝড়-ঝঞ্ঝার মধ্যে নিজের নৌকা নিয়ে এগিয়ে যান। নতুন কিছু খুঁজুন! নতুন স্বপ্ন দেখুন, নতুন কিছু আবিষ্কার করুন!'

> *"প্রত্যেক ব্যক্তির নিজের বিচার ও সিদ্ধান্ত গুলিকে স্বতন্ত্রতা পূর্বক বিকসিত করার অধিকার আছে।"*
>
> \- রাধাকৃষ্ণন

5

স্মরণ শক্তিতে পরিবর্তন

সাধারণ তো বেশির ভাগ লোকেই কোন বিষয়ে নিজে দুর্বল সেই দিকটা নিয়ে চিন্তা করে থাকে, যখন সে কাউর নাম ভুলে যায় বা কোনো গুরুত্বপূর্ণ বিষয় ভুলে যায় তখন তার আরো বেশি করে খারাপ লাগে। কোনো মানুষের স্মরণ শক্তি খুব ভালো থাকার পর যদি তা ধীরে ধীরে নষ্ট হয়ে যায় তাহলে সে আরো বেশি মন খারাপ করে। আমাদের মনে রাখতে হবে স্মরণ শক্তি ব্যাঙ্কের মতো। আমরা যখন তাতে কিছু রাখব, তবেই তার থেকে কিছু বার করতে পারব।

আপনি মনে করুন যে, আপনি প্রখর স্মরণ শক্তির অধিকারী, নিজের প্রতি ইতিবাচক থাকার চেষ্টা করুন। আপনি যদি মনে করেন যে, আপনার মাথা কাজ করছে না, স্মরণ শক্তি হাতের বাইরে চলে গেছে, তাহলে আপনার মস্তিষ্কও সেটাই মনে করবে। আপনি আগে কোনো কাজ কতটা আগ্রহের সাথে করতেন, তার ওপরেই আমাদের স্মরণ শক্তি সবচেয়ে বেশি নির্ভর করে। আমরা যখন কোনো কাজ বা ব্যক্তির প্রতি আকর্ষণ বোধ করি, তখন তাকে আমরা বেশি গুরুত্ব দিয়ে থাকি। তখন সেই ব্যক্তি বা ঘটনা অতি সহজেই আমাদের মনে থেকে যায়।

ভালো স্মরণ শক্তি স্কুল, কলেজ বা জীবনের সমস্ত ক্ষেত্রে খুবই কাজে লাগে। এর সাহায্যে আমরা নতুন ও উন্নতশীল টেকনিককে তথা পরিবর্তনকে অতি দ্রুত আত্মসাৎ করতে পারি। আমরা কম্প্যুটারে চিপ বা সফটওয়ার লাগিয়ে

তার মেমরীতে সংশোধ ঘটাতে পারি। কম্প্যুটার থেকে আমাদের মস্তিষ্কের গঠন অনেক বেশি জটিল, তাই এর সাথে এমনটা ঘটে না।

ব্যায়ামের দ্বারা যেমন শারীরিক ক্ষমতা বৃদ্ধি পায় তেমনি মস্তিষ্ক ও স্মরণ শক্তির ক্ষমতাও বৃদ্ধি করা যেতে পারে। শরীরের মতো মস্তিষ্কের ফিটনেসও গুরুত্বপূর্ণ বিষয়। ভালো স্মরণ শক্তি আমাদের মানসিক দিক থেকে সজাগ রাখে। একটা অতি প্রাচীন প্রবাদ আছে, 'বয়স্ক কুকুর আর নতুন ট্রিক সর্বদাই নতুন কিছু শেখায়'। বৈজ্ঞানিকেরা মনে করেন যে, মস্তিষ্কের বিষয়ে এমনটা ঘটে না।

মানব মস্তিষ্ক বৃদ্ধাবস্থাতেও সময়ের সাথে সাথে নিজেকে পরিবর্তন করার অদ্ভুত ক্ষমতা রাখে। এই যোগ্যতাকে 'নিউরোপ্লাস্টীসিটী' বলা হয়। সঠিক উত্তেজনার দ্বারা এটি নতুন 'নিউরল পাথওয়ে' বানাতে পারে, বিদ্যমান স্নায়ুতে পরিবর্তন আনা যেতে পারে তথা আদোপ-কায়দার হিসাবে সময়ানুসারে, প্রতিক্রিয়া ব্যক্ত করতে পারে।

মেমোরী বা স্মরণ শক্তি শোধরানোর উপায় গুলি নিম্নে দেওয়া হল -

আপনার ঘুম যেন সম্পূর্ণ হয়। ঘুম পূরণ হলে মস্তিষ্ক নিজের সম্পূর্ণ ক্ষমতা অনুসারে কাজ করতে পারে। ঘুম সম্পূর্ণ না হওয়ার অর্থ হল, আমরা আমাদের সৃজনশীল, সমস্যা-সমাধানের যোগ্যতা এবং সমালোচনাত্মক চিন্তন কৌশলের সাথে সামঝোতা করে থাকি। আমরা সকলেই কম সময়ে বেশি কাজ করার কথা ভাবি। মেমোরীর জন্য ঘুম খুবই প্রয়োজনীয়। অধ্যায়ন থেকে জানা গেছে যে, গভীর নিদ্রা স্মৃতি শক্তিকে শোধরানোর কাজ করে থাকে। কম ঘুম ভয়ংকর অভাবে পরিণত হোতে পারে।

ভালো ঘুম ও ব্যায়ামের কথা আমাদের কখনই ভোলা উচিত না। শরীর ঠিক থাকলে তবেই স্মৃতিশক্তি ঠিক থাকবে। আমরা যখন ব্যায়াম করি তখন তা শরীরের সাথে সাথে আমাদের মনেও প্রভাব বিস্তার করে। ব্যায়ামের ফলে মস্তিষ্ক থেকে নিঃসৃত কেমিক্যালের প্রভাব বৃদ্ধি পায় ও তা সুরক্ষিত থাকে।

অধ্যয়ন থেকে এটাও জানা গেছে যে, ভালো সার্থক সম্বন্ধ এবং দৃঢ় সমর্থন তন্ত্র শুধুমাত্র সৃজনশীলতার জন্যই প্রয়োজন তাই নয় বরং মস্তিষ্কের সঠিক গঠনের জন্যও তা উপযোগী বলে ধরা হয়।

পাবলিক হেল্‌থের হেওয়ার্ড স্কুলের অধ্যয়ন অনুসারে পাওয়া গেছে যে, সক্রিয়তার সাথে সামাজিক জীবন যাপনকারীদের স্মরণ শক্তি খুব কমই হ্রাস পেয়ে থাকে। একটা সুস্থ শরীরেই একটা সুস্থ মস্তিষ্ক বাস করতে পারে। জীবন

প্রতি ইতিবাচক দৃষ্টিভঙ্গী এবং হাসার ক্ষমতা মেমোরীর ক্ষেত্রে সহায়ক বলে ধরা হয়। ক্রসওয়ার্ডের সমাধান বা মেমোরী গেম খেললেও মস্তিষ্ক সতেজ থাকে।

কিছু লোক বলে থাকে যে, তাদের স্মরণ শক্তি যথেষ্ট প্রবল, কিন্তু তা সত্ত্বেও তাদের ছোটো টেপ রেকর্ডার বা ই-মেল রিমাইন্ডার মতন জিনিসের সাথে সাথে স্মরণ রাখার অভ্যাসও গ্রহণ করতে হবে। আমার এখনও মনে আছে, কিভাবে আমরা ছাত্র জীবনে ইতিহাসের তারিখ বা সময় মনে রাখতাম।

আমাদের জীবনের বিভিন্ন ক্ষেত্রে বিভিন্ন পদ অনুসারে ভালো স্মরণ শক্তির প্রয়োজনের ক্ষেত্রে পরিবর্তন এসে থাকে। পরীক্ষায় ভালো নম্বর পাওয়ার জন্য একজন ছাত্র হিসাবে তারিখ মনে রাখাটা ছিল অনিবার্য। চাকরিতে যোগ দেওয়ার পর এমন কোনো অনিবার্যতা ছিল না। একজন ব্যক্তি একটা কাজের তালিকা প্রস্তুত করে তা পূরণ করার চেষ্টা করতে পারে।

কি কি কাজ করতে হবে, আমি তা লিখে নিতে পছন্দ করি। আমি আই-ফোন, কম্প্যুটার এবং ই-মেল রিমাইন্ডারের প্রয়োগ করা ছাড়াও কাগজের ওপর লিখে নিই। দীর্ঘকালিন কাজের তালিকা ডায়রিতে লিখে রাখি। আমাদের এটাও মনে রাখতে হবে যে, বেকার তারিখ, লক্ষ্য বা কোনো তথ্য আমাদের মস্তিষ্কের ওপর বেশি চাপ দেয়।

যাদের স্মরণ শক্তি খুব প্রবল তাদের মধ্যে কিছু অভ্যাস থাকে, আমরাও সেই অভ্যাস গ্রহণ করতে পারি। মদ্য পান করবেন না, তা আমাদের মস্তিষ্কের কার্য ক্ষমতা বা স্নায়ুর ক্ষমতাকে প্রভাবিত করে থাকে। টী.ভী. দেখার পরিবর্তে বই পড়ুন। বলা হয় যে মাছ জাতীয় খাদ্য বা চা-কফি কম মাত্রায় পান করলে আমাদের মস্তিষ্ক আরো বেশি সতেজ হয়ে উঠতে পারে, স্মরণ শক্তি প্রবল হয়ে উঠতে পারে।

বিভিন্ন সংখ্যার মধ্যে একটা পারস্পরিক সম্পর্ক গড়ে তোলার চেষ্টা করুন। পাঞ্জাবে কোনো কিছু মনে রাখার জন্য আঁচলের কোনায় গিঁট বেঁধে রাখা হয়। এটা কোনো সংখ্যা মনে রাখার খুব ভালো উপায়। একটা ভালো স্মরণ শক্তি কোনো সম্পত্তির থেকে কম নয়।

মস্তিষ্ক একটা মাংসপেশীর মতো, তা প্রয়োগ করা না হলে মেমোরীর কার্য ক্ষমতা কমতে শুরু করে। আমরা কোনো ভালো গান বা ভালো বাক্য দিয়ে আমাদের মনে রাখার কাজ শুরু করতে পারি। ধাঁধাঁর সমাধান করার ক্ষেত্রেও সুফল লাভ করা যেতে পারে।

কোন কিছু দেখলে মনে মনে সেই জিনিসটা আওরানোর চেষ্টা করুন, তারপর বাস্তবিক বস্তুর সাথে নিজের তথ্যের তুলনা করুন। তারপর বুঝতে পারবেন যে, আপনি কতটা মনে রাখতে পেরেছেন। কোনো কথা নিজের মনেই বলতে থাকুন, তাতে করে সেই কথা আপনার স্মৃতিতে বসে যায়।

কিছু লোক গান শুনতে শুনতে আরো ভালো করে পড়তে বা কাজ করতে পারে। যদি সংগীতের কথার জন্য মনোসংযোগ নষ্ট হয় তাহলে তা বন্ধ করে দেওয়া উচিত। এমন স্থানে কাজ করুন, যেখানে আওয়াজ কম আসে। আপনার গুরুত্বপূর্ণ কাজ গুলিকে প্রাইম সময়ের মধ্যেই শেষ করার চেষ্টা করুন।

"যদি সকলেই এটা অনুভব করে যে, আমরা কেবল পদার্থ নই, জীবাত্মাও তাহলে প্রতিদিন একটা নতুন সুযোগ আসে, একটা নতুন জীবন, এমনকি একটা নতুন ব্যবস্থা বা নুতন সমাজ পর্যন্ত গঠন হোতে দেখা যায়।"

- রাধাকৃষ্ণন

6

অনুশাসনের মহত্ত্ব

ব্যক্তিগত বিকাস, কোনো ব্যক্তির ক্ষেত্রে সেই বৃদ্ধি, যাতে করে তার সমস্ত শক্তিই বেশ খানিকটা বিকসিত হয়ে যায়। সহজ ভাষায় বলা যায়, আপনাকে ক্রমাগত নিজেকে জিজ্ঞাসা করতে হবে যে, আপনি সবচেয়ে ভালো কি করতে পারেন, আর পরে তা পাওয়ার জন্য চেষ্টা চালিয়ে যেতে হবে।

প্রায়ই এর জন্য আমাদের মানুষ ও ঘটনার প্রতি নিজেদের দৃষ্টিভঙ্গী বদলাতে হয়। এক্ষেত্রে নিজের নেতিবাচক মনোভাবকে নতুন পথ দেখিয়ে ইতিবাচক করতে হবে।

জীবনে সফলতা পাওয়ার জন্য অনুশাসন এক গুরুত্বপূর্ণ বিষয়। শব্দকোশ অনুসারে এই প্রশিক্ষণ আত্ম-নিয়ন্ত্রণের ক্ষমতা বিকসিত করে। অনুশাসনের বিষয়টা আমাদের মন থেকে শুরু হয়, কারণ সফলতা-অসফলতা, জয়-পরাজয় প্রভৃতি বিচার এর থেকেই জন্ম নেয়। আমরা যদি সফলতার প্রতি কেন্দ্রিত হোতে চাই তাহলে আমাদের চেতন-অবচেতন মনকেও নিয়ন্ত্রিত ও অনুশাসিত করতে হবে।

সফলতার শুরু হয় ইতিবাচক চিন্তার থেকে কারণ এর মাধ্যমে আমরা বিচার, ভাবনা এবং কর্ম উৎপন্ন করে থাকি। আমাদের অনুশাসিত মন যখন ইতিবাচক বিচার দ্বারা পরিপূর্ণ থাকে তখন সফলতা, প্রসন্নতা এবং বিজয়ের দিকে অগ্রসর হওয়া অনেক সহজ হয়ে যায়।

জীবনের সফলতা নির্ভর করে অনুশাসনের ওপর। আত্মনিয়ন্ত্রণের অভ্যাসই

হল এর একমাত্র পথ। আত্ম-অনুশাসন এবং পূর্ণ রূপে কেন্দ্রীভূত ধ্যানই আমাদের চিন্তা ও বিচার করার ক্ষমতাকে বিকসিত করে, তখনই আমরা আমাদের সাধারণ ও দৈনন্দিন জীবনে সফলতার উচ্চতম স্তর লাভ করতে পারি।

আমাদের নিজেদের মনকে সম্পূর্ণ রূপে একাগ্র করে কেন্দ্রীভূত করার চেষ্টা করতে হবে, লক্ষ্য নির্ধারণ এবং প্রতিযোগিতার মনোভাবই পারে আপনাকে এই পথে চালিত করতে। আমরা আমাদের জীবনের সবচেয়ে গুরুত্বপূর্ণ কাজের জন্য কতটা আগ্রহ দেখাতে পারি তা নির্ভর করে আমাদের আত্মানুশাসনের ওপর। এর অভাবে আমরা নিজেদের লক্ষ্য পর্যন্ত হারিয়ে ফেলতে পারি। আর এটাই সফলতা ও অসফলতার মধ্যে পার্থক্য হয়ে দাঁড়ায়। যদি অনুশাসনে আত্মানুশাসনও যুক্ত হয়ে যায় তাহলে তা আপনার বিচার ও শব্দের মাধ্যমে প্রকটিত হবে। তাই ঠিক করে দেবে যে, আপনি আপনার জীবনের শিকার হবেন নাকি তার রাজা হয়ে উঠবেন।

জীবনে আনন্দ এবং অধিকানন্দ পাওয়ার জন্য আত্মানুশাসনই হল সবচেয়ে বড়ো মার্গ। এর দ্বারা স্ব-নিয়ন্ত্রণ ও আত্মসম্মান বোধও প্রস্ফুটিত হয়ে ওঠে। আমরা আগের থেকে অনেক বেশি সৃজনশীল, উৎপাদক এবং আনন্দদায়ক জীবন অতিবাহিত করতে সক্ষম হই। আমরা যদি নিজেদের থেকেই কোনো লক্ষ্য নির্ধারণ করে নিই তাহলে সেই কাজ সম্পূর্ণ করার ব্যাপারে আমরা অনেক বেশি আগ্রহ দেখাই। কোনো বাধাই আমাদের লক্ষ্যের পথে বাধা হয়ে দাঁড়াতে পারে না। অনুশাসন জীবন থেকে মানসিক চাপকে দূরে সরিয়ে দেয়। এর সাহায্যে আমরা অনেক ভালো জীবন অতিবাহিত করতে পারি। একটা নতুন জীবন শৈলী আরম্ভ করতে পারি।

আপনি কোনো বাজার থেকে এটা কিনতে পারবেন না। কোনো নিশ্চিত লক্ষ্য এবং উদ্দেশ্য পূরণ বা সফলতা লাভের জন্য আত্মনিয়ন্ত্রণ, আত্মনির্ভরতা এবং বচন বদ্ধ হওয়াটা খুবই জরুরি।

যদি নির্বাচিত ক্ষেত্রে সফলতা পেতে হয় তাহলে আত্মানুশাসন অনিবার্য। আমাদের নিজেদেরই তা শিখে নিতে হয়, অন্য কেউ আমাদের তা শেখাবে এমন প্রতীক্ষা করা উচিত না।

আমরা যদি সফলতা প্রাপ্তির ব্যাপারে প্রতিজ্ঞাবদ্ধ হোতে পারি তাহলে অবশ্যই কাজ করার নতুন কোনো উপায় আমাদের সামনে উপস্থিত হবে। আমরা মন থেকে যা চাই তা আমরা অবশ্যই পাই, আর এটাই হল সবচেয়ে বড়ো সত্যি।

সফলতার পথে অনুশাসন এক গুরুত্বপূর্ণ বিষয়। আত্মানুশাসন এবং ধৈর্য্যের

সাহায্যে আমরা বহু বাধা অতিক্রম করতে পারি। তা আমাদের ভালো- মন্দের সাথে পরিচয় করিয়ে দেয়। কিন্তু একটা কথা ভুলবেন না যে, কিছু পাওয়ার জন্য কিছু হারাতেও হয়। কোনো ছাত্র যদি ভালো নম্বর পেতে চায় তাহলে তাকে টি.ভি. দেখার লোভ ত্যাগ করতে হয়। অনুশাসন আমাদের উৎপাদকতার দিকে নিয়ে যায়। তবেই আমরা কুণ্ঠা, বাধা এবং নেতিবাচক ভাব নিয়ন্ত্রণ করতে সক্ষম হব। বহু জায়গা থেকে বিভিন্ন অনুষ্ঠানে আমাকে আমন্ত্রণ জানানো হয়। আমি আগে থেকেই ঠিক করে নিই যে, কোথায় আমি কতটা সময় দিতে পারব। আমি দুটো ঘড়ি পরি, তার মধ্যে একটা স্টপ ওয়াচ। বেরানোর দশ মিনিট আগে আমি নিমন্ত্রণ কর্তার থেকে অনুমতি চেয়ে নিই, আর তারপর নির্ধারিত সময়ে সেখান থেকে বেরিয়ে যাই। তবেই আমি আমার নির্ধারিত সমস্ত কাজ সঠিক সময়ে করতে সক্ষম হই। জীবনে সামাজিকতা পালন করতেই হয়, কিন্তু তার জন্য আমি বেশি সময় নষ্ট করি না।

আত্মানুশাসনের ওপরেই আমাদের জীবনে সফলতা টিঁকে থাকে। আমাদের নিজেদেরকে এমন ভাবে তৈরি করতে হবে, যাতে আমরা নিজেদের ইচ্ছা বা অনিচ্ছা সত্ত্বেও সময় মতো সমস্ত কাজ করতে পারি। আত্মানুশাসনের দ্বারা প্রায় সব কাজই করা সম্ভব হয়। আমরা তা গ্রহণ করতে পারলে সারা পৃথিবী শাসনের ক্ষমতা আমরা অর্জন করতে পারব। তা আমাদের বিচারের ওপর নির্ভর করে। যদি আমরা নিজেদের চিন্তাধারাকে নিয়ন্ত্রণ করতে না পারি তাহলে আমরা নিজেদের কাজও নিয়ন্ত্রণ করতে পারব না। অনুশাসন ছাড়া কোনো সফলতা বা ব্যক্তিত্বের বিকাস সম্ভব না।

একটা কথাই আছে যে; কোনো এক ব্যক্তি ঈশ্বরের কাছে নিজেকে ধনী ও সুস্থ রাখার প্রার্থনা করেছিল। ঈশ্বর তাকে বলেছিলেন - যা চাই নিতে পার, কিন্তু তার জন্য মূল্য দিতে হবে।

> *'অমরতা তথা মৃত্যু দুয়েরই নিবাস মানুষের হৃদয়ে। সংসারে বোঝা এবং কামোন্মাদনা আমাদের মৃত্যুর দিকে নিয়ে যায়। সত্যের সেবা করে আমরা নিজের জীবন লাভ করতে পারি।'*
>
> \- রাধাকৃষ্ণণ

7

সমস্যার সমাধান

সাধারণত আমরা জীবনে প্রায় প্রতি নিয়তই এমন কিছু লোকের সম্মখীনতা করে থাকি যারা আমাদের জীবনে সমস্যা ডেকে আনে। এই রকম মানুষ প্রায় সর্বত্রই দেখা যায়, রাস্তা হোক বা কার্যক্ষেত্র; বা বাসে কিংবা ট্রেনে যাত্রা করার সময়! তারা আমাদের লক্ষ্য পূরণের পথে বাধার সৃষ্টি করে থাকে।

এই সমস্যা সমাধানের সবচেয়ে ভালো পথ হল, ভবিষ্যতে আমাদের এমন ব্যক্তিদের থেকে দূরে থাকতে হবে। তাদের সাথে সামাজিক মেলবন্ধন গড়ে না তোলাই শ্রেয়।

যদি আপনাকে নিজের পেশার জন্য এমন ব্যক্তির সাথে দেখা করতে হয় তাহলেও নিজের প্রয়োজনের বেশি মেলামেশা করবেন না। জীবনে বহু সমস্যা আসে, কিন্তু তা যেন আপনার জীবনের ওপর প্রভাব বিস্তার করতে না পারে, মনে রাখবেন কোনো বাধাই যেন আপনাকে নিজের সফলতার থেকে দূরে সরিয়ে রাখতে না পারে।

আপনার সামনে কোনো সমস্যা উপস্থিত হলে তার সমাধান আপনাকেই খুঁজে নিতে হবে। যদি কঠিন পরিস্থিতির সম্মখীনতা করতে হয় তাহলে শান্ত ও সহজতার সাথে তার্কিক দৃষ্টিভঙ্গীতে একজন প্রকৃত সমালোচকের মতো তার বিচার করার চেষ্টা করুন।

কখন-কখন আপনার জ্ঞান কাজে লাগলেও অনেক সময় এমন কিছু সমস্যা

এসে উপস্থিত হয় যার কোনো গতানুগতিক সমাধান খুঁজে পাওয়া যায় না। সময়ের সাথে সাথে তাল মিলিয়ে চলার চেষ্টা করতে হবে। সমাধান না পাওয়া পর্যন্ত চেষ্টা চালিয়ে যান, কখনও কম্পিউটারে কোনো সমস্যা হলে আমি নিজেই তার সমাধান করার চেষ্টা করি।

কি সমস্যা তা জানার পরেই আপনি তার সমাধান করতে পারেন। যদি সমস্যা কি তাই না জানি তাহলে তার সমাধান করব কিভাবে। সমস্যা যাই হোক না কেনো, তা নিয়ে বারংবার চিন্তা করতে হবে। কোনো সমাধানের পথ পাওয়ার সাথে সাথে সেটাকেই একমাত্র পথ বলে মনে করবেন না, সমস্ত পরিস্থিতি ভালো করে চিন্তা করার পর শ্রেষ্ঠটা নির্বাচন করুন। কোনো উপায় দ্বারা যদি সমস্যার সমাধান করতে না পারেন তাহলে অন্য উপায়ের সন্ধান করুন।

পরিস্থিতি যেমনই হোক না কেনো নিজের আত্মবল বজায় রাখুন, সফলতার কথা মনে রাখুন আর অসফলতাকে ভুলে যান। আপনার অভিজ্ঞতাও আপনাকে এই ব্যাপারে সাহায্য করতে পারে।

আত্ম-প্রেরণা এমন একটা উপায়, যা যেকোনো ব্যক্তির বিকাসের পথকে মসৃণ করে তোলে। প্রেরণা ছাড়া কোনো উদ্দেশ্যই সফল হোতে পারে না, নিজেকে বদলাতে না পারলে জীবনে কোনো ভালো স্থানে পৌঁছাতে পারবেন না।

আমরা যে স্তরেই থাকি না কেনো, জীবনকে সর্বদাই শোধরাতে হয়। ক্ষমতা আর বিশ্বাসই পারে আমাদের জীবনকে শুধরে দিতে, আর তাই আমাদের আরো সজাগ করে তোলে। জীবনে আমিও বহু অসফলতা দেখেছি, কিন্তু তা আমার জীবনে কোনো কুণ্ঠা বা হতাশাবোধ জাগ্রত করতে পারেনি। আমি আনন্দের সাথে বলে থাকি যে, জীবনের প্রতিটা কাজই আমি উপভোগ করতে পেরেছি। সমস্ত অপছন্দের বিষয়কে স্মৃতির থেকে সরানো যায় না ঠিকই, কিন্তু তা মাথার এক কোণায় রেখে তো দেওয়াই যায়, যাতে তা বারংবার সামনে এসে উপস্থিত না হয়।

কোনো রকম অসন্তোষ যেন আপনাকে ঘিরে না ধরে, এটাই সফলতা পাওয়ার সবচেয়ে বড়ো রহস্য। জীবনের প্রতিটা শ্রেষ্ঠ দিকের প্রতি আমাদের নজর রাখতে হবে। যদি তা না করেন, তাহলে হয়তো আপনি নিজের প্রেরণার স্তর হারিয়ে ফেলবেন। আমরা একটা সঠিক বাতাবরণে নিজেদের উৎসাহ ও প্রেরণা প্রদান করতে পারি। আত্ম-প্রেরণা যেন উর্জাবান ও তেজস্বী হয়।

নিজেদের প্রেরিত ও উৎসাহিত রাখাটা খুবই জরুরি। পরিবার, জীবিকা বা

জীবনের যেকোনো ক্ষেত্রের জন্যই এটা অনিবার্য। এর অভাবে আমরা কখনই জয় লাভ করতে পারব না।

আপনাকে প্রেরণা দেওয়ার জন্য প্রেরকের প্রয়োজন। যে ব্যক্তি প্রেরণা হারিয়ে ফেলে সে কখনই সফলতার উচ্চ শিখরে পৌঁছাতে পারে না। রাস্তা যতই কঠিন বা দুর্গম হোক না কেনো আপনাকে নিজের রাস্তা নিজেকেই বানিয়ে নিতে হবে। জীবনে এমন বহু বিষয় আছে যা আপনার জীবনে শক্তিশালী প্রেরণার উৎস হয়ে উঠতে পারে। তা সমস্ত বাধা ও প্রতিবন্ধকতাকে দূর করে দিতে পারে। আপনার জীবনের প্রতিকূল সময়ে যাতে প্রেরণার স্রোত অব্যাহত থাকে সেদিকে খেয়াল রাখবেন।

কখন যদি মনে হয় আপনার উৎসাহ হ্রাস্ব হয়ে যাচ্ছে, তখনই নিজের লক্ষ্যের কথা ভাবুন। আপনার লক্ষ্য যেন এতটাই প্রভাব সম্পন্ন হয় যাতে আপনি নিজের উৎসাহ হারিয়ে না ফেলেন। এর জন্য আমাদেরকে নিজেদের সুবিধা জনক গন্ডী ছিন্ন করে বাইরে আসতে হবে। আমাদের উদ্দেশ্য, ইচ্ছা এবং আকাঙ্ক্ষা জীবনে প্রেরণা সঞ্চারের বিষয়ে গুরুত্বপূর্ণ ভূমিকা পালন করে। নিজেদের লক্ষ্যের কথা মাথায় রেখে সর্বদাই আমাদের দৌড়ে যেতে হবে।

> *'আমি এটা বলছি না যে সকলেই সমান, কিন্তু এটা অবশ্যই বলছি যে, তাদের মধ্যে যে সম্ভাবনা লুকিয়ে আছে, তা ব্যক্ত করার জন্য সমস্ত ব্যক্তিদের সমান অধিকার দেওয়া উচিত।'*
>
> \- রাধাকৃষ্ণণ

৪

প্রভাবী কথোপকথন

সাধারণত একটা মধুর সম্পর্ক বজায় রাখার জন্যই আমরা অন্যের সাথে কথা বলে থাকি, অন্যদের সাথে মিলেমিশে চলাটা এক বিরাট ব্যাপার। যেকোনো সম্পর্কই চিন্তাধারার ওপরেই নির্ভর করে।

সেই মেষপালকের গল্পের কথা মনে করুন। যে কিনা একদিন নিজের একাকীত্ব দূর করার জন্য বাঘের হাত থেকে বাঁচাও বলে মিথ্যা চিৎকার করেছিল। তার চিৎকার শুনে গ্রামের লোকেরা ছুটেও এসেছিল। এমন দুই একবার করার পর যখন সত্যিই বাঘ এসেছিল সেদিন তার চিৎকার শুনে কেউ তাকে বাঁচাতে আসেনি।

অন্যদের সাথে মেলামেশা করার জন্য আপনার হাতে বহু সুযোগ আসতে পারে, তার মধ্যে কিছু গম্ভীর প্রকৃতির হলেও কিছু হয় অন্য রকমের...। হাসি-ঠাট্টা বা ব্যঙ্গ-বিদ্রুপ করার জন্যই যে সমস্ত সুযোগ আসবে তার কোনো মানে নেই। বিবাহ, কাউর অসুখ, বা কোনো শোক প্রভৃতি বিভিন্ন ক্ষেত্রে আমরা মানুষের পাশে গিয়ে দাঁড়াই এবং এক এক সময়ের ভাষা এক এক রকম হয়। শব্দের প্রয়োগের বিষয়ে আপনাকে সাবধান থাকতে হবে। পরিস্থিতি অনুসারে পদক্ষেপ ফেলতে হবে। মুখের কথা ও কাজের মধ্যে সঠিক ভারসাম্য রাখাটাই সবচেয়ে বড়ো কথা। তা একে অপরের পূরক হোতে হবে।

যদি কথা বলার সময় আপনি কোনো বিষয় সম্পর্কে না জানেন তাহলে তা

অবশ্য স্বীকার করুন, এতে আপনার প্রতি অন্যের বিশ্বাস বৃদ্ধি পাবে। আপনি যদি কোথাও কাজ করেন তাহলে আপনাকে আপনার সহকর্মী ও কাজ সম্পর্কিত ব্যক্তিদের সাথে অধিক সময় অতিবাহিত করতে হয়।

অনেক সময় আমি দেখেছি যে, আমাদের সামাজিক ও কার্যকারী গতিবিধি যেহেতু আমাদের সহকর্মীদের ওপর ভিত্তি করেই গড়ে ওঠে সেই কারণে তারাই আমাদের বন্ধু হয়ে যায়। কর্ণাটকে থাকার সময় আমি প্রায় তিরিশ বছর যে সমস্ত সহকর্মীদের সাথে কাজ করেছি তারাই আজ আমার বন্ধু হয়ে উঠেছে, কারণ সেই সময়ে তারাই ছিল আমার সামাজিকতার অঙ্গ। হয়তো সেই কারণেই আমরা একটা গণ্ডীতে আবদ্ধ হয়ে যাই।

আমাদের একটা কথা মনে রাখতে হবে যে, কথাবার্তা বলার জন্য যে গভীর বন্ধুত্ব থাকতেই হবে তার কোনো মানে নেই। আপনার মনে যদি সংকোচ থাকে তাহলে সবার আগে নিজের লজ্জাকে কাটাতে হবে, যে ব্যাপারে চর্চা করতে চান, সেই ব্যাপারে সম্পূর্ণ রূপে অধ্যয়ন করতে হবে। যার সাথে কথা বলছেন তার নাম ও কাজের বিষয়ে জানাটা খুবই জরুরি।

আপনি নিজের জন্য যে রকম মান-সম্মান আশা করেন অপরকেও তেমনি মান-সম্মান দিন। এমন ধরণের কথাবার্তার সময় অন্যের কথা শোনাটাই গুরুত্বপূর্ণ। তবেই আপনি অন্যের দৃষ্টিভঙ্গীর কথা জানতে পারবেন। তাকে নিজের কথা বলতে দিন, মাঝপথে বাধা দেবেন না। আপনি যদি কোনো কথা বুঝতে না পারেন তাহলে তার কথা শেষ হওয়ার পর ক্ষমা চেয়ে পুনরায় তা জিজ্ঞাসা করে নিতে পারেন। এইভাবে যে বিষয়ে আলোচনা হচ্ছিল সেই বিষয়ে কেন্দ্রীভূত থাকা সম্ভব হয়। একটা কথা ভুলে যাবেন না যে, আপনার কথাই অন্যদের বলে দেয় যে আপনার উদ্দেশ্য কি, তাই আপনার কথা বলার ধরণটাও খুবই গুরুত্বপূর্ণ। কথার মধ্যে অস্পষ্টতা থাকলে যেকোনো বৈঠক ব্যর্থ হয়ে যেতে পারে, তার ফলে অনিশ্চিয়তা এবং অনির্ণয়ই জন্ম নেয়। প্রভাবী কথোপকথনের অনুপস্থিতি যে কোনো সম্পর্ককে নষ্ট করে দিতে পারে। এর ফলে বন্ধুত্ব বিচ্ছেদের সাথে সাথে বিবাহ বিচ্ছেদ পর্যন্ত ঘটতে পারে।

এমন অনেক মানুষ আছে যারা নিজেদের কথার সাহায্যে অন্যদের কাছে বিচার ধারা ব্যক্ত করতে পারে না যার ফলে তাদের কথা কোনো রকম প্রভাব ফেলে না। এই অযোগ্যতা তাদের কার্যক্ষেত্রেও অযোগ্য বলে প্রমাণীত করে দেয়। কোনো বিষয় সম্পর্কে যাই বলতে চান, তা পরিষ্কার ভাষায় বলাটা খুবই

জরুরি। ব্যক্তিগত দিকে বা নিজের পেশায় উন্নতির জন্য সঠিক কথোপকথন কৌশল খুবই গুরুত্বপূর্ণ।

আপনি কি বলতে চান, তা আপনাকে খুবই স্পষ্ট রূপে জানতে হবে। সেই সাথে আপনি যে বিষয়ে কথা বলছেন তা ঠিক কিনা তাও দেখে নিতে হবে। বর্তমান দিনে আমরা মুখোমুখি কথা বলা ছাড়াও টেলিফোনে বা ভিডিও কন্ফারেন্সে একে অপরের সাথে কথা বলে থাকি। এছাড়াও চিঠি-পত্র, ই-মেল, ম্যামো বা রিপোর্টের মাধ্যমে আমরা অন্যদের নিজের মনের ভাব জানাই।

কোনো চাকরি পাওয়ার জন্য যে ইন্টারভিউ দিতে হয় তাতে এটাই দেখা হয় যে, প্রার্থী কত ভালো করে নিজের কথার সাহায্যে নিজের বিচার ধারা ব্যক্ত করতে পারে। যে সেল্সম্যান যত ভালো ভাবে নিজের ব্যক্তব্য অন্যকে জানাতে পারে তার উন্নতির সম্ভাবনাও তত বেশি থাকে। ভালো করে দেখলে বোঝা যায় যে, আমরা নিজেদের মত, ধারণা বা বিচার দ্বারা অন্যদের ওপর প্রভাব বিস্তার করতে চাই ও তাদের সম্মতি আদায়ের চেষ্টা করি।

যখন আমরা অন্যের সামনে নিজেদের মতামত জানাই তখন ফীডব্যাক পাওয়াটাও জরুরি হয়ে ওঠে। এতে নিজেদের মধ্যে কোনো ভুল বোঝাবুঝি থাকলে তা দূর হয়ে যায়। সকলের বন্ধু হোতে হবে এর কোনো মানে নেই, কিন্তু কাউর সাথে কথা বলার সময় আপনার ব্যবহার যেন বন্ধুত্বপূর্ণ হয় এবং আপনার মুখে যেন হাসি লেগে থাকে। আগ্রহের সাথে অন্যের কথা শুনুন, যাতে তাদেরও আপনার সাথে কথা বলে ভালো লাগে।

আপনি যেমন চান যে, আপনার কথা সকলে বিশ্বাস করুক, তেমনি অন্যের কথাও আপনি বিশ্বাস করতে শিখুন। কথা বলার সময় কোনো রকম মেকি হাসি হাসবেন না বরং চোখে চোখ রেখে কথা বলুন। আপনার শারীরিক হাব-ভাবও কোনো কথা ছাড়াই অনেক কিছু প্রকাশ করে দেয়। কথা বলার সময় আপনার কথা বলার ভঙ্গী বা সুরের দিকেও বিশেষ ধ্যান দেবেন।

মানুষ হিসাবে আমাদের মধ্যে সহানুভূতি কাজ করে। আমার কথা বলার ভঙ্গী বা বাণীর মাধ্যমে একে অপরের আবেগকে জাগ্রত করে থাকি। আপনার আশেপাশের সকলে আপনাকে এবং আপনি আপনার আশেপাশের সকলকে প্রভাবিত করেন। আপনার ভেতরের আত্মবিশ্বাস যেন কখন হারিয়ে না যায়। এতে অপরের সাথে সুসম্পর্ক বজায় রাখতে সুবিধা হবে।

9

আত্মবিশ্বাস বৃদ্ধি করুন

পরিস্থিতি যাই হোক না কেনো, তার সম্মখীনতা করার জন্য আমাদের মধ্যে ভরপুর আত্মবিশ্বাস থাকাটা খুবই জরুরি, আপনি যাদের সাথে ওঠা বসা করেন তাদের মনোভাব তেমন হোতে হবে। আপনি যদি কোনো কাজ সম্পূর্ণ পরিকল্পনা গড়ে, সমস্ত আয়োজনের সাথে করার কথা ভাবেন, তাহলে আপনো কোনো দিন্যো সেই কাজ শুরু করতে পারবেন না। আদর্শ পরিস্থিতির জন্য অপেক্ষা করতে থাকলে সারা জীবন ধরে অপেক্ষাই করে যেতে হবে। নিজের জীবনকে সংশোধন করার জন্য আজ এখন থেকেই তা শুরু করে ফেলুন, কাউর জন্য বা কিছুর জন্য অপেক্ষা করবেন না।

আপনি যে কাজে হাত দেবেন, তা সম্পূর্ণ করার চেষ্টা করুন, কারণ এতে আপনার আত্মবিশ্বাস কয়েক গুণ বৃদ্ধি পাবে। কোনো কাজের ক্ষেত্রেই শর্টকাট বলে কিছু নেই। জীবনের যেকোনো ক্ষেত্রেই সফলতা লাভ করার জন্য চাই আত্মবিশ্বাস, আর তার জন্য জরুরি নিজেকে প্রস্তুত করা।

নিজের ভয়কে জয় করতে শিখতে হবে। মনে রাখবেন প্রত্যেকের জীবনেই কোনো না কোনো ভয় অবশ্যই আছে। কোনো কাজে অসফল হওয়ার মানে আপনার প্রাণহানী নয়, তাই নিজের ভয়কে নিজেকই নিয়ন্ত্রণ করতে হবে।

অসফলতার কারণটি খুঁজে বার করা খুবই জরুরি, তা আপনাকে আত্ম-বিশ্লেষণে সাহায্য করবে। প্রত্যেক পরিস্থিতির থেকে কিছু শেখার চেষ্টা করতে

হবে। জীবন এক কঠোর শিক্ষক, তা আগে দেয় অভিজ্ঞতা আর পরে দেয় শিক্ষা। অন্যদের অসফলতাও থেকেও আপনি শিক্ষা নিতে পারেন। যদিও, বেশির ভাগ লোকেই সঠিক পথে চালিত হওয়ার আগে ভুলটা করেই ফেলে।

নিজের আত্মবিশ্বাস বৃদ্ধি করার জন্য নিজের ক্ষমতা চিনে নিয়ে তার প্রয়োগ করতে হবে। অভিজ্ঞতাই আপনার আত্মবিশ্বাস বৃদ্ধি করে। আপনি যত সফল হবেন, আপনার আত্মবিশ্বাস তত বৃদ্ধি পাবে। সফল হওয়ার জন্য আপনাকে আরো বেশি কাজ করতে হবে।

যা আপনার আত্মবিশ্বাস বৃদ্ধির পথে 'বাধার' সৃষ্টি করতে পারে তার থেকে দূরে থাকার চেষ্টা করুন। নিজের স্বপ্ন পূরণের জন্য সর্বদা আপনাকে লক্ষ্যের অভিমুখে চলতে হবে। আপনার কাজ ও বিশ্রামের কথা মাথাই রেখেই আপনাকে চলতে হবে।

আমরা কাকে কি বলছি তা ততটা গুরুত্বপূর্ণ নয়, কিন্তু কিভাবে বলছি সেটা খুবই গুরুত্বপূর্ণ। তার থেকেই বোঝা যায় যে আমাদের আত্মবিশ্বাসের স্তর কতখানি উঁচুতে আছে। আমাদের শরীরের ভাবভঙ্গিই বলে দেয় যে, আমরা সামনের লোককে পছন্দ করছি না, তাকে এরিয়ে যাওয়ার চেষ্টা করছি। তির্যক দৃষ্টি, ঢিলাঢালা ভাব, করমর্দন করা বা কথা বলার সময়ে পকেটে হাত ঢুকিয়ে রাখা প্রভৃতি মুদ্রা আমাদের মনঃস্থিতিকে প্রকটিত করে।

যখন কাউর সাথে কথা বলবেন, তখন তার দিকে তাকিয়ে কথা বলুন, এতে করে তার মনে হবে যে, আপনি তার সাথে কথা বলতে আগ্রহী। সেই সময় অন্য কোনো দিকে তাকিয়ে থাকবেন না। অন্যের সাথে কথা বলার সময় আপনার আত্মবিশ্বাস যেন প্রকটিত হয়। আপনার শারীরিক দৃঢ়তা আপনার আত্মবিশ্বাসকে কয়েক গুণ বৃদ্ধি করে।

আত্মবিশ্বাসে ভরপুর ব্যক্তি প্রসন্নে থাকে। তার মুখে থাকে একটা সুন্দর হাসি, যা অন্যের মনকে প্রসন্ন করে তোলে। সর্বদা আপনাকে খিলখিলিয়ে হাসতে হবে এর কোনো মানে নেই, কিন্তু একটা হাসি অনেক তিক্ততাকে দূর করে দিতে পারে। এর প্রয়োগের ব্যাপারে উদারতা দেখান। আপনার একটা হাসি অন্যের ওপরে আলাদা প্রভাবের সৃষ্টি করে। একটা হাসি অচেনা মানুষকেও পরিচিত করে তোলে।

আপনার প্রতিটা পদক্ষেপেই যেন আত্মবিশ্বাসের ঝলক দেখা যায়, তার জন্য আপনি কি করছেন এবং কেন করছেন সেটা জানাটা খুবই জরুরি। সর্বদা সজাগ

ও শান্ত থাকুন। কথা বলার সময় আপনার সংবেদনশীলতা ও বুদ্ধিমত্তার প্রকাশ অন্যের ওপর সুপ্রভাবের সৃষ্টি করে।

অনেক সময় কোনো কোনো পরিস্থিতিতে আমাদের নিজেদেরকে অপদস্ত বলে মনে হয়। মনে রাখবেন, এই রকম পরিস্থিতিতে আপনিই প্রথম পড়ছেন না। এমন পরিস্থিতিতে মুখে হাসির রেখা টেনে ইতিবাচক মনোভাব প্রকাশ করাটা খুবই জরুরি, এরপর তার সমাধানের পথটা খুঁজে বার করতে হবে।

যেকোনো সমস্যার সমাধান আপনার কাছে আছে, এই মনোভাব নিয়ে কাজ করলে আপনার অসফল হওয়ার কোনো প্রশ্নই আসে না, নিজের ক্ষমতা ও যোগ্যতার জন্য ইতিবাচক শব্দের প্রয়োগ করুন। পরিস্থিতি যেমনি হোক না কেনো কখনও হার স্বীকার করবেন না।

মাথা উঁচু করে বিশ্বের সম্মখীনতা করুন। আপনার আত্মবিশ্বাস বৃদ্ধির একমাত্র উপায় হল লক্ষ্যের পূর্ণতা। আপনার দৃঢ় পদক্ষেপই পারে আপনাকে সফল করে তুলতে। ভয়ের বিরুদ্ধে দৃঢ়তার সাথে দাঁড়তে পারলে তবেই আপনি ভয়কে জয় করতে পারবেন।

নিজেই নিজের প্রকৃত বন্ধু হয়ে উঠুন, কোনো কঠোর পরিস্থিতিতে আপনার পরিবর্তে অন্য কেউ থাকলে কি করত তার বিশ্লেষণ করুন। এইভাবে আপনি ইতিবাচক মনোভাব পোষণ করতে পারবেন।

দিনে কয়েকবার নিজের সম্পর্কে কিছু প্রশংসা জনক বাক্যের প্রয়োগ করুন। অন্যের প্রশংসা করতে পারলে শুধু যে নিজের ভালো লাগে তাই নয়, এতে আপনার আত্ম সম্মানও বৃদ্ধি পায়। কখনও ভুলবেন না যে, গভীর রাতের পরেই আসে ভোরের আলো। যখনই সামনে কোনো বাধার সৃষ্টি হবে তখনই নিজেকে উৎসাহিত করার মতো কোনো কথা বলুন বা কাজ করুন।

পরিস্থিতি যেমনই হোক না কেনো, আপনার ইতিবাচক মনোভাব যেন এতটুকু ক্ষুণ্ণ না হয়। কোনো পরিস্থিতি যদি আপনার নিয়ন্ত্রণের বাইরে হয় তাহলে আপনি কি করতে পারবেন, তার জন্য ভেবে নিজের সময় বা শক্তির অপব্যবহার করবেন না। সময় ও শক্তির অপচয় না করে যা আপনার নিয়ন্ত্রণে আছে সেই দিকে ধ্যান দিন। কোনো সমস্যা সামনে এলে তার সমাধান খুঁজে বার করার চেষ্টা করুন। সত্যি বলতে কি, যে ব্যক্তি প্রয়োজনের আগেই দুঃখবোধ করে, তার প্রয়োজন কখনও মেটে না।

10

সময়ের গন্ডী

বিভিন্ন দিক দিয়ে একটা গন্ডী বদ্ধ সময়ের মধ্যে চলাটা খুবই জরুরি। হয়তো কেউ একটা নির্দিষ্ট স্থানে, নির্দিষ্ট সময়ে আপনার জন্য অপেক্ষা করছে, তার জন্য আপনার সময় মতো যাওয়াটা খুব জরুরি। যেকোনো মানুষের কাছে সবচেয়ে মূল্যবাম সম্পত্তি হল সময়, অফিসের কর্মচারী থেকে শুরু করে, বস এবং ছাত্রদের জন্যও এই কথাটা সমান ভাবে প্রযোজ্য।

আপনার কার্যক্ষেত্র বা কম্পানীর বহু চাহিদা আপনার সাথে যুক্ত থাকে তাই সময় মতো অফিসে পৌঁছানোটা খুবই জরুরি। আপনি দেরি করে পৌঁছালে আপনার কাজের ক্ষতি তো হয়ই, সেই সাথে আপনার জন্যও কেউ অপেক্ষা করে থাকলে তার কাজও পন্ড হয়। আপনার সামান্যতম দেরি আপনার পুরো দিনের কাজের গতিকে শ্লথ করে দিতে পারে, অনেক মানুষ আছে যারা কখনও কোথাও সঠিক সময়ে পৌঁছাতে পারে না, এর জন্য তাদের হাত থেকে কত সুযোগ যে চলে যায়, তা তারা কখনও ভেবেও দেখে না।

যে ব্যক্তি সর্বদা দেরিতে চলে, তার সম্পর্কে সকলের মনে একটা খারাপ ধারণার সৃষ্টি হয়। ক্রমাগত দেরি আপনার ব্যবসার ক্ষেত্রে ক্ষতির সৃষ্টি করতে পারে, আপনার চাকরি চলে যেতে পারে। আপনি যদি নির্ধারিত সময়ে কাউর সাথে সাক্ষাৎ করতে না পারেন, তাহলে সেই কাজ অন্যের কাছে চলে যাবে।

নিম্নলিখিত উপায় গুলি নিজের জীবনে প্রয়োগ করতে পারলে আপনি সময়ের

সাথে চলতে শিখে যাবেন। কোনো কাজের জন্য আপনার কতটা সময় লাগতে পারে, আগে থেকেই তার একটা অনুমান করে নিন। আপনার তৈরি হোতে বা আসতে-যেতে কতটা সময় লাগবে তার হিসাবও করে রাখবেন। আপনি ট্রাফিকে ফেঁসে গেছিলেন বা লন্ড্রী থেকে জামা-কাপড় আসতে দেরি হয়েছিল এমন বাহানা শুনতে খুবই খারাপ লাগে।

এর পরিবর্তে বাড়ি থেকে কখন বেরাবেন আর কিভাবে ফিরবেন সেই নিয়ে একটা খসরা তৈরি করে নিন, হাতে একটু সময় রেখে চলা ভালো, তাতে করে কোনো সমস্যা হলে তার পূরণ করা সম্ভব হবে। আমি না কাউকে অপেক্ষা করাই, আর না কাউর জন্য অপেক্ষা করি, আমি এই নীতিতেই বিশ্বাসী।

সময়ের অপচয় করবেন না, এই অভ্যাস আপনার সমগ্র জীবনকে নিয়ন্ত্রণ করে দিতে পারে। যেতে দেরি হয়ে যাচ্ছে দেখে দ্রুত বেগে গাড়ি চালানো, এতে করে আপনার জীবনের সাথে সাথে অন্যদের জীবনও বিপন্ন হোতে পারে।

আপনার কাছে কোন কাজটা সবচেয়ে গুরুত্বপূর্ণ তার নির্ধারণ করাটা খুবই জরুরি, সেই অনুসারেই পদক্ষেপ গ্রহণ করুন, এতে করে আপনার বিলম্বে পৌঁছানোর প্রবৃত্তি ধীরে-ধীরে নষ্ট হয়ে যাবে। নির্ধারিত সময়ের মধ্যে আপনাকে কাজ শেষ করতে হবে, সর্বদা এই কথা মাথায় রেখে চলুন। কোনো পরিস্থিতি সামলানোর জন্য আপনি কি করতে পারেন, তা ভাবতে ভুলবেন না।

যদি সময়ের সাথে চলতে চান, তাহলে অপ্রয়োজনীয় কাজের দিকে ফোকাস করবেন না। অনেক সময় আমি হয়তো কোথাও কাজে বেরাচ্ছি, এমন সময় কোনো ফোন এসে গেল বা আমার সাথে কেউ দেখা করতে চলে এলো। আমি সেই সব বিষয় উপেক্ষা করে নিজের কাজে বেরিয়ে যাই, কারণ সামান্য একটু বিলম্বের জন্য আমার পুরো পরিকল্পনা ভেস্তে যাক তা আমি কিছুতেই মেনে নিতে পারি না। আমি কোনো পরিকল্পনা বাস্তবায়িত করাতেই বিশ্বাস করি।

যেকোনো কার্যক্ষেত্রে আপনি যদি সময়ের সাথে চলেন তাহলে আপনার গুরুত্ব কয়েকগুণ বৃদ্ধি পায়। সময়ের ব্যর্থতার সাথে সৃজনশীলতার কোনো সম্পর্ক নেই। আপনার বাহানা যতই ভালো হোক না কেনো, সময়ের অপচয় কেউ পছন্দ করে না, এমনকি আপনার বস পর্যন্ত তা পছন্দ করবে না।

সময়ের সাথে না চলার মানে হল, আপনি অন্যদের পরোয়া করেন না, সকলের মনে হবে যে, তাদের সময় ও সম্মানের কোনো দাম আপনার কাছে নেই, সেই কারণে আপনি তাদের পরিকল্পনার ব্যাপারেও কোনো গুরুত্ব দেননি।

যারা সময়ের সাথে চলতে পারে, অন্যেরা তাদের ওপরেই ভরসা করে। এটি সফলতার চাবিকাঠি। এক মিনিট দেরিতে যাওয়ার পরিবর্তে এক ঘন্টা আগে যাওয়ার নিয়ম গড়ে তুলুন। আপনি যদি নিজেকে বদলাতে না পারেন তাহলে আপনার বন্ধুত্ব বা অন্য সম্পর্কের ওপরেও আঁচ আসতে পারে।

কোনো গাড়ি বা প্লেন আসতে দেরি করলে আপনার কতটা বিরক্ত লাগে তা ভাবুন, বা ডাক্তার দেরি করে আসার জন্য যদি আপনার নিকট কোনো আত্মীয় মারা যায় তাহলে আপনি কি করতে পারেন এই কথা গুলো একবার ভেবে দেখবেন। সময়ের গন্ডীতে আবদ্ধ থাকার অর্থ হল সঠিক সময়ে নিজের কাজ করে নেওয়া। যেকোনো কাজ সঠিক পন্থায় করার অভ্যাস করুন। নিজের ও অন্যদের সময়ের মূল্য দিতে শিখুন।

এতে করে যে আপনার কাজ সময়ের মধ্যে হয়ে যাবে তাই নয়, অন্যদের সামনে আপনার ব্যক্তিত্বও বিকসিত হয়ে উঠবে। এর থেকে এটা বোঝা যায় যে, আপনার সময় জ্ঞান কতখানি, আর আপনি কিভাবে কথা রাখতে জানেন।

সময়ের সাথে চলা বা সময় অপচয় করা, এই দুটিই আপনার অভ্যাসের ওপর নির্ভর করে। কোন অভ্যাস আমরা গ্রহণ করব, সেটাই দেখার বিষয়। সময়ের সঠিক ব্যবহার আপনাকে সঠিক মানুষ করে তুলবে। নতুন দিল্লীর সংসদ ভবনের পাশে অবস্থিত একটা স্থানে যেতে দ্বারিকা থেকে আমার প্রায় ৪৫ মিনিট সময় লেগে যায়।

আমি সোয়া ঘন্টা হাতে নিয়ে বেরাই, যাতে আমার পৌঁছাতে দেরি হয়ে না যায়। আমি সঠিক সময়ে এয়ারপোর্ট বা রেলওয়ে স্টেশানে পৌঁছে যাই। একটা কথা মাথায় রাখবেন যে, আপনার বাহানা বা কারণ যতই যুক্তিসম্মত হোক না কেনো, ট্রেন বা প্লেন আপনার জন্য অপেক্ষা করবে না। সময় মতো ঘুম থেকে উঠলে সারা দিনের সমস্ত কাজ সময় মতো করা সম্ভব হয়। আমাদের প্রতি দিনের প্রতিটা কাজ ধীরে ধীরে আমাদের সঠিক পথের দিকে নিয়ে যায়। আমরা আমাদের নির্বাচন ও প্রবৃত্তি অনুসারেই সমস্ত কাজ করে থাকি।

> *'অসফলতার থেকে আক্রোশের সৃষ্টি হওয়া উচিত না। ভুল কোনো অপরাধ নয় তা শুধু মাত্র অপরিপক্কতা।'*
>
> \- রাধা কৃষ্ণন

11

উল্লেখযোগ্য সফলতা লাভ করুন

আপনি যদি প্রসন্নে থাকতে চান তাহলে কি করলে আপনি ভালো থাকবেন তা আপনাকেই খুঁজে বার করতে হবে, ঠিক তেমনি কিসের জন্য আপনার মন খারাপ হয় সেই কারণ অনুসন্ধান করে তা আপনাকে দূর করতে হবে। যদি আপনার মন ভালো থাকার পথে কোনো বাধার সৃষ্টি হয় তাহলে সেই বাধা দূর করুন, কোনো রকম অসন্তুষ্টি যেন আপনাকে ঘিরে ধরতে না পারে। অপ্রসন্নতাই বেশির ভাগ ক্ষেত্রে অসন্তুষ্টির জন্ম দিয়ে থাকে।

সর্বদা সত্য বলুন, এতে আপনি প্রসন্ন থাকতে পারবেন। যদি কেউ যুক্তি সঙ্গত ভাবে আপনার সমালোচনা করে তাহলে তা গ্রহণ করুন, এতে করে আপনার ভুল সংশোধিত হবে। যদি আমরা কোনো বস্তুকে দেখার দৃষ্টি ভঙ্গী বদলে ফেলি তাহলে সেই বস্তুটির মধ্যেও পরিবর্তন এসে যায়। কোনো সমস্যার সমাধানের জন্য নতুন উপায়ের সন্ধান করুন, তাহলে আপনি যে কোনো সমস্যার সম্মুখীনতা করতে শিখে যাবেন।

নিজের শরীর সুস্থ রাখা প্রসন্ন থাকার অন্যতম উপায়। ব্যায়াম করুন, নিজের শরীরের দিকে সম্পূর্ণ রূপে ধ্যান দিন। শারীরিক দিক দিয়ে সুস্থ ব্যক্তি চাপের মধ্যেও সুস্থ বোধ করে। প্রত্যেক ক্রিয়ারই একটা সমান ও বিপরীত মুখী প্রতিক্রিয়া আছে। আপনি যদি নিজের কাজের বিপরীত ফল পান তাহলে আত্ম বিশ্লেষণ করুন, এই পরিস্থিতির সৃষ্টি কেনো হল আপনি অবশ্যই তা বুঝতে পারবেন।

মনে রাখবেন আমাদের কাছে শুধু বর্তমান আছে, অতীত চলে গেছে, আর ভবিষ্যৎ সম্পর্কে আমরা কিছু জানি না। পরিস্থিতি যেমনি হোক না কেনো বর্তমান নিয়ে আমাদের বাঁচতেই হবে, কারণ বর্তমানই একটা মাত্র দিন। অনেক সময় বর্তমান নিয়ে বাঁচাটা মুশকিল হয়ে পড়ে। কারণ অতীতের সাথে থাকে বর্তমানের সম্পর্ক আর বর্তমান সংযুক্ত হয়ে থাকে ভবিষ্যতের সাথে। আমরা যাই করতে চাই না কেনো তা আমাদের আজই করতে হবে, তা কোনো সিদ্ধান্ত গ্রহণই হোক বা কাউর কাছে প্রেম নিবেদনের বিষয়ই হোক না কেনো।

অতীতের কোনো ভুলের জন্য আপনি যদি মাথাও খোঁড়েন তাহলেও কোনো লাভ হবে কি? এতে আমাদের দুঃখ আরো বৃদ্ধি পায়। নিজের মন, মস্তিষ্ক ও চিন্তাধারাকে বর্তমানের মধ্যে ধরে রাখার চেষ্টা করুন, তবেই আপনি মনবাঞ্ছিত পরিণাম লাভ করতে পারবেন। নিজেকে ব্যস্ত রাখতে পারলে চিন্তা, মানসিক চাপ, উদ্বেগ, অবসাদ, কুণ্ঠা ও ক্রোধের থেকে দূরে সরে থাকা যায়। মন থেকে সমস্ত নেতিবাচকতা দূর করে ফেলতে পারলে আপনি আকাশ ছোঁয়ার ক্ষমতা অর্জন করবেন। এই যোগ্যতাই আপনাকে কিছু চমৎকারিত্ব করে দেখানোর জন্য যোগ্য করে তুলতে পারে।

আপনি কিসে ভালো থাকবেন তা আপনাকেই ঠিক করতে হবে। এমন স্থিতির নির্বাচন করতে হবে, যাতে আপনি নিজের সবচেয়ে ভালোটা দিতে পারেন। আমরা প্রতিদিন এমন কিছু নির্বাচন করতে পারি। আমরা রাতারাতি কোনো কিছুই বদলে ফেলতে পারব না, কারণ যেকোনো জিনিস বদলানোর জন্য একটা নির্দিষ্ট সময় চাই। হাসি মুখ অনেক অসম্ভবকেও সম্ভব করে দেয়। মানুষ মাত্রই ভুল হোতে পারে, কোনো ভুল করে ফেললে তা স্বীকার করুন, অন্যের আড়ালে ঢোকার চেষ্টা করবেন না। আত্মবিশ্লেষণ করলে একটা জিনিস স্পষ্ট বোঝা যায় যে, কোনো কাজ ঠিক বা ভুল করার পিছনে আপনার কতটা হাত আছে।

কাউকে দোষী সাবস্ত করতে পারলে আপনার সমস্যার সমাধান হবে না। দায়িত্ব এরিয়ে চলাটা কোনো উপায় নয়। যেকোনো কাজের জন্য জবাবদিহি করতে হবে, আর পরিস্থিতি সামলানোর চেষ্টা করতে হবে, চলার পথে আসা বাধাকে নিজের শিক্ষক মনে করে তার থেকে শিক্ষা গ্রহণের চেষ্টা করুন।

নিজের কাছ থেকে সর্বদা শ্রেষ্ঠ কিছু পাওয়ার আশা করুন। দুঃখের সময় আপনার জীবনে আরো খারাপ কি হোতে পারত তার কল্পনা করুন, দেখবেন কোনো দুঃখই আপনাকে কাতর করতে পারবে না। আমাদের চিন্তাধারা আমাদের

প্রসন্ন থাকার বিষয়ে একটা গুরুত্বপূর্ণ ভূমিকা পালন করে। বাইরের কেউ আমাদের প্রসন্ন বা অপ্রসন্ন করতে পারে না, তা নির্ভর করে আমাদের নিজেদের ওপর। আমরা যেখানে আছি, যেভাবে আছি সেইভাবেই প্রসন্ন থাকার চেষ্টা করতে হবে।

জীবন অনেকটা হাইওয়েতে দৌড়ানোর মতো ব্যাপার, আমরা যখন তার থেকে বাইরে যেতে চাই তখন আমরা এক পংক্তি থেকে আর এক পংক্তিতে গিয়ে উপস্থিত হোতে চাই, কিন্তু কোনো স্থান খুঁজে পাইনা, কারণ আমাদের জীবনে কোনো লক্ষ্য থাকে না, বর্তমানের দিকে নজর রাখতে পারি না বলে সমস্ত সুযোগ হাত ছাড়া হয়ে যায়। বাহ্যিক বিষয় মাথায় আসার ফলে আমরা নিজেদের লক্ষ্য হারিয়ে ফেলি।

জলের স্ফুটানাঙ্ক হল ১০০ ডিগ্রী সেলসিয়াস, ৯৯ ডিগ্রীতে জল ফুটে বাষ্পে পরিণত হয় না। বাষ্পের মধ্যে ইঞ্জিন টেনে নিয়ে যাওয়ার শক্তি থাকে, কবোষ্ণ জল সেই কাজ করতে পারে না। এই কবোষ্ণতা আপনাকে জীবনে মাস্টারপীস করে তুলতে পারবে না, একাগ্রতাই হল সফলতার প্রধান চাবিকাঠি। নিজের লক্ষ্যের প্রতি ফোকাস রাখাটা খুবই জরুরি। চারদিকে থেকে বাধা আসার কোনো অভাব থাকে না, কিন্তু আপনি যদি নিজেকে কেন্দ্রিত রাখতে পারেন তাহলে কোনো বাধাই আপনার চলার পথে প্রতিবন্ধকতার সৃষ্টি করতে পারবে না।

একাগ্রতার সাথে চলুন, আপনি অবশ্যই সফলতার শিখরে পৌঁছাতে পারবেন।

'রাষ্ট্রের সঠিক পরিচয় পাওয়া যায় ইতিহাস থেকে। তা অতীত, বর্তমান ও ভবিষ্যতকে সংযুক্ত রাখে।'

\- রাধা কৃষ্ণন

12

জীবনের আর এক নাম হল সংঘর্ষ

কোনো মানসিক প্রতিবন্ধকতা যেন আপনার চলার পথকে অবরুদ্ধ করতে না পারে। আপনি যত সংটক, যত সমস্যা বা যত কঠিন পরিস্থিতির সম্মখীনতাই করুন না কেনো, নিজেকে কখনও হতাশায় নিমজ্জিত করবেন না, মনে রাখবেন যেকোনো বাধাই অস্থায়ী, তার কোনো না কোনো সমাধান নিশ্চই আছে। কোনো বস্তুকে আমরা কি নজরে দেখব তা আমাদের ওপর নির্ভর করে, তাই আপনি নিজের কাছ থেকে কি চান তা নিজেকেই ঠিক করতে হবে। আপনার অবচেতন মন আপনাকে এই জিজ্ঞাসার উত্তর দিয়ে দিতে পারে।

সঠিক সময়ে কোনো কাজকে বাস্তবায়িত করার জন্য সেই কাজের প্রতি একাগ্র থাকাটা খুবই জরুরি।

বাইবেলে লেখা আছে ঞ্ন

“স্বর্গের নিচে যেকোনো কাজের ব্যাপারে একটা সময় নির্ধারিত করে রাখা আছে, তেমনি প্রতিটা গতিবিধিও নির্দিষ্ট ঋতু মেনেই চলে।”

জন্ম গ্রহণ ও মৃত্যুর সময় নির্ধারিত থাকে,
চারা গাছের উদ্ভব ও তা সমূলে উৎপাটিত হওয়ার সময়,
মৃত্যুও ও তার বিধি-অনুষ্ঠান পালনের সময়,
কিছু ধ্বংস করে দেওয়া ও তা নির্মাণের সময়,
কাঁদা ও হাসার সময়,

শোক করা ও গান গাওয়ার সময়,
পাথর ছড়ানো ও তা গোছানোর সময়,
আলিঙ্গন করা ও দূরে চলে যাওয়ার সময়,
কিছু খোঁজা ও পরাজিত হওয়ার সময়,
কিছু কাছে রাখা ও তা ছুঁড়ে ফেলে দেওয়ার সময়,
কিছু ছেঁড়া ও তা সংশোধন করার সময়,
চুপ থাকা ও কথা বলার সময়,
প্রেম ও ঘৃণা করার সময়,
যুদ্ধ ও শান্তি ঘোষণা করার সময়।

উদাহরণ স্বরূপ, আমরা সকালে ঘুম থেকে উঠে কোনো রকম প্রতিবন্ধকতা ছাড়া দৈনিক কার্য সম্পন্ন করে, কাজে যাওয়ার জন্য প্রস্তুতি নিই। আমরা নিজেদের অভ্যাস বশতই সব কাজ করি, কিন্তু দুর্ভাগ্যের বিষয় হল জীবনে কোনো ভালো কাজ করার সময়ে আমাদের দৃষ্টিভঙ্গী বদলে যায়, তখন আমরা আচার-বিচার, পদ্ধতি, অপেক্ষা প্রভৃতি নিয়ে ভাবি এবং নিজেদের ক্ষমতা নিয়ে সন্দেহ প্রকাশ করতে থাকি।

যে কাজই করি না কেনো, তার পিছনে ইতিবাচক মনোভাব থাকাটি খুবই জরুরি, নিজেদের চিন্তাধারাকে উন্নত করে তোলার জন্য তা বদলানোটা খুবই জরুরি। সবচেয়ে মজার বিষয় হল, হতাশা ও হতোৎসাহিত হয়ে কোনো কাজ করলে আপনাকে যতটা চেষ্টা করতে হবে, আত্মবিশ্বাস ও আশাবাদী হয়ে কাজ করলে তার থেকে অনেক কম চেষ্টা করতে হবে। আপনার কাছে কি নেই তা নিয়ে মাথা ঘামাবেন না, বরং আপনার কাছে কি আছে সেইদিকে নজর দিন।

আমার এক ড্রাইভার ছিল, তার চরিত্র ছিল বেশ অদ্ভুত প্রকৃতির, তাকে যখনই আমি কিছু দিতে যেতাম, যেমন ধরুন ঠান্ডার কোর্ট, সে বলত 'আমার কাছে একটা আছে, আর চাই না।' তার মনে হতো তার কাছে আগে থেকেই প্রয়োজনের বেশি জিনিস আছে। সামান্য কিছু বেতনের বিনিময়ে সে কাজ করত, আর বস্তিতে কোনো রকমে জীবন অতিবাহিত করত, অথচ কখনও তার মধ্যে কোনো কিছুর জন্য অভাব বোধ করতে দেখেনি।

ওকে দেখে আমি অবাক হোতাম, এই ধরনের মধ্যবিত্ত মানুষরাই হয়তো ভাবে ঈশ্বর আমাকে কিছুই দেয়নি। শুধু নিজে প্রসন্নে থাকাটাই বড়ো কথা নয়, আমাদের অন্যদেরও প্রসন্নে রাখার চেষ্টা করতে হবে। যেকোনো সম্পর্কের মধ্যে

একটা স্নেহ মমতা থাকাটা খুবই জরুরি। নিজের মনের মতো কোনো কাজ করার মানে এই নয় যে, আপনি সময় নষ্ট করছেন। যে কথা দেবেন, দায়িত্বের সাথে তা পালন করার চেষ্টা করুন। আপনার বর্তমান পরিস্থিতির থেকে একপা পিছনে চলে যান, তাহলে আপনি নিজের আচরণ ও ব্যবহারের নিরীক্ষণ করতে পারবেন।

জীবনে এমন কোনো সংকট আসেনা, যার মধ্যে সুযোগ থাকে না। সেই সংকট থেকে বেরানোর জন্য আপনাকে সঠিক পথের সন্ধান করতে হবে, আপনাকে বিকল্প পথ খুঁজে বার করতে হবে।

সেই বিকল্প পথে যাওয়ার চেষ্টা করুন, যে পথে চললে আপনার সফলতা পাওয়ার ভরসা আছে। যেকোনো সমস্যার সমাধান পাওয়ার জন্য আপনি নিজের ভেতরেই তার অনুসন্ধান করুন। মাঝেমধ্যে জীবন নিয়ে গম্ভীর ভাবে ভাবুন, এটাও একটা ভালো নীতি।

কখনও অন্যের কাছ থেকে সাহায্য চাইতে সংকোচ করবেন না, এমন অনেকে আছে যারা প্রসন্নতার সাথে সাহায্য করে থাকে। জীবন, ঘটনা ও মানুষের প্রতি সীমিত ও কঠোর চিন্তা ধারা পোষণ করার বদলে নতুন দৃষ্টিভঙ্গীর পালন করুন, যাতে করে আপনার জীবনের প্রতিটা সংকটের সম্মখীনতা আপনি দৃঢ়তার সাথে করতে পারেন। আপনি যখন কোনো সমস্যায় পড়বেন তখন এটা চিন্তা করুন যে, এর পরিণাম কতটা খারাপ হোতে পারে। আত্মবিশ্লেষণ করলে বুঝতে পারবেন যে, আপনার অতি কল্পনা শুধুমাত্র আপনার মনের ফসল, কোনো সমস্যা হলেও আপনি অতি সহজেই তার সমাধান করে নিতে পারেন।

কোনো বিষয় নিয়ে দুঃখ বা শোক করাটা অনিবার্য কিনা দেখে নেবেন, পীড়া ও দুঃখ জীবনের একটা অঙ্গ। তা আমাদের যেকোনো সমস্যার সম্মখীনতা করার যোগ্য করে তোলে। সমস্যা মানে নতুন অভিজ্ঞতা, আর সেই অভিজ্ঞতা হয়ে ওঠে আমাদের পথপ্রদর্শক। জীবনে ভয়কে জয় করাই হল সবচেয়ে বড়ো কথা। কখনই অতীতকে নিজের ওপর চেপে বসতে দেবেন না। আপনার নেতিবাচক চিন্তা আপনার জীবনে অসফলতা ডেকে আনে, তাই জীবনটাকে হেসে-খেলে উপভোগ করার চেষ্টা করুন। আমরা কিভাবে আমাদের জীবন অতিবাহিত করব তা সম্পূর্ণ ভাবে আমাদের উপরেই নির্ভর করে।

সবচেয়ে গুরুত্বপূর্ণ বিষয় হল ইতিবাচক মনোভাব বিকসিত করা ও সেটিকে জীবনের অঙ্গ করে তোলা। নিজেকে একটা রুটিং-এর জালে জরিয়ে ফেলবেন না, প্রতিদিন একটা ভালো অভ্যাস গড়ে তোলা যেন আপনার সংকল্প হয়ে ওঠে।

অনেক লোক আছে যারা পুরানো অভ্যাস ত্যাগ করতে চায় না, যার ফলে তারা জীবনে কিছু করতে পারে না। এই জীবন রূপী প্রতিযোগীতায় আপনি যদি জয়লাভ করতে চান তাহলে ক্রমাগত নিজেকে নিপুণ করে তোলার চেষ্টা করুন, সর্বদা নিজেকে প্রেরিত করে যান। আমাদের ভেতরের প্রেরণা আমাদের যেকোনো কাজ করার জন্য উৎসাহ প্রদান করে থাকে। কিভাবে আপনি নিজেকে প্রেরিত করবেন, তা সম্পূর্ণ রূপে আপনাকেই ঠিক করতে হবে।

> *"আমরা যদি আমাদের পাপের জন্য অনুতাপ করি এবং সেই অনুসারে নিজেদের আচরণ বদলানোর চেষ্টা করি, তাহলে ঈশ্বর সেদিকে ধ্যান দেন ও সেই অনুসারে আমাদের শুধরাতে সাহায্য করেন।"*
>
> - রাধাকৃষ্ণন

13

ভাবী সফলতার জন্য

এমন কোনো দিন নেই, যে দিনটাতে আমরা কোনো রকম প্রতিদ্বন্দ্বিতার সম্মখীনতা করি না। কোনো বাধা তা আপনার জীবনকে স্থগিত করে দেবে নাকি তা হয়ে উঠবে আপনার জীবনের এগিয়ে যাওয়ার সিঁড়ি তা নির্ভর করে আপনার ওপর। কোনো প্রতিবন্ধকতা কিভাবে আপনার জীবনের সুযোগ হয়ে উঠতে পারে তা নিজেকেই জিজ্ঞাসা করতে হবে। যখন আপনাকে দুটি কাজ করতে হয়, তখন নিজেকে জিজ্ঞাসা করুন যে, আপনার কাছে কোন কাজটা বেশি গুরুত্বপূর্ণ।

গত সপ্তাহে আমি একটা সমস্যায় পড়ে গেছিলাম, একই সময়ে দুই জায়গা থেকে ডিনারের আমন্ত্রণ এসেছিল, দুটি জায়গাই আমার কাছে গুরুত্বপূর্ণ ছিল। আমি ঠিক করেছিলাম যে, দুটি স্থানেই আধা ঘন্টা করে সময় দেব। আমি যাওয়াতে আমন্ত্রক খুবই খুশি হয়েছিল, আর আমি সেখান থেকে যেটুকু সময় বাঁচাতে পেরেছিলাম, সেই সময়টুকুর মধ্যে সাপ্তাহিক পত্রিকার জন্য কলাম লেখার কাজটা সেরে ফেলেছিলাম।

ছোটো খাট বিষয় গুলিকে উপেক্ষা করতে না পারলে আমরা অনেক উঁচুতে পৌঁছাতে পারব না। একটা সুন্দর বাড়ি তৈরি করার জন্য যেমন ইঁট-সিমেন্ট থেকে বিদ্যুৎ-জলের ব্যবস্থার দিকে নজর দিতে হয়, তেমনি জীবনকে সুন্দর ভাবে গড়ে তোলার জন্য প্রতিটা ছোটো পদক্ষেপের দিকে নজর দিতে হয়। আপনার লক্ষ্য

যেন কখনও আপনার নজরের বাইরে যেতে না পারে। সাবধানতার সাথে চলতে না পারলে প্রতিদিনের ছোটোখাট কাজের মধ্যে আপনার জীবনের আসল লক্ষ্যই হারিয়ে যাবে।

জীবনকে সুন্দর ভাবে চালনা করার জন্য সবার আগে আপনাকে দেখতে হবে যে, আপনার কাছে কোন কাজটা সবচেয়ে গুরুত্বপূর্ণ, সবার আগে একাগ্রতার সাথে সেই কাজ শেষ করার চেষ্টা করুন। কম সময়ের মধ্যে অধিকতর কাজ করার চেষ্টা করুন, কারণ জীবনে আমাদের কাছে সময় খুবই কম।

আপনার লক্ষ্য ও উচ্চাকাঙ্ক্ষা তখনই সফল হবে যখন আপনি নিজের মাপদন্ড উঁচু রাখবেন, যা আপনার জীবনের জন্য ততটা গুরুত্বপূর্ণ নয় সেই গুলিকে পিছিয়ে দিতে থাকুন। যে কাজ আপনাকে জীবনের লক্ষ্যের দিকে নিয়ে যাবে সেই কাজের প্রতি ফোকাস করুন।

আপনি যদি নিজের গুরুত্বপূর্ণ কাজের দিকে ফোকাস করেন তাহলে যে শুধু প্রসন্নতা লাভ করবেন তাই নয়, আপনি নিজের সন্তুষ্টিদায়ক পরিণাম লাভ করতে পারেন। তা না হলে আপনি একটা অনাবশ্যক চাপের মধ্যেই থেকে যাবেন, যার সাথে আপনার জীবন বা আপনার লক্ষ্যের কোনো সম্পর্ক থাকবে না।

সবচেয়ে গুরুত্বপূর্ণ কাজের জন্য সবচেয়ে বেশি সময় ব্যয় করুন। তবেই আপনি বা আপনার দল কম গুরুত্বপূর্ণ কাজের জন্য কম সময় পাবেন। আপনাকে গুরুত্বপূর্ণ কাজ আর আপাতকালীন কাজের মধ্যে পার্থক্য বুঝতে হবে। প্রায় সময়তেই আমরা আপাতকালীন কাজের জালে জরিয়ে থাকি। নিজেদের যোগ্যতা ও লক্ষ্য প্রাপ্তির জন্য যে সুযোগ আমরা পাই তার ভিত্তিতেই আমাদের নির্ণয় নেওয়া উচিত, যে কোন কাজটা আমরা আগে করব আর কোনটা পরে।

একধরনের সমস্যার সমাধান একবারেই করার চেষ্টা করুন। সেই সাথে একটা বিষয় মাথায় রাখবেন যে, প্রতিদিন আপনাকে যে কাজ করতেই হয় তার জন্য বেশী সময় ব্যয় করবেন না। যে কাজ অন্যকে দিয়ে করানো যেতে পারে সেই কাজের জন্য নিজের সময় নষ্ট করবেন না, নিজের সময় বাঁচানোর চেষ্টা করুন। কোন কাজ আপনার জন্য সবচেয়ে গুরুত্বপূর্ণ সেই নামটা সবার আগে লিখে একটা তালিকা প্রস্তুত করে ফেলুন, এইভাবে গুরুত্ব অনুসারে দশটা কাজ পরপর লিখে ফেলুন। একটা কথা মাথায় রাখবেন, কোনো কাজ করার সময় আপনি অতিরিক্ত মানসিক চাপ নিয়ে ফেলবেন না, আনন্দের সাথে নিজের কাজ করুন। আপনার যেন মনে না হয় যে, আপনি নিজেকে দন্ড দিচ্ছেন। যে কাজই করুন না

কেনো তার জন্য আপনাকে নিজেকে সময় দিতেই হবে, এতে করে একটা রোমাঞ্চকর গতিবিধির সৃষ্টি হোতে পারে।

সেই সাথে নিজের প্রগতির দিকেও লক্ষ্য রাখতে হবে, এতে করে আপনি বুঝবেন যে, আপনি নিজের লক্ষ্যের থেকে আর কতখানি দূরে আছেন। আপনাকে নিজেকে নিজের প্রদর্শনের মাপদন্ড তৈরি করতে হবে। আপনার প্রতিটি কাজ যে সফল হবেই তার কোনো মানে নেই তাই মাঝে মধ্যেই নিজের লক্ষ্যের দিকে ধ্যান দিন। যদি আপনার লক্ষ্যে পরিবর্তন ঘটান তাহলে আপনি পরিকল্পিত ভাবে সেই পথে এগিয়ে চলার চেষ্টা করুন। এটা এক অতি সাধারণ প্রক্রিয়া। জীবনে সর্বদা সব কিছু একই রকম থাকে না, আমাদের পরিবর্তনের সম্মখীনতা করার জন্য প্রস্তুত থাকতে হবে। সময়ের সাথে চলাই জীবনের মূলমন্ত্র।

> *" ইতিহাস আমাদের কোনো শিক্ষাই দিতে পারিনি, আর এই শিক্ষাই আমরা ইতিহাসের থেকে পেয়েছি। নিজেদের সঙ্গতি বজায় রাখার জন্য, নিজেদের হিংসা ও বিবাদপূর্ণ মনোভাবের জন্য, আমরা প্রতিবেশীদের সাথে ঝগড়া করেছি, নিজেদের স্বাধীনতা হারিয়েছি।"*
>
> \- রাধাকৃষ্ণন

14

সামনে হোক লক্ষ্য ...

জীবনের কোনো ছোটোখাটো সমস্যা একটা বিরাট ও বিকৃত রূপ ধারণ করার আগেই সেটাকে শুধরে ফেলা খুবই জরুরি। যেমন ধরুন আপনি যদি পুরো এক সপ্তাহ ধরে নিজের নোংরা জামা-কাপড় না কাচেন তাহলে সপ্তাহের শেষে আপনাকে একসাথে অনেক জামা-কাপড় কাচতে হবে। তখন তা আপনার কাছে সমস্যায় পরিণত হবে।

আমরা প্রায়ই নিজেদের আশেপাশের খালি জায়গায় খবরের কাগজ, চিঠিপত্র বা চায়ের খালি কাপ রেখে দিই, আমিও প্রায়ই এমন ভুল করতাম, খালি জায়গায় কোনো না কোনো জিনিস রেখে দিতাম।

একদিন আমি ঠিক করি যে, আমি নিজের এই ভুল অবশ্যই সংশোধন করব। যেকোনো জিনিস নির্দিষ্ট স্থানে রাখাই নিয়ম। এই কাজ করতে খুব বেশি হলে এক মিনিট সময় লাগে কিন্তু তাতে করে বাড়ি-ঘর পরিষ্কার-পরিচ্ছন্ন দেখায়। আপনার চারদিকে যদি কাগজ-পত্র ছরিয়ে ছিটিয়ে থাকে তাহলে আপনারও কাজ করতে ভালো লাগবে না। এতে করে অনেক সময় প্রয়োজনীয় জিনিস খুঁজতেও আমাদের খানিকটা সময় নষ্ট হয়।

আপনাকে দেখতে হবে যে, আপনার আশেপাশে যেন জিনিস পত্র ছরিয়ে ছিটিয়ে না থাকে, নিজের চেষ্টাতেই আপনি তা কাবু করতে পারবেন। এমন গতিবিধিকে নিঃসংকোচে গ্রহণ করতে পারেন, যা আপনাকে আগে এগিয়ে নিয়ে

যেতে সাহায্য করবে।

লক্ষ্য পর্যন্ত পৌঁছানোর জন্য আপনাকে কাজ করতেই হবে। প্রায় সময়তেই দেখা যায়, আমরা কাজ শুরু তো করি, কিন্তু মাঝপথে তা আমাদের বন্ধ করে দিতে হয়। আমাদের একটা কথা মনে রাখতে হবে যে, এখানে কোনো জাদু কাজ করে না, কোনো কাজ শুরু করলে তা আমাদেরই শেষ করতে হবে, কোনো জাদু মন্ত্রের দ্বারা তা শেষ হবে না। পরিস্থিতির সাথে মানিয়ে চলতে না পারলে আমরা মাঝপথেই আটকে পড়ব, আর আগে যেতে পারব না।

যে কোনো পরিকল্পনাকে বাস্তবায়িত করে তোলার জন্য সজাগ ও আবেগপূর্ণ পদক্ষেপ গ্রহণ করাটাও খুবই জরুরি। আপনার নিজেকেই সেই পথ খুঁজে বার করতে হবে, যে পথে চললে আপনার উচ্চাকাঙ্ক্ষা পূরণ হবে। যে কোনো পরিকল্পনা বাস্তবায়িত করার জন্য প্রয়োজনীয় উপাদান ও মানব শ্রম খুবই গুরুত্বপূর্ণ। যদিও কোনো কিছুই সম্পূর্ণ সঠিক হয় না, আমাদের সর্বদা পরিবর্তনের সাথে তাল মিলিয়ে চলতেই হয়।

একটু পিছিয়ে যাওয়ার বদলে যেখানে আছেন সেখান থেকেই শুরু করার চেষ্টা করুন। যদি নতুন ভাবে কিছু শুরু করতে চান তাহলে মস্তিষ্কে শুরুর থেকে শেষ পর্যন্ত একটা কাঠামো গড়ে নিন।

অনেকে কোনো গুরুত্বপূর্ণ কাঠামো গঠন না করেই গুরুত্বপূর্ণ পরিকল্পনায় হাত দিয়ে ফেলে। আমি সকালে উঠেই যদি ঠিক না করি যে, কি কি কাজ করতে হবে তাহলে আমার সারাটা দিন ব্যর্থ হয়ে যায়, কোনো কাজের কাজ হয় না। টি.ভি. দেখে, ফোনে গল্প করে বা স্ন্যাক্স খেয়েই দিনটা কেটে যায়।

সবার আগে কি কাজ করবেন, সেই ব্যাপারে লক্ষ্য নির্ধারণ করে নিতে হয়। মনে রাখবেন তাতে যেকোনো রকম পরিবর্তন ঘটানো যেতে পারে। যেকোনো কাজে হাত দেওয়ার সময় একটা নির্দিষ্ট সময় সীমা নির্ধারিত করে নেওয়া উচিত, তা না হলে আপনি কখনই লক্ষ্যের দিকে এগিয়ে যেতে পারবেন না। কোনো পার্টিতে যাওয়া থেকে শুরু করে, একা বসে ল্যাপটপে কাজ করা পর্যন্ত সব কিছুর জন্যই একটা সময় সীমা নির্ধারিত করতে হবে।

আমরা যেমনটা চাই জীবন সর্বদা সেই পথে চলে না। যেকোনো কাজ করতে আপনার যে সময়টুকু লাগবে তা তো আপনাকে দিতেই হবে। অনেক সময় অনেক ঘটনা আপনার কাজে বাধার সৃষ্টি করে, তার জন্যও আপনাকে প্রস্তুত থাকতে হবে। এর জন্য আপনার উৎসাহ নষ্ট হয়ে যেতে পারে, আপনার শক্তিরও অপচয়

হোতে পারে, তাই আগে থেকে মানসিক ভাবে প্রস্তুত থাকাটা ভালো।

কখনও সম্পূর্ণতা বাদী হওয়ার চেষ্টা করবেন না। আমরা স্ত্রী ভারত সরকারের প্রকাশন বিভাগের প্রমুখ ছিলেন, তিনি ছিলেন অধিকারী ও শীর্ষস্থ প্রকাশক। একদিন আমি তাঁর সাথে আমার একটা লেখা নিয়ে আলোচনা করছিলাম, সেই সময় তিনি আমাকে বলেছিলেন যে, কখনও কোনো লেখাকে দুইবারের বেশি পড়া উচিত না, সম্পূর্ণতা প্রদান করতে চাইলে হাতে লেখার পুরানো পান্ডুলিপিটাই থেকে যাবে।

নিজের সবচেয়ে ভালোটা দেওয়ার চেষ্টা করুন, কিন্তু সম্পূর্ণতাবাদী হবেন না। যেকোনো কাজে সফল হওয়ার জন্য কখনও এই বিন্দুটা ভুলবেন না। সম্পূর্ণ পরিকল্পনার সাথে নিজের যোগ্যতা অনুসারে কোনো কাজ সম্পূর্ণ করাটাই আপনার লক্ষ্য হওয়া উচিত। জীবনের যেকোনো দিকে শ্রেষ্ঠত্ব অর্জনের কামনা করতে হবে, কিন্তু সম্পূর্ণতা লাভের কামনা করবেন না।

এই পৃথিবীতে ঈশ্বর ছাড়া কেউই সম্পূর্ণ নন, উচ্চাকাঙ্ক্ষা পূরণ করার জন্য যেকোনো রকম ত্যাগকে স্বীকার করে নিতে হয়। কোন কাজ আপনার সময় নষ্ট করছে তা আপনাকেই দেখতে হবে। গত মাসে আমার একটা সেমিনারে যাওয়ার কথা ছিল, নতুন বইয়ের জন্য প্রকাশকের সাথেও দেখা করার কথা ছিল, কয়েকটা বন্ধুর সাথে দেখা করারও সময় নির্ধারিত করা ছিল, আমি সবার আগে সেমিনারে যাই সেখান থেকে যাই প্রকাশের সাথে দেখা করতে, বাকি যেটুকু সময় ছিল সেই সময়টা বন্ধুদের সাথে কাটিয়ে আসি, একইদিনে আমি তিনটি কাজ করতে পেরেছিলাম। তিনবার আলাদা আলাদা করে যেতে গেলে আমার অনেক বেশি সময় নষ্ট হতো। তিনটি কাজই আমার জন্য গুরুত্বপূর্ণ ছিল, আমি একটু কৌশলের সাথে তিনটি কাজই একদিনে সুসম্পন্ন করতে পেরেছিলাম। কেউ এটাও বুঝতে পারেনি যে, আমি নিজের সময় বাঁচানোর জন্য এমন পরিকল্পনা করেছিলাম।

কোনো বাধা বা লোভ যত বড়োই হোক না কেনো, তা যেন কখনই আপনার উচ্চাকাঙ্ক্ষার পথে বাধার সৃষ্টি করতে না পারে। শুধুমাত্র আপনার চেষ্টাই তা বাস্তবায়িত করতে পারে। তা আপনার জন্য অন্য কেউ করতে পারবে না। আমার জীবনের সম্পূর্ণ উত্তরদায়িত্ব শুধুমাত্র আমারই।

15

সময়ের সদ্ব্যবহার

সময় সম্পর্কে সবচেয়ে অসাধারণ এবং সবচেয়ে সত্যি কথাটা হল, এর সাথে কাউর তুলনা করা যায় না। এমন বহু লোক আছে যারা সময় বাঁচানোর জন্য বহু রকম উপায় ও পন্থার প্রয়োগ করে থাকে, আবার সেখানেই এমন অনেক লোক আছে যারা অকাজের পিছনে এতটাই সময় ব্যয় করে যে, প্রকৃত কাজের জন্য পর্যাপ্ত সময়ই থাকে না।

আপনি নিজের সময়কে ব্যাঙ্কের খাতায় সঞ্চয় করে রাখতে পারবেন না, যে যখন দরকার হল ব্যাঙ্কে গেলেন আর টাকা তোলার মতো তুলে নিয়ে চলে এলেন। আমরা সকলেই প্রকৃতির কাছ থেকে সমান মাত্রায় এটি লাভ করে থাকি। কিছু লোক আছে যারা চব্বিশ ঘন্টার সঠিক ব্যবহার করে ধনী হয়ে যায়, আর কিছু লোক তা অপচয় করে সারা জীবন পিছিয়েই থেকে যায়।

সময়ের সদ্ব্যবহার করার জন্য সবার আগে আপনাকে নিজের গুরুত্বপূর্ণ কাজের দিকে ফোকাস করতে হবে, আপনাকে দেখতে হবে যে, আপনার জন্য সবচেয়ে গুরুত্বপূর্ণ কাজ কোনটি, তারপর সময়ের মধ্যে সেই কাজ সম্পূর্ণ করার চেষ্টা করতে হবে। আপনি যখন কোনো কাজ করেন, তখন তার জন্য সময়ের পূর্ণ ব্যবহার করেন কিনা, সবার আগে নিজেকে সেই প্রশ্ন করতে হবে।

সব কাজই যে উৎপাদক হবে আর তার থেকে আপনি শ্রেষ্ঠ পরিণাম পাবেন তার কোনো মানে নেই। ব্যর্থ কাজে বা বেকার কথায় নিজের সময় নষ্ট করবেন না।

জীবনে যদি বহু কিছু পেতে চান তাহলে একটা কাগজে দীর্ঘকালিন ও অল্পকালিন গুরুত্বপূর্ণ বিষয় গুলিকে লিখে ফেলুন। আমি যদি কি কাজ করতে হবে তা একটা কাগজে লিখে না রাখি তাহলে আমার নিজেকে কেমন অসম্পূর্ণ বলে মনে হয়। আমার কাছে অল্পকালিন ও দীর্ঘকালোন কার্যের পরিকল্পনা, তালিকা, লক্ষ্য ও গতিবিধি লেখা থাকে। ছোটো ও বেকার কাজের পিছনে সময় অপচয় না করে গুরুত্বপূর্ণ কাজের দিকে ধ্যান দেওয়াটা খুবই জরুরি।

কেবল মাত্র তালিকা বানিয়ে নেওয়াটাই যথেষ্ট নয়, তার সাথে চাই দৃঢ় সংকল্প। আপনার লক্ষ্য পূরণের পথে যে বাধাই আসুক না কেনো তা ধাক্কা দিয়ে সরিয়ে দেওয়ার চেষ্টা করুন, তা অবাঞ্ছিত ফোন কল হোক বা বাড়িতে আসা কোনো আত্মীয়-স্বজন। এই ধরনের বাধা আপনার অনেকটা প্রাইম সময় নষ্ট করে দেয়।

আমি কোনো গুরুত্বপূর্ণ কাজের সময় ফোনে কথা বলি না বা কাউর সাথে দেখা করি না। আমার সেক্রেটারি বলে দেয় যে, আমি ব্যস্ত আছি, কাজ শেষ হলে দেখা করব। আমি ফোনেও কথা বলি, দেখা সাক্ষাৎও করি কিন্তু যখন নিজের সময় হয় তখনই, অন্যদের সময়ে নয়। আমার কাছে আমার নিজের কাজ গুলিই সবচেয়ে বেশী গুরুত্বপূর্ণ।

আপনি যখন অন্যদের কোনো কাজ করে দেবেন তখন তারা আপনার ওপর খুবই প্রসন্ন হবে কিন্তু এইভাবে কাউকে প্রসন্ন করা ও পরে নিজের অসফলতার জন্য অনুতাপ করা তা আমার মোটেই ভালো লাগে না।

আমি কি কি করতে চাই তা আমি অতি সাবধানতার সাথে ঠিক করে নিই, কি করতে চাই না তাও ঠিক করে নিই। আমরা যখন প্রথম ব্ল্যাক এণ্ড হোয়াইট টি.ভি. কিনেছিলাম তখন অফিস থেকে ফিরে সম্পূর্ণ সময়টাই টি.ভি.-র সামনে বসে কেটে যেত, ভারতে যখন প্রথম ভিডিও ক্যাসেট এসেছিল তখন প্রতিদিন সন্ধ্যায় দুটো-তিনটে করে সিনেমা দেখতাম। এখন আমার বাড়িতে, এল.সিডি., ডি.ভি.ডি., এল.ই.ডি. সব আছে কিন্তু আমি শুধুমাত্র খবর শুনি। কখন কখনও ডি.ভি.ভি.-তে ফ্লিম দেখলেও টি.ভি.-তে সিনেমা দেখিনা, কারণ দুই ঘন্টার সিনেমায় তিন ঘন্টার বিজ্ঞাপন থাকে।

আমি সর্বদা এটা দেখি যে, আমি সময়ের সাথে তাল মিলিয়ে কাজ করছি কিনা। সময়কে সঠিক ভাবে অতিবাহিত না করলে অসন্তুষ্টি ছাড়া জীবনে কিছুই পাওয়া যায় না। আমাদের জীবনে সময়ের সাথে সাথে উর্জার স্তরও সীমিত। যে

ব্যক্তি বা বস্তুর জন্য আমার সময় নষ্ট হোতে পারে সেই বিষয় গুলিতে আমি যথেষ্ট সচেতন থাকি। যেমন —

১. স্পষ্ট লক্ষ্যের অভাব।

২. টেলিফোনের জন্য সৃষ্ট বাধা

৩. অলসতা বা টালমাটাল (যে নাম দেবেন)

৪. কোনো কাজ করতে না পারার পরিস্থিতিতে 'না' করার অযোগ্যতা

৫. অগোছালো কার্যস্থল

৬. বুদ্ধি ও কথোপকথনের অস্পষ্টতা

৭. আত্ম-অনুশাসনের অভাব

৮. 'নিজেই সবকিছু করা' (কোনো কাজ সঠিক ভাবে ভাগ করতে না পারা)।

৯. নিজেকে ছোটোখাটো কাজে ব্যস্ত রাখা, যেগুলি আর্জেন্ট হলেও গুরুত্বপূর্ণ নয়।

আমরা জীবনের ওপর নিয়ন্ত্রণ রাখব নাকি বাইরের পরিস্থিতির চাপে দৈনিক পরিকল্পনা ও নির্ধারণ সিমীত করে ফেলব তা আমাদের ওপরেই নির্ভর করে। আমাদের নিজেদেরই জীবনের এই বাধা গুলিকে অতিক্রম করতে হবে। তবেই আমাদের মানসিক চাপ দূর হবে। উদ্বেগ শান্ত হবে ও আমরা প্রসন্নতা লাভ করতে সক্ষম হব।

"প্রত্যেক ব্যক্তি প্রকৃতির বিবশতা এবং ইতিহাসের সীমা থেকে নিজেকে মুক্ত করে, নিজের স্বভাবে পূর্ণতা এনে মানবতার বিকাসরত জীবনে যোগদান দিতে পারে।"

- রাধাকৃষ্ণন

16

ব্যবহারিক সমাধান

চলার পথে আমাদের প্রত্যেকের জীবনেই কিছু দুষ্ট লোকেদের সাথে দেখা সাক্ষাৎ হয়; আমাদের সহকর্মী বা প্রতিবেশী, বন্ধু বা বস্ যেকোনো রূপেই আমরা এমন মানুষদের পেতে পারি।

তারা সমালোচনা ও নিন্দায় বিশ্বাস রাখে, তা আপনার প্রদর্শনের সাথে যুক্ত হলেও সত্যের সাথে তার কোনো রকম সম্পর্ক থাকে না। তাদের সমালোচনা বা আরোপ গুলিকে সত্য বলে মনে করার মতো মূর্খামি করবেন না।

এমন ধরনের লোকেরা এইভাবে কোনো ঘটনা বা মানুষদের নিয়ন্ত্রণ করতে চায়, তার সাথে প্রদর্শন সংশোধনের্র কোনো লেনদেন নেই। অন্যদের বিব্রত করার কাজ প্রত্যক্ষ বা পরোক্ষ, দুইভাবেই করা যেতে পারে। সবার আগে সমস্যাটা চিনতে হবে। এমন ব্যক্তি নিজের অহংকারের বশবর্তী হয়ে এমন কাজ করে থাকে।

এমন লোকেদের কাছে নিন্দা ও মিথ্যাই হয়ে ওঠে সবচেয়ে বড়ো অস্ত্র।

অনেকে বলে থাকেন এগুলি তাদের দুর্বলতা। তারা চায় যে আপনি কোনো না কোনো ভাবে অপরাধ বা লজ্জা বোধ করুন। তারা ছল-কপটতার সাথে সামনের লোকের শিকার করতে চায়। তারা প্রায়ই অনৈতিক আচরণ এবং শক্তির অপব্যবহার করে থাকে। এই ধরনের লোকেরা ছল-কপট করে, তারা অন্যদের ইশারায় নাচে।

এই ধরনের লোকেদের সাথে কেমন ব্যবহার করা উচিত সবার আগে সেটা দেখতে হবে। যেকোনো ক্ষেত্রেই এমন ধরনের লোকেদের মুখোমুখি হোতেই

পারে। তারা ধ্বংসাত্মক ও অপশব্দের ব্যবহারকারীও হোতে পারে। নিজের মানসিক শান্তি বজায় রাখার জন্য আপনাকে এদের থেকে দূরে থাকতে হবে। এই ধরনের লোকেরা নিজেকে বড়ো ও আপনাকে ছোটো করার জন্য অনেক দূরে যেতে পারে।

কোনো এক সময়ে এমন একজন ব্যক্তির সাথে আমার সাক্ষাৎ হয়েছিল, যে সর্বদা আমার কাজে নাক গলাতো। তার কার্য কলাপ আর সহ্য করা যাচ্ছিল না। তাকে শিক্ষা দেওয়ার জন্য শেষ পর্যন্ত আমাকে পুলিশ ডাকতে হয়েছিল। সে নিজের সম্মান বাঁচানোর জন্য আমার বিরুদ্ধে তার দলের লোকজনকে পাঠিয়েছিল কিন্তু কোনো লাভ হয়নি। যতক্ষণ আপনি সহ্য করবেন এমন ব্যক্তিরা ততক্ষণই আপনার পিছনে লেগে থাকবে। আপনার সম্মান নষ্ট করাই তাদের একমাত্র উদ্দেশ্য হয়ে ওঠে।

এমন ধরনের লোকেদের বোঝাতে হবে যে, আপনি কোনো রকম অনৈতিক আচরণ বা দাদ-গিরি সহ্য করবেন না। আপনি কোনো রকম আক্রমণ করার আগে তাকে একবার সতর্ক করে দেবেন।

আপনি পরিষ্কার ভাবে তাকে জানিয়ে দেবেন যে, আপনি কি চান বা তার কোন আচরণটা আপনার ভালো লাগছেনা তা বলতেও ভুলবেন না। তার বিযাক্ত কোনো কথা সহ্য করার কোনো প্রয়োজন আপনার নেই।

কেউ যদি অনাবশ্যক ভাবে আপনার ওপর কিছু চাপিয়ে দেওয়ার চেষ্টা করে, তার বিরোধীতা করার অধিকার আপনার আছে। আপনি লিখিত ভাবে নিজের নালিশ জানাতে পারেন বা সম্পর্কিত অধিকারীর সাথে সেই বিষয়ে কথা বলে রাখবেন। দুষ্ট ব্যক্তির ছলের অভাব হয় না। তার মনে হয় দুনিয়ায় সেই সঠিক, তার কাছে সমস্ত সমস্যা সমাধানের উত্তর থাকে। আসলে সে এর আড়ালে নিজের অপদার্থতা ও অন্তঃসারশূন্যতাকে লোকাতে চায়।

যখন তার মনে হয় যে, তাকে কোনো রকম গুরুত্বপূর্ণ কাজ দেওয়া হচ্ছে না বা সে যখন আকর্ষণের কেন্দ্রবিন্দু হয়ে উঠতে না পারে তখন তার এমন মনোভাব আরোও বৃদ্ধি পায়, সে এটাই দেখাতে চায় যে, তার মতো বুদ্ধিমান দুনিয়ায় আর কেউ নেই।

এমন ধরনের দাম্ভিক ও অহংকারি লোকেদের জবাব দেওয়ার জন্য বিভিন্ন পদ্ধতির প্রয়োগ করতে হয়। তাদের উপেক্ষা করাই সবচেয়ে ভালো, যদিও সবকিছুই পরিস্থিতির ওপর নির্ভর করে।

এটা ঠিক যে, উপেক্ষা করলে তাদের ব্যবহারের উগ্রতা খানিকটা কমে। যতটা সম্ভব তাদের এরিয়ে চলার চেষ্টা করবেন। দৃঢ়তার সাথে তার দুর্বলতা গুলিকে চিহ্নিত করার চেষ্টা করুন। নিজের মূল্যবোধের প্রতি সততা বজায় রাখাটা খুবই জরুরি।

এমন ধরনের লোকেরা ছল, কপটতার সাথে নিজেকে সবচেয়ে মহান বলে প্রতিপন্ন করার চেষ্টা করে। তারা নিজেদের দুর্বলতাকে লোকানোর জন্য অপরকে ছোটো করার চেষ্টা করে। নৈতিকভাবে কখনই তাদের সমর্থন করবেন না। এরা ভাবে তাদের কাছে সমস্ত প্রশ্নের সঠিক জবাব আছে। পরিস্থিতি যেমনি হোক না কেনো আপনার প্রদর্শনে যেন কোনো রকম ঘাটতি দেখা না যায়। দৃঢ়তার সাথে কাজ করবেন। সমস্ত ঘটনাকে সঠিক দৃষ্টিভঙ্গীতে দেখার চেষ্টা করবেন। সহজ ভঙ্গিতে, আশ্বস্ত ভাবে এবং দৃঢ়তার সাথে এদের সম্মখীনতা করুন, কিন্তু বিনম্র থাকবেন।

এমন লোকেরা সর্বদাই নিজেদের উচ্চ আসনে বসাতে চায়, তাই মুখ থুবরে পড়ে, কিন্তু সর্বদা আপনাকে এমন লোকেদের থেকে দূরে থাকতে হবে।

"ঈশ্বর কোনো জাদুগর নন, তিনি উদিয়মান সূর্যকে বা চলন্ত গুলিকে আটকাতে পারেন না। বরং তাঁর সত্যতা ও নিষ্ঠতা, তাঁর দয়া এবং ন্যায় ও নৈতিক নিয়ম গুলি, অবিনশ্বর ও মূর্তমান হয়ে ওঠে।"

---রাধাকৃষ্ণন

17

সৃজনশীল চিন্তাধারা

সৃজনশীলতা, অন্বেষক ও অনুসন্ধান করার প্রবৃত্তির জন্য ব্রেন স্ট্রোমিঙ্গের প্রয়োজন হয়। নতুন বিচার খোঁজার এটাই একমাত্র উপায়। বাস্তবে, জীবনে বিচারের কোনো অভাব থাকে না, কিন্তু তা গ্রহণ করার আগে আপনাকে নিজের সমস্যার সঠিক রূপ জানতে হবে, তবেই আপনি তার সমাধান করতে পারবেন বা তার জন্য কল্পনাশীল হোতে পারবেন।

আপনি যদি আপনার সমস্যা গুলিকে কম্প্যুটারের স্কীনে বা কাগজে লিখে ফেলেন তাহলে অর্ধেক সমস্যা দূর হয়ে যাবে। লোকেরা আসল সমস্যা কি তা না বুঝেই সমাধানের পিছনে ব্যর্থ সময়ের অপচয় করে।

যেকোনো সমস্যার সমাধান অর্ধেক রাতেও পাওয়া যেতে পারে। যদি তাও লিখে রাখেন তাহলে খুবই ভালো হয়। আমার সাথে প্রায়ই এমন ঘটনা ঘটে। এই প্রেরণা যেকোনো স্রোত থেকে আসতে পারে। শুধুমাত্র আপনাকে তা সঠিক রূপে চিনতে হবে। আপনি যদি মূল সমস্যা ও তার সম্ভাব্য সমাধানের পথ কি তা জানেন তাহলে অবশ্যই আপনি তার সমাধান করতে পারবেন।

মস্তিষ্ক এবং মন প্রায়ই আমাদের কিছু না কিছু বিচার দিতে থাকে। তা পরিষ্কৃত ভাবে লক্ষ্য ও উদ্দেশ্যের জন্য প্রয়োগ করা উচিত। অনেক সময় আমাদের মাথা ঠিক মতো কাজ করে না, সেক্ষেত্রে ব্যায়াম, জগিং বা হাঁটাচলার মতো কাজ গুলি করতে পারেন। মস্তিষ্ক আমাদের শরীরের বাকি অঙ্গ গুলির মতো বিশ্রাম চায়।

বুদ্ধিমান ও স্ফূর্তীবান মানুষের সাথে আমরা যেকোনো বিষয় নিয়ে আলোচনা করতে পারি।

নিজের সৃজনশীলতা বৃদ্ধি করার জন্য কোনো রকম মাদক দ্রব্যের সেবন করবেন না। বর্নাড শ বা শেক্সপীয়ারের মতন মহান ব্যক্তিরাও কখনও মাদক দ্রব্য সেবন করেন নি। তাঁরা বহু বছর পূর্বে বহু মূল্যবান বিচার এই পৃথিবীকে উপহার দিয়েছিলেন। নিজের সৃজনশীলতা বৃদ্ধি করার জন্য আপনাকে নিজের বিষয়ের সাথে সম্পর্কিত তথ্য পড়তে হবে, তা আপনার কাছে প্রেরণার স্রোত হয়ে উঠবে।

সমস্ত তথ্য একত্রিত করার চেষ্টা করুন। আপনি নিজের বুদ্ধি ও সৃজন শীলতার জোরে এই সমাজকে বহু মূল্যবান উপহার প্রদান করতে পারবেন। আমাদের অভূতপূর্ব বিচার ও চিন্তার দ্বারাই এমনটা করা সম্ভব।

হতাশা কখনই আপনার সৃজনশীলতা বৃদ্ধি করতে পারবে না। আপনাকে নিজেকে দুঃখ, উদাসীনতা ও পীড়ার থেকে দূরে থাকতে হবে। আপনার ইতিবাচক চিন্তাধারাই আপনাকে জীবনে এগিয়ে যাওয়ার জন্য প্রেরণা প্রদান করবে। সৃজনশীলতার ক্ষেত্রেও এই বিষয়টি খুবই সাহায্যকারী। বৈজ্ঞানিকেরা যদি নিজের মন-প্রাণ দিয়ে কাজ না করতেন, তাহলে আজ আমরা টি.ভি., ফ্যান, বিমান, ফোন প্রভৃতি জিনিস গুলির সুবিধা অর্জন করতে পারতাম না। যেটা অসম্ভব বলে মনে হয়, আপনার সৃজনশীলতা সেটিকেই সম্ভব করে তুলতে পারে।

কখনও মনে করা হোত যে, শুধুমাত্র দেবদূতেরাই পুষ্পকরথের অধিকারী, কিন্তু বাই-সাইকেল মেকানিক রাইট ব্রাদার্স শব্দের গতির সমান দ্রুতবেগে ধাবমান প্লেন তৈরি করে প্রমাণ করে দিয়েছিলেন যে, মানুষও পুষ্পক রথে পা রাখার অধিকারী।

আগে ভারত থেকে ইউ.কে. যেতে দশ দিন সময় লাগত, আর এখন খুব বেশী হলে নয় ঘন্টা সময় লাগে। কোনো কিছু আরম্ভ করতে সমস্যা বলে মনে হোতে পারে, কিন্তু কোনো কিছু করা অসম্ভব না।

আশাবাদকে আমাদের চিন্তন প্রক্রিয়ার একটা অংশ করে তুলতে হবে। সম্পূর্ণ সৃজনশীলতার সাথে আপনাকে নিজের আশা ও ভরসার আলো জ্বালিয়ে রাখতে হবে, কষ্টের সময় তাই আপনাকে পথ দেখাবে।

নেতিবাচক মনভাব নিয়ে দুঃখী হোতে যত সময় লাগে আশাবাদ বুকে নিয়ে আনন্দে থাকতে ঠিক ততটাই সময় লাগে। আমরা পৃথিবীকে যা দিই পৃথিবীও

আমাদের তাই ফেরত দেয়। আপনি নিজে যে পথে যেতে চাইবেন, সেই পথে আপনাকে নিজের চেষ্টাতে নিপুণ হয়ে উঠতে হবে।

কিভাবে সৃজনশীলতার সাথে কাজ করা যায় আপনাকে সেই দিকে সম্পূর্ণ রূপে ধ্যান দিতে হবে। আপনাকে মানসিক দিক থেকে সজাগ থাকতে হবে। অন্যের বিচার শুনতেই পারেন কিন্তু পরিবর্তন আনবেন নিজের মতানুসারে। ছোটো বিষয় নিয়ে বেশী মাথা ঘামালে পরিণামও ঠিক তেমনি পাবেন। তা আপনাকে সৃজনশীলতার থেকে দূরে সরিয়ে দেবে, বড়ো সমস্যা বা সংকট আগে দূর করার চেষ্টা করুন। আমাদের কাছে সেটাই সবচেয়ে বেশি জরুরি।

> *'ঈশ্বরকে উপেক্ষা করলে তিনি ক্রুদ্ধ হন না বা প্রার্থনা করলে তিনি প্রসন্ন হন না। তাঁর রথের চাকা, দয়া বা ক্রোধের সঙ্গে আবদ্ধ না হয়েই চলতে থাকে।"*
>
> --- রাধাকৃষ্ণন

18

শ্রেষ্ঠ হোক পরিণাম

কোনো মানুষের মনে দয়া থাকলে তা বিশেষ রূপে প্রশংসা লাভ করে থাকে। প্রতিদিন নিজের মধ্যে একটা করে সদ্‌গুণ বিকসিত করা খুবই ভালো। অন্যের প্রতি দয়া দেখাতে পারলে আপনি নিজের মন থেকে প্রসন্নতা লাভ করতে পারবেন। আপানকে নিজেকেই বুঝতে হবে যে, আপনার ভেতরে কতটা দয়া আছে। সকলেই এটা আশা করে যে, যখন কোনো ভুল হয়ে যায় তখন যেন সামনের ব্যক্তি উদারতার সাথে তা ক্ষমা করে দেয়।

যদি গুরুত্বপূর্ণ হওয়াটা ভালো বিষয় হয় তাহলে ভালো হওয়াটাও ততটাই গুরুত্বপূর্ণ। জীবনে আমাদের বহু ব্যক্তির সাথে পরিচয় হয়, তারা আমাদের সাথে নিজেদের দুঃখ-যন্ত্রণা ভাগ করে নিতে চায়। এদের মধ্যে কেউই গুরুত্বহীন নয়। আপনি যদি কাউর সাথে হেসে দুটো কথা বলেন, সেটাও আপনার ভালো হওয়ারই প্রমাণ। প্রত্যেক মানুষের জীবনে সংঘর্ষ আছে, তাই আমাদের প্রত্যেকের উচিত অন্যের থেকে ভালো হওয়া।

অপরকে আনন্দ দেওয়ার কোনো সুযোগ আমাদের হারানো উচিত না। প্রত্যেক জীব দয়ার ভাষা খুব সহজেই বুঝতে পারে। আমরা প্রত্যেকেই অতি সহজে হাসিমুখে অন্যের সাথে কথা বলতে পারি। আমরা নিজেরাই নিজেদের পরিচয়। প্রেম ও দয়া কখনও ব্যর্থ হয় না।

সূর্যের তাপ যেমন বরফকে গলিয়ে দেয় তেমনি ভুলবোঝাবুঝি, শত্রুতা ও

অবিশ্বাস দূর করে দয়া।

দয়া প্রদান ও গ্রহণ দুয়ের মধ্যে এক সম্পর্ক গড়ে ওঠে। হেসে আর ঘৃণার সাথে কথা বলতে একই সময় লাগে। মনে দয়া আর মুখে হাসি নিয়ে কথা বললে সকলেরই খুবই ভালো লাগে। সমস্ত ধর্মই দয়া ও করুণার পক্ষ নিয়ে কথা বলে। দয়ার সাথে কোনো বস্তুর কোনো সম্পর্ক নেই। আপনার একটা মনখোলা হাসি অন্যকেও মন খুলে হাসতে সাহায্য করে। অন্যের সামনে সাহায্যের হাত প্রসারিত করতে পারলে, আপনার মনও খানিকটা শান্তি লাভ করতে সক্ষম হবে। এইধরনের ভাবনাও সর্বদাই আনন্দ দান করে থাকে।

সকাল বেলা হাঁটার সময় আমি যখন ছোটো-ছোটো বাচ্চাদের দিকে তাকিয়ে হাসি তখন তারাও আমার দিকে তাকিয়ে হাসে, এর অর্থ হল ‌ধন্যবাদ, আমি অন্তর থেকে আপনাকে সম্মান করি। প্রশংসা ও প্রসন্নতা কখনও কম হয় না, তা যত দেওয়া যায় ততই বৃদ্ধি পায়। নিজের আন্তরিক শক্তি ও অদ্বিতীয় ক্ষমতা গুলি সম্পর্কে না জানলে আপনি নিজেকে কিভাবে বিকসিত করবেন। যে কাজই করুন না কেনো, সম্পূর্ণ গর্বের সাথে সেই কাজ করুন।

অনেক ছোটোখাটো বিষয়ও আপনাকে উন্নতির দিকে নিয়ে যেতে পারে। আমাদের ক্রমাগত উন্নত হয়ে ওঠার চেষ্টা চালিয়ে যেতে হবে। অনেক সময়তেই জীবনের পথ পরিবর্তন করার প্রয়োজন দেখা দেয়, তার জন্য ঘাবরাবেন না। আমাদের যতটা সম্ভব শ্রেষ্ঠ প্রদর্শন দেওয়ার চেষ্টা করতে হবে, তবেই আমরা শ্রেষ্ঠ পরিণাম লাভ করতে সক্ষম হব, তবে সেই সাথে ভ্রম সৃষ্টিকারী বিচার গুলির থেকেও দূরে থাকতে হবে। অন্যের কাউর জন্য যেটা সম্পূর্ণ আপনার জন্য সেটা অসম্পূর্ণ হোতেই পারে, আসলে সম্পূর্ণতা আর কিছুই নয় তা হল আপনার মত ও দৃষ্টিকোণ। কাউর কাছে সুন্দর একটা মেয়ের সাথে বিয়ে করাটাও সম্পূর্ণতা বলে মনে হোতে পারে।

আবার কেউ অবিবাহিত জীবনটাকেই সম্পূর্ণ বলে মনে করে, তার কাছে দু-হাতে টাকা ওড়ানোটাই সম্পূর্ণতার পরিচয়। দুইজন মানুষের কাছে সম্পূর্ণতার ধারণা কখনই এক রকম হোতে পারে না। সম্পূর্ণতা পাওয়ার মূল্য মানসিক চাপ, উদ্বেগ এবং চিন্তার রূপে দিতে হয়।

আমরা নিজেদের প্রতিভার কিভাবে সদ্ব্যবহার করব তা নির্ভর করে আমাদের ওপর। যদি কোনো পক্ষী ভাবত যে সে সম্পূর্ণ নয়, আর এইভেবে সে গান গাওয়া ছেড়ে দিলে বন শূন্য হয়ে যেত। সম্পূর্ণতার ধারনায় পরিবর্তন আসতেই

থাকে। আপনার ভেতরের প্রতিভার সদ্ব্যবহার করার চেষ্টা করুন। যদি কোনো মানুষ ভুল হয়ে যাওয়ার ভয়ে কাজ না করত, তাহলে বোধ হয় আজ আমরা এই পৃথিবী লাভ করতে পারতাম না। আমরা যাই করি না কেন, কেউ না কেউ তার সমালোচনা করবেই। ত্রুটিহীন পাথর হয়ে ওঠার থেকে ত্রুটিযুক্ত হিরে হয়ে ওঠা অনেক শ্রেয়।

লক্ষ্যপ্রাপ্তির জন্য কখনও নিজের মাপদন্ড ছোটো করবেন না, আপনি নিজের মনের বাসনা পূরণ করার জন্য নিজের প্রদর্শন স্তর বৃদ্ধি করুন। সর্বদা নিজেকে নিজের শ্রেষ্ঠতম কাজটি উপহার দিন। কখনও কোনো সুযোগ হাতছাড়া করবেন না। বাস্তবিক জীবন, কার্যক্ষেত্র এবং ব্যবসায় নাম মাত্র শব্দ আছে, ব্যাখ্যা তথা বচন আছে। সবচেয়ে বেশি গুরুত্বপূর্ণ হল আপনার প্রদর্শন।

'এলিস এ্যাডভেঞ্চর্স ইন ওয়ান্ডারল্যাণ্ড' -এ লুইস কেরোলের সংলাপ দেওয়া হল —

অতি ধীরে বলে,'চেশায়র পূস', কারণ সে বুঝতে পারছিল না, নামটা তার ভালো লাগবে কিনা। যদিও তার মুখের হাসিটা বেশ চওড়া হয়ে গেছিল। এলিস ভাবে চলো, ওর ভালো লেগেছে। একটু ভেবে জিজ্ঞাসা করে, 'আপনি আমাকে বলতে পারেন কি, আমার কোন রাস্তায় চলা উচিত।'

বিড়ালটি বলে, 'তুমি কোথায় যেতে চাও, সেটা তার ওপর নির্ভর করে।'

'আমার তার কোনো পরোয়া নেই।'ঙ্খ এলিস বলে।

'তাহলে তুমি কোন রাস্তায় যাবে, তাতে কিছুই যায় আসবে না।'ঙ্খবিড়ালটা জবাব দেয়।

এলিস বলে,'তাহলে আমি কোথাও না কোথাও পৌঁছে যাব।'

'হ্যাঁ, তুমি অবশ্যই পৌঁছে যাবে, একটু বেশি সময় লাগবে।'

> ***"আমরা ঘৃণা ও ঈর্ষা ছাড়া, মিথ্যা অভিলাষ ছাড়া, উচ্চ চাপযুক্ত প্রতিযোগিতা ছাড়া আর সত্তার লোভে দাস না হয়েও জীবন যাপন করতে পারি।"***
>
> — রাধাকৃষ্ণন

19

লক্ষ্য প্রাপ্তিতে সহায়ক

আমরা অনেকেই নিজেদের লক্ষ্য পূরণের জন্য অনুপস্থিত ব্যক্তির ওপর দোষারোপ করে থাকি। অনুপস্থিত ব্যক্তিকেই দোষি বলে মানা হয়, ধরে নেওয়া হয় যে, তার অনুপস্থিতির জন্যই কাজ বিগরে গেছে। এই পৃথিবীতে এমন কোনো ব্যক্তি নেই যে কোনো দিন অসফলতার সম্মখীনতা করেনি।

অসফলতার থেকে যে শুধু শিক্ষাই নিতে হয় তাই নয়, তার থেকে আমরা কিছু লাভও গ্রহণ করার চেষ্টা করতে পারি। সংকটের সময় ধৈর্য্যের সাথে কাজ করাটাই বড়ো কথা। ভারতীয় পুলিশ সেবায় নিযুক্ত হওয়ার পর আমাকে মহীশূর ক্যাডারে নিযুক্ত করা হয়েছিল, আমাকে যত লোক না শুভেচ্ছা জানাতে এসেছিল তার চেয়ে আফসোস প্রকট করতে এসেছিল বেশি।

আমিও বুঝতে পারিনি যে, আমাকে বাড়ির থেকে ২৫০০ কি.মি. দূরে পাঠিয়ে দেওয়া হবে। কিন্তু আমি তা নিয়ে বেশি মাথা না ঘামিয়ে আনন্দ ও স্ফূর্তীর সাথে নিজের ট্রেনিং শুরু করে দিয়েছিলাম। আমি দক্ষিণ ভারতীয় খাবার গুলিও বেশ আস্বাদ নিয়েই খেতাম। আমি সেখানকার স্থানীয় ভাষা পর্যন্ত জানতাম না, কিন্তু তার জন্যও আমার কোনো অসুবিধা হয়নি। সব কাজেই ছোটোখাট সমস্যার সম্মখীনতা করতেই হয়, আমাকেও করতে হয়েছিল, কিন্তু আমার উৎসাহ এতটুকু ক্ষুণ্ণ হয়নি।

উৎসাহ আমাদের জীবনের বহু সংকট ও সমস্যাকে দূর করে দিতে পারে।

আমি কোনো প্রাইভেট স্কুলে পড়াশোনা করিনি, গ্রামেই বড়ো হয়ে উঠেছিলাম কিন্তু তা সত্ত্বেও পুলিশ সেবায় শীর্ষস্থ পদ লাভ করতে সক্ষম হয়েছিলাম। আমি সর্বদা আমার শ্রেষ্ঠটা দেওয়ার চেষ্টা করতাম, আর সেই কারণে আমি শ্রেষ্ঠত্বের অধিকারীও হয়েছি।

যখনই কোনো সমস্যায় পড়বেন, তখনই নিজের সমস্ত শক্তি জাগ্রত করে তোলার জন্য মনে মনে নিজেকে প্রেরিত করার চেষ্টা করুন। সেই সাথে সমস্ত ভয়, চিন্তা ও সন্দেহ মন থেকে দূরে সরিয়ে ফেলতে হবে। সর্বদা নিজেকে সংশোধিত করার চেষ্টা করুন ও চিন্তা এবং ভয় থেকে দূরে থাকার চেষ্টা করুন।

জীবনে যদি বহু কিছু পেতে চান তাহলে সবার আগে নিজের লক্ষ্যকে বড়ো করতে হবে। বড়ো স্বপ্ন পর্যন্ত পৌঁছানোর জন্য লক্ষ্যও বড়ো হওয়া জরুরি। আপনি যত বেশি সফল হয়ে ওঠার চেষ্টা করবেন আপনার ইচ্ছাশক্তিও তত বেশি বৃদ্ধি পাবে। সবার আগে লক্ষ্য তৈরি করতে হবে, আর তা পূরণের জন্য বাঞ্ছিত ইচ্ছা উৎপন্ন করতে হবে।

অনেক সময় নিজের লক্ষ্য পূরণের জন্য মানসিক চিত্রণ, স্বপ্ন ও আশা বদলানোর প্রয়োজন হয়ে পড়ে। যদি ভাবী লক্ষ্য পূরণের জন্য পরিকল্পনা ও রণনীতিতে পরিবর্তন আনতে হয় তাহলেও সংকোচ করবেন না। পরিস্থিতি অনুসারে যদি নিজের স্বপ্ন ও লক্ষ্য বদলে ফেলতে হয় তাতে কোনো সমস্যা নেই।

লক্ষ্য পূরণের জন্য যে পদক্ষেপই নিন না কেনো তা অন্তর থেকে নেবেন। তবেই আপনি উৎকৃষ্ট প্রদর্শন দিতে সক্ষম হবেন। কাজ করার সময় আনন্দ অনুভব করলে আপনি তা আরো বেশি করে করতে পারবেন। এতে যে কেবল কাজের পরিমাণ বৃদ্ধি পাবে তাই নয় তার গুণগত মানও ভালো হবে।

মাঝে মধ্যেই আপনি কতটা এগালেন সেদিকে খেয়াল করবেন। একবার আমি তা দেখার জন্য নিজের ভিডিও টেপ তৈরি করেছিলাম, যা দেখে আমি খুবই আশ্চর্য হয়েছিলাম। দুই মাসে আমার ৩০ পাউন্ড ওজন বৃদ্ধি পেয়েছিল, কারণ আমি খুবই তৈলাক্ত ও মশলাদার খাবার খেতে শুরু করেছিলাম। আমার খুব খারাপ লাগে, ডাইটিং করে আমি তিন মাসের মধ্যে নিজের ১৬৫ পাউন্ড ওজন ফিরিয়ে আনতে সক্ষম হয়েছিলাম।

প্রত্যেক সপ্তাহে লিখিত রেকর্ড রাখার চেষ্টা করুন, যাতে থাকবে আপনার প্রতি মিনিটের হিসাব। এইভাবে আপনি বুঝতে পারবেন যে, আপনি কিভাবে

সময় অতিবাহিত করছেন। শ্রেষ্ঠতা অর্জনই হয়ে উঠুক আপনার লক্ষ্য - তার জন্য সাধারণ কাজও অসাধারণ করে তোলাটা খুবই জরুরি।

সর্বদা সূর্যের দিকে মাথা করে এক পা এগিয়ে থাকার চেষ্টা করুন। কখন পরিস্থিতি আপনার লক্ষ্যকে ধোঁয়াশা পূর্ণ করে দিতে পারে, তখন সেটাই হয়ে উঠবে আপনার স্বাভাবিক স্থিতি। এই রকম পরিস্থিতিতে সর্বদা একটা কথাই মনে রাখতে হবে যে, সংকটের ঘনঘটা সর্বদা ব্যাপৃত থাকে না, তা একদিন কেটেই যায়। আপনি যদি আপনার আশেপাশের লোকেদের নিজের প্রয়োজন, ইচ্ছা বা চাহিদা অনুসারে গড়ে তুলতে চান তাহলে তা কখনই সম্ভব না। প্রতিকূল পরিস্থিতিতেও নিজের লক্ষ্য পূরণের বিষয়ে দৃঢ়তা বজায় রাখাই আপনার সফলতা প্রাপ্তির মূলমন্ত্র হয়ে উঠবে।

> *"আপনার হৃদয়ে যদি ঘৃণা থাকে, আপনার মস্তিষ্ক যদি অজ্ঞানতায় পূর্ণ হয়, আপনার মনের অন্ধকার কোণা যদি অন্ধ বিশ্বাসে ভরা থাকে তাহলে আমি নিশ্চিত ভাবে বলতে পারি যে, আপনি ধার্মিক ব্যক্তি নন; ধার্মিক হওয়ার ভান করেন মাত্র।"*
>
> — রাধাকৃষ্ণন

20

'না' বলতে শিখুন

অনেক সময়তেই আপনি অন্যের ইচ্ছাকে 'না' বলে অসম্মান জানাতে পারেন না, আপনার অনেক মূল্যবান সময় দিতে হলেও আপনি 'না' বলতে পারেন না। এর কারণ হল, আমরা প্রত্যেকেই অন্যের নজরে ভালো থাকার চেষ্টা করি, তার জন্য অনেক সময়তেই আমাদের বহু গুরুত্বপূর্ণ কাজও পণ্ড হয়ে যায়।

আগে আমিও অন্যকে খুশি করার জন্য নিজের সময় ও অর্থ অপচয় করতাম, যাতে আমার সামনের লোকের খারাপ না লাগে, আমাকে স্বার্থপর না ভাবে সেটাই হোত আমার লক্ষ্য। বেশির ভাগ ক্ষেত্রেই আমি নিজের ভালো মন্দের কথা ভুলে গিয়েই অন্যের উপকার করার চেষ্টা করতাম। কিন্তু একদিন আমার কানে এই কথা আসে যে, যার যা করতে ভালো লাগত না সে সেই কাজ আমার ওপর চাপিয়ে দিত, কারণ তারা জানত যে, আমি 'না' করতে পারি না।

অনেক সময়তেই আমি অন্যকে সাহায্য করতে গিয়ে নিজের কাজ, খাওয়ার সময় বা বিশ্রামের সময়ের কথা পর্যন্ত ভুলে যেতাম।

আমি যখন বুঝতে পারি যে, আমার বিনম্রতার সুযোগ নিয়ে অন্যরা নিজেদের কার্যসিদ্ধি করছে তখন থেকে আমি ঠিক করি যে, যথেষ্ট হয়েছে, আর নয়। আমি এই সমস্যা থেকে নির্গত হওয়ার জন্য একটা পরিকল্পনা করে নিই। এটা এমন এক সমস্যা যার সম্মুখীনতা বহু লোককেই করতে হয়।

আমাদের এটা বুঝতে হবে যে, সর্বদা যদি 'হ্যাঁ; বলতে থাকি তাহলে আমাদের

সময় ও উর্জা দুইই নষ্ট হয়ে যায়। যাতে করে আমাদের ব্যক্তিগত কাজ ক্ষতিগ্রস্ত হয়।

অনেকে মনে করেন যে, 'না' বলার মানে হল নিজেকে রুক্ষ, ক্রূর ও স্বার্থপর বলে প্রতিপন্ন করা। শৈশব থেকেই আমাদের শেখানো হয় যে, অন্যদের কথা মেনে চলা উচিত, অন্যদের সাথে কখনও সংঘর্ষ করা উচিত না। আমাদের থেকে বড়ো হলে তার কথা মেনে চলতে তো আমরা বাধ্য। আমাদের শেখানো হয় যে, কখনও অন্যদের অপ্রসন্ন করতে নেই। অনেক সময় আমরা সংঘর্ষের ভয়ে বা সম্পর্ক খারাপ হয়ে যাওয়ার ভয়ে 'না' করতে পারি না। অনেকেই মনে করে যে, 'না' বললে নিজেদের মধ্যে সম্পর্ক নষ্ট হয়ে যায়।

আপনি কিভাবে 'না' বলছেন সেটাও অতিব গুরুত্বপূর্ণ বিষয়। আমাদের শরীরের হাবভাব আমাদের মনের কথার থেকে অনেক বেশি কিছু বলে দেয়। শান্ত হয়ে সংযমের সাথে 'না' বলুন। আমার এক বস্ ছিলেন, যিনি এত সুন্দর ভাবে 'না' বলতেন যে লোকেদের 'হ্যাঁ'-এর থেকেও তা শুনতে ভালো লাগত। লোকেদের মনে হোত যে, যদি তাঁর 'হ্যাঁ' করার মতো পরিস্থিতি থাকত তাহলে তিনি কখনও 'না' বলতেন না।

'না' বলার সময় কখনও আক্রমনাত্মক মনোভাব পোষণ করবেন না। এতে করে নিজেদের সম্পর্কের ক্ষেত্রে ফাটল ধরে যেতে পারে।

'হ্যাঁ' বা 'না' বলার সময় আপনার কাছে কোনটা গুরুত্বপূর্ণ সেটা মাথায় রাখবেন। 'না' বলার অর্থ হল আপনার কাছে অন্যের তুলনায় নিজের কাজের গুরুত্ব বেশি। আপনি যদি সঠিক ভাবে এই কাজ করতে পারেন তাহলে লোকেরা অবশ্যই আপনার সমস্যার কথা বুঝবে।

একবার আমাকে এক ফ্লিম স্টার কম্পানীর বোর্ড অফ ডায়রেক্টার্সের দলে অন্তর্ভূক্ত করার নিমন্ত্রণ জানানো হয়েছিল। আমি যখন তাদের যাতায়াতের খরচ সম্পর্কে প্রশ্ন করি তখন আমাকে জানানো হয় যে, সকলেই নিজেদের পকেটের পয়সা খরচ করছে। আমি তাদের মার্জিত ভাবে সোজা কথাই জানিয়ে দিয়েছিলাম যে, আমার কাছে এই ধরনের কাজের পিছনে অর্থ অপচয় করার মতো অর্থ নেই। আমি এটাও বলি যে, সাধারণত নিমন্ত্রণ কর্তাই এই সমস্ত খরচ দিয়ে থাকে, আমি তাদের জানিয়ে দিই যে, আমার কাজেরও অনেক চাপ আছে এবং তাদের কম্পানীর কাজ সম্পর্কে আমি বিশেষ কিছু জানি না, এইভাবে আমি মুক্তি লাভ করি।সেই সময় আমি যদি ফ্লিম স্টারকে 'না' বলার সাহস দেখাতে না পারতাম তাহলে

আমার সময় ও অর্থ দুইই নষ্ট হতো। আমি সর্বদা নিজের সময়ের কদর করি। যদি কেউ খুব বেশি জোর করে তাহলে আপনি বলতে পারেন যে, আপনি পরে কখনও অবশ্যই তার নিমন্ত্রণ স্বীকার করবেন।যতদিন না আপনি অকারণ বিষয়ে ‘না ’ বলতে শিখছেন ততদিন পর্যন্ত আপনি সকলের কাছে ভালো হয়ে থাকবেন সেটা ঠিকই। জীবন রূপী মঞ্চে নাটক সকলেই দেখে, কিন্তু খুব কম লোকই তা বুঝতে পারে। আপনি যা চান তার জন্য কখনও ভয় পাবেন না, কিন্তু সেই সাথে তার মূল্য দেওয়ার জন্যও প্রস্তুত থাকবেন।

> *“ দেশ উঠে দাঁড়ায়, টলমল করে, পড়ে যায়, নিজের মধ্যেই সংকোচিত হয়ে যায়, নিজেকে টুকরো- টুকরো ছিন্ন-ভিন্ন করে ফেলে আর তবুও নিজের হারানো মহত্ব প্রাপ্ত করার জন্য উঠে দাঁড়ায়।”*
>
> — রাধাকৃষ্ণন

21

ব্যবস্থাপকীয় ক্ষমতা

জীবনের প্রত্যেক ক্ষেত্রে একজন সঠিক ব্যবস্থাপক হয়ে ওঠাটা খুবই জরুরি। সরকারি ক্ষেত্র হোক বা কোনো প্রাইভেট সংস্থা বা নিজেস্ব ব্যবসা , সমস্ত কিছুকে সুন্দর ভাবে ব্যবস্থিত করে এগিয়ে নিয়ে যাওয়ার মতো মানুষের প্রয়োজন সর্বত্রই হয়। আমাদের জীবনে বহু মানুষের সাথে কার্য করতে হয়। এর মধ্যে কত জন নিজের কাজ দ্বারা প্রভাব বিস্তার করতে সক্ষম তা জানার জন্য আত্মবিশ্লেষণ করাটা খুবই জরুরি।

কোনো ব্যক্তির কাছ থেকে আমরা কি চাইছি আর সে কিভাবে নিজের প্রতিক্রিয়া ব্যক্ত করছে তার উপরেই মূল্যাঙ্কনের বিষয়টি নির্ভর করে। তার ক্ষমতা কতখানি তা নির্ভর করে তার প্রদর্শনের ওপর। আমরা মানুষেরা বিভিন্ন পরিস্থিতিতে জন্ম গ্রহণ করে থাকি, আর সেই অনুসারেই আমরা নিজেদের মতো করে বিভিন্ন সমস্যার সমাধান খুঁজে নিই।

আমার অভিজ্ঞতা থেকে বলছি যে, শুধুমাত্র ৩০ শতাংশ নেতা বা প্রবন্ধকদেরই প্রভাব সম্পন্ন বলে ধরা যেতে পারে। প্রভাবী ব্যবস্থাপক হওয়ার জন্য নিজেকেই সব কাজ করতে হবে তার কোনো মানে নেই। আরো ভালো পরিণাম পাওয়ার জন্য তার অন্যের মানুষের সাহায্যের প্রয়োজন হোতেই পারে। এছাড়া এই জটিল বিশ্বে কোনো কাজ সম্পন্ন করার জন্য কৌশলের প্রয়োজন খুবই বেশি; যেমন— আর্থিক, ক্রিয়াত্মক, গ্রাহকদের দিকে খেয়াল রাখা প্রভৃতি। একজন ব্যক্তি সমস্ত

কাজেই নিপুণ হবে তার কোনো মানে নেই। একজন ভালো নেতা অন্যদের সাহায্যেই ভালো পরিণাম এনে দিতে পারেন। কোনো সংগঠনের লক্ষ্য পূরণ করার জন্য একজন প্রভাবী নেতা সেই সমস্ত লোকদের বেছে নিয়ে একটা দল গঠন করে, যারা সেই লক্ষ্যের দিকে সঠিক ভাবে এগিয়ে গিয়ে সেই কাজ সুসম্পন্ন করতে সক্ষম হয়। সঠিক লোককে সঠিক কাজের ভার দেওয়া আর সকলে ঠিক মতো কাজ করছে কিনা সেটা দেখাই তার কাছে সবচেয়ে বড়ো কাজ হয়ে দাঁড়ায়।

নির্ধারিত লক্ষ্য পূরণ করাটাই বড়ো কথা নয়, দলের প্রদর্শনের স্তরও উঁচু হওয়াটা জরুরি। কোনো সরকারী সংস্থায় নেতা বা প্রবন্ধকরা কোনো কর্মচারী নিযুক্ত করতে পারে না। এই নিযুক্তির কাজ করে অন্য কোনো সংগঠন। প্রশিক্ষণ দেওয়া হয় অন্য কোনো স্থানে, কোনো কর্মচারী কাজ করছে নাকি অন্য কিছু করছে তাতে কোনো ফরক পড়ে না। সরকারী সংস্থায় জবাবদিহি কেবল কাগজেই সীমিত থাকে, কোনো ব্যক্তি নিজের কাজ না করলেও তার চাকরি হারানোর কোনো ভয় থাকে না।

এমন ব্যক্তি যদি কোনো প্রাইভেট সংস্থায় কাজ করে তাহলে তার কাজের প্রতি দৃষ্টিকোণ বদলে যায়। একবার এক প্রাইভেট টি.ভি. চ্যানেলের ব্যক্তির সাথে সাক্ষাৎ হয়েছিল, সরাসরি সম্প্রসারণের জন্য তিনি আমার বাড়িতে এসেছিলেন; তিনি আমাকে বলেছিলেন যে, তিনি প্রতিদিন নিজেকে এগিয়ে নিয়ে যাওয়ার চেষ্টা করেন। তিনি এটাও বলেছিলেন যে, যদি একদিন প্রদর্শনে খামতি ঘটে তাহলে তার চাকরি চলে যাবে।

কোনো রকম ভয় ও পক্ষপাত ছাড়া শুধুমাত্র জবাবদেহীর উপরেই প্রাইভেট সংস্থা গুলিতে টিঁকে থাকতে হয়। আপনার চাকরি বজায় রাখার জন্য আপনার প্রদর্শনই হল শেষ কথা।

তবে প্রত্যেক স্থানেই এমন কিছু অক্ষম ব্যবস্থাপকদের দেখা যায় যারা সংগঠনের কর্মী ও বসদের সাথে ব্যক্তিগত সম্পর্কের জন্যই টিঁকে থাকে।

সমস্ত প্রভাবী প্রবন্ধকেরা এটা জানে যে, নেতৃত্ব প্রদানের কাজটা এত সহজ নয়। কারণ শ্রেষ্ঠ পরিণাম পাওয়ার জন্য প্রত্যেকেই নিজেস্ব মতামত পোষণ করে থাকে, চাকরির জীবনে কিভাবে আমি আরো ভালো করে নিজের কাজ করতে পারি, সেই নিয়ে বহু ভুলভাল পরামর্শ পেয়েছি।

এছাড়া আপনি যেখানেই কাজ করুন না কেনো, সংগঠন এবং লোকেদের চাহিদা প্রতি নিয়ত বদলাতে থাকে; সীমিত উপকরণের সাহায্যে পরিবর্তনশীল

লক্ষ্য পূরণ করার চেষ্টা করতে হয়। আমাদের রাজনৈতিক প্রবন্ধকদের ক্ষেত্রেও এই বিষয়টি সমান ভাবে প্রযোজ্য।

কিছু নেতারা এটা জানেন যে, তাদের কি ধরনের পরিণাম চাই, কিন্তু তা সত্ত্বেও তারা পথে আগত বাধা কিভাবে কাটিয়ে উঠবে তা বুঝতে পারে না। বাঞ্ছিত পরিণাম পাওয়ার জন্য কাদের কাজে লাগাতে হবে, কিভাবে সময়ের সদ্ব্যবহার করা যায়, কার ওপর কেন্দ্রিত থাকতে হবে, কোন পথে এগাতে হবে, এই বিষয় গুলি তারা ঠিক মতো বোঝে না।

কোনো ব্যক্তির পক্ষেই একা সমস্ত কাজ করা সম্ভব না, বাঞ্ছিত পরিণাম পাওয়ার জন্য একটা শক্তিশালী দল গঠন করা অনিবার্য। যেকোনো নেতার দলকে সঙ্গে নিয়েই এগিয়ে চলা উচিত। তবেই সেই দল একটা পরিচয় লাভ করবে। দলের লোকেরা সময় মতো সঠিক কাজ করছে কিনা তা দেখার দায়িত্ব দলনেতার।

প্রথম সারির কোনো ব্যক্তি বা পর্যবেক্ষককে নেতা করা উচিত না, এতে দলের উপনেতা ও অন্য প্রবন্ধকদের অধিকার নষ্ট হয়। প্রবন্ধকদের মনে উৎসাহ ও আশার আলো বজায় রাখাটা খুবই জরুরি। যেকোনো সফলতাই হল কর্মের পরিণাম। প্রশিক্ষণ ও নেতৃত্ব পরস্পরের সাথে সম্পর্ক যুক্ত তা পরস্পরের জন্য অনিবার্য এই কথা সমস্ত প্রবন্ধকদের মনে রাখাটা খুবই জরুরি।

> *"আমাদের চেষ্টার দ্বারাই আমরা আমাদের ভেতরের দ্বন্দ্ব দূর করতে পারি এবং আমাদের জীবনের ঘৃণাপূর্ণ আবেগকে ধ্বংস করে দিতে পারি তথা প্রেম ও ভাতৃত্ববোধের ভাবনাও বৃদ্ধি করতে পারব।"*
>
> *—রাধাকৃষ্ণন*

22

ফীডব্যাক থেকে লাভ

আমরা সঠিক রাস্তায় চলছি আর নিজেদের স্বপ্ন পূরণ করার জন্য রাস্তায় সর্বাগ্রে আছি, এই বিষয়ে আশ্বস্ত লাভ করার জন্য আমাদের অন্যদের ফীডব্যাক পাওয়াটা খুবই জরুরি।

প্রায় সময়তেই আমরা এটা চাই যে, অন্যরা আমাদের কাজের প্রশংসা করুক। প্রকৃত ফীডব্যাকই বলে দেয় যে, অন্যেরা আমাদের সম্পর্কে কি ভাবছে, আমাদের কার্য সম্পর্কে কি ভাবছে। বেশির ভাগ ক্ষেত্রেই কেউ কাউকে ক্রোধিত করতে চায় না, তাই তারা সঠিক ফীডব্যাক দিতে চায় না, অর্থাৎ সঠিক ভাবে নিজেদের মতামত জানায় না।

ফীডব্যাকের অর্থ হল ঞ্জ আমাদের সম্পর্কে অন্যদের চিন্তাধারা। ফীডব্যাক আমাদের এটা বুঝতে সাহায্য করে যে, আমরা ঠিক পথে চলছি কি চলছি না। এই জানাটা খুবই জরুরি, তাই এর সদ্ব্যবহার করার চেষ্টা করুন।

আমরা সারা জীবন চেতন বা অবচেতন ভাবে লোকেদের কাছ থেকে নিজেদের কাজের মতামত নিয়ে থাকি। আমরা অসুস্থ হলে ডাক্তারের কাছে যাই, কোন রোগের পিছনে কি কারণ আছে আর তা কিভাবে দূর করা যেতে পারে সেই বিষয়ে তার কাছ থেকে ফীডব্যাক নিই। তারা যে ঔষধ দেয় তার দ্বারা রোগের চিকিৎসা করা হয়। ঠিক তেমনি আমরা কখনও ড্রাইভার বা স্টেনোগ্রাফার নিযুক্ত করার সময় তাদের টেস্ট নিয়ে থাকি, যাতে করে তাদের ক্ষমতা কতখানি

তা আমরা জানতে পারি।

আসলে আমরা সারাজীবন ধরে নিজের ফীডব্যাক দিতে ও নিতে থাকি। এতে করে আমরা সারাটা জীবন খুব ভালো করে অতিবাহিত করতে পারি। আমাদের প্রত্যেকের জীবনেই ফীডব্যাকের প্রয়োজন আছে।

সফল ব্যক্তিরা সর্বদাই কাউর না কাউর থেকে ফীডব্যাক গ্রহণ করার পরেই আজ সফলতার উচ্চ শিখরে পৌঁছাতে সক্ষম হয়েছে। এমন মানুষদের জীবনের ঘটনা আমাদের প্রেরণা প্রদান করে থাকে। তাদের জীবনী পড়া ও সেই নিয়ে আলোচনা করাটাই যথেষ্ট নয়। সেই বিষয় গুলিকে গুরুত্ব দেওয়া ও তা নিজের জীবনের ক্ষেত্রে প্রয়োগ করাটা বড়ো কথা।

নিজের বিগত সফলতার দিকে ধ্যান দিন। আপনি অন্যদের থেকে প্রাপ্ত জ্ঞান গুলির প্রয়োগ অবশ্যই করেছিলেন। আমি নিজের জীবনের অভিজ্ঞতা থেকে বলছি যে, যখনই আমি জীবনের থেকে প্রাপ্ত শিক্ষা গুলিকে ভুলে যাই তখনই আমাকে কঠিন পরিস্থিতির মধ্যে দিয়ে এগাতে হয়। এখন আমার ল্যাপটপে একটা ফাইল আছে, যাতে আমি কোন সমস্যার সমাধান কিভাবে করেছিলাম তা লিখে রাখি। পরিস্থিতি অনুসারে নিজেকে বদলে ফেলাটাও খুবই জরুরি। সফল নেতাদের জীবন থেকে ফীডব্যাক নিন, তা আপনার জীবনে গুরুত্বপূর্ণ ভূমিকা পালন করবে।

একটা ফীডব্যাক থেকেই সফলতা ও অসফলতার পার্থক্য বোঝা যায়। এর সাহায্যে আমরা নিজেদের শুধরে ফেলার যোগ্যতা লাভ করে থাকি। এরফলে আমরা নিজের ভুল বুঝতে পারি ও তা সংশোধনও করতে পারি।

সময় মতো নিজের প্রদর্শনের কোনো ত্রুটি ধরা পড়লে আমরা নিজেদের বদলে নেওয়ার সুযোগ পেয়ে যাই। প্রদর্শনই আমাদের যোগ্যতার শ্রেষ্ঠ নিদর্শন। জীবনে তর্ক-বিতর্ক, ঝগড়া বা সংঘর্ষের থেকে যতটা সম্ভব দূরে থাকার চেষ্টা করবেন।

আপনি যদি নিজের কোনো কিছু সংশোধন করতে চান বা পরিবর্তন করতে চান তবেই ফীডব্যাক আপনাকে লাভবান করতে পারবে। সবকিছু সম্পূর্ণ না হলেও ফীডব্যাকের সাহায্যে খানিকটা পার্থক্য তো ঘটেই। তাই আমাদের নির্ধারিত পথে এগিয়ে নিয়ে যেতে সাহায্য করে। এই কার্যটা খুবই জটিল। অন্যের মুখ থেকে নিজের কাজের নিন্দা শোনাটা খুবই কঠিন কাজ। তবে সত্যিটা হল এই যে, ফীডব্যাক ছাড়া আপনি নিজের সম্পর্কে অন্যদের মতামত জানতে পারবেন না।

এতে করে আপনি নিজের দোষ-গুণ সম্পর্কেও একটা অনুমান করতে পারবেন। আমরা চাইলেও ফীডব্যাককে এরিয়ে চলতে পারব না। কেউ অপরাধ করলে আইন তাকে যোগ্য শাস্তি প্রদান করে। কথায় বলে জ্ঞান ও প্রাপ্ত তথ্যই হল প্রকৃত শক্তি। আমরা এই জ্ঞানের দ্বারাই ধীরে ধীরে শক্তিশালী হয়ে উঠি ও একজন যোগ্য ও সক্ষম মানুষ হিসাবে সকলের সামনে এসে দাঁড়াই।

ফীডব্যাকের প্রয়োগ না করা পর্যন্ত পরিবর্তন আসতে পারে না। আপনি যদি সারাটা জীবন গুটিপোকার মতো বাঁচতে চান, যদি ফীডব্যাকের প্রয়োগ করতে নারাজ হন তাহলে আপনি একদিন বেলুনের মতো ফেটে যাবেন।

আমরা নিজেদের আবরণের মধ্যে নিঃসন্দেহে সুরক্ষিত থাকি, কিন্তু তাতে করে কোনো দিনই আমাদের প্রদর্শন আরো ভালো হয়ে উঠবে না।

অনেক সময় আমরা নিন্দা বা সমালোচনার ভয়ে ফীডব্যাকের থেকে দূরে থাকার চেষ্টা করি। লোকেদের মনে হয় যে, তারা যেটা করছে সেটাই সবচেয়ে ভালো। যেকোনো রকম নেতিবাচক ফীডব্যাক আমাদের একধাপ এগিয়ে নিয়ে যেতে সাহায্য করে। আমরা সর্বদা কাঁটা সরিয়েই গোলাপ চয়ন করে থাকি।

ফীডব্যাকও এই চারা গাছের মতো, যাতে গোলাপের সাথে সাথে কাঁটাও আছে। আমাদের কাঁটাকে উপেক্ষা করে ফুল ছেঁড়ার অধিকার আছে, কিন্তু এটা ভুলবেন না যে, কাঁটা কিন্তু ফুলের সাথেই থাকে।

> *“ দুর্ভাগ্যবশত, আজকাল পৃথিবীর প্রায় সমস্ত ভাগেই ধন-উপার্জিত করার লালসা এতটা বৃদ্ধি পেয়েছে যে, লোকেরা তার ভারেই বর্বাদ হয়ে যাচ্ছে। ধনের লালসার জন্য সামাজিক জীবন দূষিত হয়ে যাচ্ছে এবং আধ্যাত্মিকতাকে দূরে সরিয়ে দেওয়ার প্রবনতা দেখা যাচ্ছে।”*
>
> *—রাধাকৃষণন*

23

দূর হোক বাধা

আমরা যখনই কোনো কাজ শুরু করি, তা আরম্ভ করার আগেই এটা জেনেই যাই যে, বাধা তো আসবেই। অনেক সময় এই বাধার কারণেই আমরা এগিয়ে চলার স্পষ্ট রাস্তা দেখতে পাই না, যার ফলে আমরা পিছিয়ে থেকে যাই। আমরা সহজে যে লক্ষ্য পেতে পারি, আমাদের প্রবৃত্তি প্রায়ই আমাদের সেই দিকেই টেনে নিয়ে যায়।

যেকোনো পরিস্থিতি থেকে নির্গত হওয়ার পথ হল কখনই কোনো কিছুকে অদেখা করবেন না। কোনো সমস্যার মুখে পড়ে তা এরিয়ে চলার বদলে কিভাবে সমাধান করা যায় তার অনুসন্ধান করুন। অনেক সময় তো আমরা নিজেরাই নিজেদের বাধা হয়ে দাঁড়াই, আর তা আমাদের মস্তিষ্কে চিরতরে ঘর করে নেয়।

জয়-পরাজয় পরের কথা, সবার আগে সমস্যা ও তার সমাধানের কথা ভাবতে হবে। যতদিন জীবন আছে ততদিন আপনাকে অগ্নিপরীক্ষা দিয়ে যেতেই হবে, এটাই সবচেয়ে বড়ো সত্যি। আর এর জন্য সবার আগে আপনাকে 'হ্যাঁ আমি করতে পারব' এই মনোভাব নিয়ে চলাটা খুবই জরুরি।

অগ্নিপরীক্ষাই আপনাকে আপনার প্রকৃত শক্তি চিনতে সাহায্য করে। যত সমস্যাই থাকুক না কেনো, প্রেরণা আর ইতিবাচকতার হাত কখনও ত্যাগ করবেন না।

নিজের মনে সর্বদা এই ধারণা রাখতে হবে যে, আপনি কখনও অসফল

হোতে পারেন না। পরিস্থিতি যেমনই হোক না কেনো সহজ ও শান্ত থাকাটা খুবই জরুরি। শান্ত মন আপনাকে যেকোনো বিষয় নিয়ে চিন্তা করতে সাহায্য করবে।

কোনো পরীক্ষা দিতে ভয় পাবেন না, বরং বুক ফুলিয়ে এগিয়ে যান। পরীক্ষা দেওয়ার আগেই পরাজয় স্বীকার করে নেওয়াটা কোনো কাজের কাজ নয়। প্রত্যেক ব্যক্তিকেই জীবনে অসফলতার মুখ দেখতেই হয়, তাই কোনো অবস্থাতেই আপনার মনোবল যেন হারিয়ে না যায়। মনোবল বজায় রাখতে পারলে নতুন ভাবে আত্মবিশ্বাসের সাথে আপনি এগিয়ে চলতে পারবেন।

অসফলতাকে লোকানোর চেষ্টা ব্যর্থ। কোনো সমস্যা খুব বড়ো হলে তা ছোটো ছোটো টুকরে ভেঙে নিন। একটা টুকরের সমাধান আপনার মনোবলকে খানিকটা বৃদ্ধি করে দেবে। আত্মবিশ্বাস ও ইতিবাচকতায় ভরপুর থাকাই জীবনের সবচেয়ে বড়ো মন্ত্র। ছোটো ছোটো সমস্যার সম্মখীনতা করুন তা বড়ো হয়ে উঠতে দেবেন না। সর্বদা নিজেকে বলবেন যে, 'আমি করতে পারব।' সর্বদা আরো ভালো কিছু পরিণাম পাওয়ার আশা করুন। আপনার আশেপাশের লোকেরা যদি আপনাকে অসফল বলে মনে করে তাহলে জানতে হবে যে, আপনি ঠিক জায়গাতেই আছেন, কারণ দুনিয়ার সমস্ত বড়ো বড়ো মানুষদের একদিন অসফল বলেই ধরে নেওয়া হয়েছিল।

কোনো পরিস্থিতিই যেন আপনাকে চেপে ধরতে না পারে। নিজেকে বিশ্বাস করাতে শেখান যে, পরিস্থিতি যত কঠিনই হোক না কেনো আপনি তার মোকাবিলা করতে সক্ষম। নিজের শক্তিকে চিনে নিতে পারলে বুঝতে পারবেন যে, কোনো কিছুই অসম্ভব নয়। এইভাবে আপনি নিজের দুর্বলতা কাটিয়ে উঠতে সক্ষম হবেন।

নিজের লক্ষ্যকে স্বার্থক করে তোলার কোনো নিয়ম বা সীমা নেই। তা সম্পূর্ণ করার জন্য যা যা করতে হয় তা আপনাকে করতেই হবে। সফলতা কতটা দূরে আছে তা কোনো কথা নয়, প্রথম পদক্ষেপ নেওয়াটাই সবচেয়ে গুরুত্বপূর্ণ।

এই পৃথিবীতে আমাদের স্বপ্ন দেখানোর মতো লোক চাই। সেই লোকেরাই বড়ো স্বপ্ন দেখতে ও তা পূরণ করতে পারে। আপনার লক্ষ্যের পথে যে বাধা আসবে তা আপনাকে দূর করতে হবে।

আমাদের নিজের সীমা কোনটা সেটাও জানতে হবে, সেই সাথে নির্ভীক ভাবে নিজের গন্ডী অতিক্রম করার সাহসও দেখাতে হবে। অনেক সময় আমাদের একটা বড়ো পদক্ষেপ গ্রহণ করতে হয়। আপনাকে নিজের কাজ করার ভঙ্গী নমনীয় করে তুলতে হবে।

সমস্যার সমাধান করার সময় তার মূলে আঘাত করার চেষ্টা করুন। কোনো একটা লক্ষ্য পূরণ মানেই জীবনের অন্ত নয়। আপনাকে আর একটা লক্ষ্যের দিকে এগাতে হবে। আমরা যতদিন জীবিত থাকব ততদিন সক্রিয় থাকাটা খুবই জরুরি। কেবল মৃত ব্যক্তিই সম্পূর্ণ ভাবে সন্তুষ্ট হোতে পারে কারণ তার কাছে করার জন্য কিছু থাকে না। কাজ না করে কেউই জীবনে প্রসন্ন থাকতে পারে না।

এভরীবডী, সমবডী, এনীবডী, নোবডী এই চারজন নিয়েই সমস্ত ঘটনা ঘটে। কোনো বিশেষ কাজ করার ছিল, এভরীবডী আশা করেছিল যে সমবডী এই কাজ করে দেবে। এনীবডী করতে পারত। নোবডী করল না। সমবডীর রাগ হল কারণ এভরীবডীর কাজ ছিল। এভরীবডী ভাবেছিল এনীবডি করতে পারবে কিন্তু নোবডীর মনে হল যে এভরীবডী করবে না। ঘটনা এখানেই শেষ হয়, এভরীবডী সমবডীকে দোষারোপ করল আর নোবডী করল না, যে কাজ এনীবডী করতে পারত।

আমাদের কখনই নিজের কাজের ভার অন্যদের ওপর চাপিয়ে দেওয়া উচিত না। আমাদের নিজেদেরই নিজেদের দায়িত্বপালন করা উচিত।

> *“ প্রকৃত ধর্মের শেষ পরিণাম হল তা সত্যকে চেনে আর মৈত্রী করতে শেখে। শত্রুদের পরাজিত করার জন্য আমাদের ভেতর থেকে অহিংসা ও ঘৃণাকে ত্যাগ করতে হবে।”*
>
> *—রাধাকৃষ্ণন*

24

একজন প্রভাবী প্রবন্ধক

প্রবন্ধক বিভিন্ন আকার ও প্রকারের হয়ে থাকে। প্রত্যেক ব্যক্তি নিজের মতো করে অন্যদের দিয়ে কাজ করিয়ে নেওয়ার ক্ষমতা ও যোগ্যতা রাখে; যেমন— নির্দেশন, সমর্থন, মার্গদর্শন এবং কাজ সমর্পণ প্রভৃতি।

সঠিক ভাবে প্রয়োগ করতে পারলে এর মধ্যে যেকোনো প্রক্রিয়া প্রভাবী ও উৎপাদক হোতে পারে। কোনো ব্যক্তি যে পথে চলে সুপরিণাম আনতে পারে অন্য জন একই পথে সেই পরিণামই আনবে তার কোনো মানে নেই। সময় অনুসারে বিভিন্ন রকম প্রক্রিয়া গ্রহণ করতে হবে। কোথায় কখন কিভাবে চলতে হবে তা একজন প্রবন্ধকের কাছে বিরাট বড়ো পরীক্ষা হয়ে দাঁড়ায়।

একজন প্রবন্ধকের ক্ষমতা, দক্ষতা ও প্রেরণাই প্রমাণ করে দেয় যে, সে কত বড়ো প্রবন্ধক। এই বিশেষ সম্পত্তির জোরেই আপনি নিজের অসাধারণ পরিণাম লাভ করতে পারেন। একজন ভালো প্রবন্ধক লোকেদের প্রশিক্ষণের স্তর, তাদের বিগত প্রদর্শন, বিশেষজ্ঞতা এবং প্রবীনতার ভিত্তিতেই বিভিন্ন শ্রেণীতে ভাগ করে থাকে।

এক্ষেত্রে কোনো বাধা ধরা নিয়ম কাজ করে না। প্রত্যেক প্রবন্ধক এবং নেতা নিজের মাপদন্ড অনুসারে যেকোনো শৈলী গ্রহণ করতে পারে। এক্ষেত্রে ব্যক্তির প্রতিজ্ঞাবদ্ধতার স্তরও গুরুত্বপূর্ণ ভূমিকা পালন করে। সেই সাথে তার মধ্যে থাকতে

হবে উচ্চ স্তরীয় ক্ষমতা। ক্ষমতা না থাকলে কোনো প্রতিজ্ঞাই কাজে লাগে না। তাই পারে দলের প্রেরণা ও আশার প্রদীপ জ্বালিয়ে রাখতে।

একজন প্রভাবী প্রবন্ধকের নিজের লক্ষ্য, সময়-সীমা এবং পরিণাম সম্পর্কে ওয়াকিবহাল থাকতে হবে।

দলের প্রতিটা সদস্যের সাথে প্রবন্ধকের একটা সহজ সম্পর্ক তার গুরুত্বপূর্ণ কৌশলকেই প্রমান করে। কারণ তাঁকে তাঁর কথার মাধ্যমেই বোঝাতে হয় যে, কোন কাজ কতটা সময়ের মধ্যে তাদের পূরণ করতে হবে। স্বচ্ছন্দ কথাবার্তাই পারে তাদের সহজ পথ দেখাতে, তা শুধু প্রভাবীই হবে না, হবে পরিণাম কেন্দ্রিক। সহজ কথাবার্তাই পারে কোনো দলকে একত্রে বেঁধে রাখতে এবং মিলেমিশে কাজ করাতে।

কর্মচারীদের ফীডব্যাকও কোনো প্রদর্শনের ব্যাপারে গুরুত্বপূর্ণ বিষয়। লোকেদের কাজ করার প্রক্রিয়া বিভিন্ন হয়, কিন্তু তার জন্য সংগঠনের কার্য ক্ষমতা প্রভাবিত হয় না। কর্মচারীদের প্রত্যক্ষ রূপে, আরো ভালো প্রদর্শন করার জন্য উৎসাহিত করতে হবে। নিয়মিত ভাবে এই কাজ করতে হবে। এমনকি কোনো প্রবন্ধক যতই শ্রেষ্ঠ হোক না কেনো তার পক্ষেও সব কিছু জানা সম্ভব হয় না। প্রত্যেক মানুষই ভালো ও মন্দে গড়া হয়।

একজন প্রবন্ধকের নিজের দলকে এতটাই শক্তিশালী করে তুলতে হবে যাতে ব্যক্তিগত কোনো দোষ-ত্রুটি ধরা না পড়ে। যে-কোনো সংগঠনকে বিভিন্ন স্তরে বিভিন্ন সংঘর্ষ করে যেতে হয়। একজন সক্ষম প্রবন্ধককে এই সংঘর্ষের কারণ কি তা জানতে হবে এবং কিভাবে তার সমাধান করা যায় তাও জানতে হবে। যেকোনো ধরনের সংঘর্ষ উর্জার বিনাশ করে থাকে।

দ্রুতগতিতে পরিবর্তনশীল এই পৃথিবীতে একজন সঠিক প্রবন্ধক পাওয়া খুবই জরুরি কারণ প্রতিদিন নতুন নতুন টেকনিক্ সামনে আসছে। প্রভাবী এবং প্রগতিশীল প্রবন্ধক, যেকোনো সংগঠনের সফলতা ও অসফলতার বিষয়ে গুরুত্বপূর্ণ ভূমিকা পালন করে। প্রভাবী প্রবন্ধক নিজে যে কেবল সক্ষম হয় তাই নয় বরং তাকে অন্যদের মার্গদর্শন, সহযোগ, সমর্থন, প্রেরণা ও সহায়তা করার কলা খুব ভালো করে রপ্ত করতে হয়। সে পরিবর্তিত পরিস্থিতি অনুসারে নমনীয় মনোভাব পোষণ করে থাকে।

একজন প্রবন্ধকের সর্বদা অন্যের কাছে উদাহরণ হয়ে উঠতে হবে। তাকে

সমস্যা চিনে নিয়ে তার বিশ্লেষণ করতে হবে; তারপর সম্পূর্ণ দলের সাথে বসে সম্ভাব্য সমাধানের পথ খুঁজে বার করতে হবে। সঠিক সমাধান খোঁজার পর উৎসাহের সাথে তা পালনের চেষ্টা করতে হবে। সর্বদা পরিবর্তিত পরিস্থিতির সাথে তাল মিলিয়ে চলতে হবে, তাহলে ভালো পরিণাম লাভের ব্যাপারে কোনো বাধাই আসবে না।

কোনো উচ্চপদস্থ ব্যক্তির এটা কখনই মনে করা উচিত না যে, সেই সবচেয়ে বেশী বুদ্ধিমান, নিপুণ বা জ্ঞানী। সকলেরই একটা সীমা থাকে।

কোনো প্রবন্ধক তার নিজের ক্ষেত্রের বিশেষজ্ঞ হোতেই পারে, কিন্তু যে তার থেকে বেশী জানে তাকে সর্বদাই প্রাপ্য সম্মান দিতে হবে।

এটা বড়ো সত্যি যে, আমরা কেউই সমস্ত প্রকারের জ্ঞানের ভান্ডার নই। একজন প্রবন্ধকের বিদ্যমান তথ্য অনুসারে নির্ণয় নিতে হবে। কোনো নির্ণয় গ্রহণ না করার চেয়ে কোনো একটা সিদ্ধান্ত গ্রহণ খুবই জরুরি, কারণ কোনো বিষয় এরিয়ে চলাটা বোকামি ছাড়া কিছুই নয়।

কোনো নির্ণয় যদি তথ্যের বিরুদ্ধ আচরণ করে তাহলে প্রবন্ধকের সেই নির্ণয় নিয়ে পুনরায় ভাবনা-চিন্তা করা উচিত। যে নির্ণয়ই সে নিক না কেনো, তাকে সংগঠের হিতের কথা মাথায় রেখেই তা গ্রহণ করতে হবে।

একজন প্রভাবী প্রবন্ধকের নিজের মতামত জানানোর সাথে সাথে অন্যের কথাও শুনতে হবে। তার নিজের দলকে বোঝাতে হবে যে মিলে মিশে কাজ করলে তারা অবশ্যই জয়লাভ করতে পারবে। একজন সক্ষম ও প্রভাবী প্রবন্ধক নিজের সীমার কথা জানে, দলের গুণ ও দোষের কথা মাথায় রেখে কিভাবে তা নিয়ন্ত্রণ করতে হয় সেই ব্যাপারেও সে ওয়াকিবহাল।

এমন প্রভাবী প্রবন্ধক প্রত্যেক পরিস্থিতিতেই শান্ত থাকে। সে সমস্ত ছোটো-বড়ো কাজ নিজের হাতে না করে অন্যদের মধ্যে তা ভাগ করে দেয় যাতে করে সে নিজের কৌশল ও নিপুণতা দেখানোর ভরপুর সুযোগ পায়।

25

নিজের প্রতিভা চিনে নিন

প্রত্যেক ব্যক্তির মধ্যে অবশ্যই কোনো না কোনো ক্ষমতা ও প্রতিভা লুকিয়ে থাকে, হয়তো কোনো মানুষ তা সময় মতো চিনে নিয়ে তার সদ্ব্যবহার করতে পারে না। প্রত্যেক ব্যক্তিই জন্ম নেওয়ার সময় কোনো না কোনো প্রতিভা অবশ্যই নিয়ে জন্মায়, আমরা যদি তা চিনে নিতে পারি, তাহলে আমাদের এগিয়ে চলার পথে আর কোনো বাধা থাকবে না।

অনেক সময় আমরা অসফল হওয়ার ভয়ে কোনো কাজ করতে পিছপা হয়ে যাই। এটা একটা বাহানা ছাড়া কিছুই নয়, যা আপনাকে কোনো নতুন পথে এগাতে দেয় না। নিজেদের প্রকৃত প্রতিভার সন্ধান লাভ করলে আমাদের ক্ষতি হবে নাকি আমরা লাভবান হব, আমাদের সর্বদাই নিজেদের সেই প্রশ্নই করতে হবে।

একবার যখন আমরা বুঝতে পারব যে, প্রকৃত প্রতিভা চিনে নিতে পারলে আমাদের কোনো ক্ষতি হবে না, তখন আমাদের এটাও বিচার করতে হবে যে, প্রকৃত প্রতিভা চিনতে না পারার জন্য আমরা কি কি হারিয়েছি। আমাদের ভুলের পরিণাম আমাদেরই ভোগ করতে হয়।

প্রকৃত প্রতিভা চিনে নেওয়ার উপায় হল, কি করলে আপনি প্রকৃত আনন্দ ও প্রসন্নতা লাভ করবেন তা বোঝা। সময়ের সদ্ব্যবহারই আমাদের সার্বজনিক রূপে ভাষণ প্রদান, মন দিয়ে কোনো কাজ করা, খাবার তৈরি, ভালো পোশাক পরা, জীবনকে ব্যবস্থিত ও সরল করে তোলা, সদৈব প্রসন্নে থাকা, অন্যের সাথে সহজ

ভাবে বার্তালাপ করা, বা নিজেকে চেয়ার লিডারের হিসাবে বসানো প্রভৃতি নির্ভর করে।

নতুন বিচার ধারাকে মুক্ত মনে স্বীকার করা ও সেই অনুসারে প্রতিক্রিয়া ব্যক্ত করা, নিজের প্রতিভা চিনে নেওয়ার এক উপায়। যে কাজ আপনি অতি সহজে সরলভাবে করতে পারেন তা অদেখা না করে তার মূল্য বোঝার চেষ্টা করুন। আপনি যদি কোনো কাজ অতি সহজে করতে পারেন তার মানে হল আপনি তাতে দক্ষ হয়ে উঠেছেন। এতে করে আপনি অতি সহজে নিজের প্রতিভা চিনে নিতে পারবেন, হয়তো তা আপনারা কাছে অতি ছোটোখাটো বিষয় হয়ে দাঁড়াতে পারে কিন্তু অন্যের কাছে তা একটা বিরাট ব্যাপটার হোতেই পারে।

নিজের স্বপ্ন পূরণ করার জন্য আপনাকে অবশ্যই সম্পূর্ণ প্রতিভার প্রয়োগ করতে হবে। জীবনে কোন ঘটনা বা পরিস্থিতির জন্য আপনি কুন্ঠা বোধ করেন তা আপনি নিজেকে প্রশ্ন করলেই জানতে পারবেন তারপর তা নিজের মন থেকে সরিয়ে ফেলার চেষ্টা করুন। হয়তো এই কাজের জন্য আপনার সময় লাগতে পারে, কিন্তু তা না করতে পারলে ধীরে ধীরে তা পাহাড় প্রমাণ হয়ে উঠবে। তা করার পরেই আপনি নিজের ক্ষমতার সম্পূর্ণ ব্যবহার করতে সক্ষম হবেন।

আমার ইচ্ছা ছিল ডাক্তার হওয়ার, কিন্তু কলেজে একাদশ, দ্বাদশ শ্রেণীতে বিজ্ঞান বিভাগে পড়াশোনা শুরু করার পর বুঝতে পারি যে, ব্যাঙ কাটা আমার সাধ্য নয়। আমি অতি কষ্টে সামান্য কিছু নম্বর পেয়ে পাশ করে যাই। আমি ডাক্তারি পড়তে পারব না তা বুঝতে আমার দুই বছর সময় লেগে গেছিল। আমি বিজ্ঞানের সঙ্গ ছেড়ে দিয়ে কলা বিভাগে যুক্ত হই। শেষ পর্যন্ত প্রথমবারের চেষ্টাতেই ভারতীয় পুলিশ বিভাগের জন্য নির্বাচিত হয়েছিলাম। আমি যদি নিজের আবেগ বা পছন্দের কথা বুঝতে না পারতাম তাহলে আমি পুলিশের উচ্চপদস্থ অফিসার হওয়ার বদলে একজন কৃষক হয়ে বা খুব বেশী হলে একজন শিক্ষিক হয়েই নিজের জীবন অতিবাহিত করতাম।

আমাদের অবচেতন মনও জানে কোন কাজে আমরা শ্রেষ্ঠ প্রদর্শন দিতে সক্ষম, আর সেটাই আমাদের বাস্তবিক প্রতিভা। আমাদের শ্রেষ্ঠ প্রতিভা এতটাই বাস্তবিক যে, তা চিনে নেওয়া আমাদের জন্য একটু কঠিন কাজ। যে কাজ আমরা অতি সহজ ও সরল ভাবে করতে পারি তা আমাদের জন্য মূল্য রাখে কিনা সেটা

দেখা খুবই জরুরি, হয়তো তার মধ্যেই আমাদের জন্মগত ও প্রাকৃতিক প্রতিভা লুকিয়ে থাকে। দুর্ভাগ্যবশত আমরা কখন কখন অন্য কোনো কাজে লিপ্ত হয়ে নিজেদের প্রতিভা চিনতেই পারি না।

এমন অনেক কাজ আছে যা আপনার কাছে কঠিন হলেও অন্যের কাছে তা অতি সহজ। তাদের বিশেষজ্ঞান, কৌশল ও নিপুণতা অর্থের বিনিময়ে আমরা রপ্ত করার চেষ্টা করি।

বাধা-ধরা গন্ডী ত্যাগ করে এমন কোনো রাস্তায় চলার চেষ্টা করুন যাতে আপনার প্রতিভা আপনি চিনে নিতে পারেন এবং তার জন্য উৎসাহ বোধ করেন। আমরা তার বলেই সমাজ ও দেশের সেবা করে থাকি।

কোনো কাজ খুব ভালো করে করার জন্য একটা সঠিক পরিবেশের প্রয়োজন সবচেয়ে বেশি। সেখানে প্রয়োজনীয় উপকরণ থাকার সাথে সাথে অন্যদের সহযোগিতা থাকাটিও বাঞ্ছনীয়।

এমন কিছু কাজ আছে, যা আপনি নিজের প্রকৃত প্রতিভার বলে করতে পারবেন, কিন্তু এমনও কিছু কাজ আছে যার জন্য অন্যের সাহায্য, সহযোগিতা এবং মার্গদর্শন খুবই জরুরি হয়ে ওঠে। নিজের সমস্ত প্রতিভা ও ক্ষমতার বহিঃপ্রকাশ করাটা খুবই জরুরি, এতে করে আপনার হাতে আসা সুযোগ কখনই আপনার হাত ছাড়া হবে না।

> *মনকে ধরো। মন একটা ঝিলের মত, তাতে যে পাথরই পড়ুক না কেনো তার জন্য তরঙ্গের সৃষ্টি হয়। এই তরঙ্গ আমরা কি তা দেখতে দেয় না। ঝিলের জলে পূর্ণ চন্দ্রমার প্রতিবিম্ব পড়ে, কিন্তু তার উপরিভাগ এতটাই তরঙ্গায়িত যে, তাতে আমরা কোনো প্রতিবিম্ব দেখতে পাই না। তাকে শান্ত হোতে দাও। প্রকৃতিকে তরঙ্গায়িত করে তুল না।*
>
> - বিবেকানন্দ সাহিত্য (তৃতীয় খন্ড), পৃ. ১৮০

26

ঘুরে তাকাবেন না ...

সময়ের সদ্ব্যবহার করাটা প্রতিটা মানুষের জন্যই খুবিই জরুরি। এর সাথেই আপনি জীবন ও বর্তমান সময়কে উপভোগ করতে পারবেন; সারা জীবন সকলের সাথে সুসম্পর্ক বজায় রাখতেও সক্ষম হবেন। জীবন ক্রমাগত চলতেই থাকে। গন্তব্যে পৌঁছানোর আগে রাস্তাটাকেও আমাদের উপভোগ করতে হবে।

কোনো গন্তব্যই কোনো উচ্চাকাঙ্ক্ষার ইতি নয়, কারণ সেখানে পৌঁছানোর পর মানুষ আর একটা গন্তব্যের সন্ধান করে। আমাদের অতীতের ভার থেকে মুক্ত হোতে হবে কারণ তা আমাদের পিছন দিকে টানার চেষ্টা করে।

আমাদের অতীত ভুলে এগিয়ে যেতে হবে। প্রতিটা দিন মানে একটা নতুন শুরু। নিজের প্রেরণার স্তরকে গতিশীল রাখতে হবে। তা আপনার পরিবার, ব্যবসা, কার্য বা পছন্দের সাথে সম্পর্কিত হোতে পারে।

জীবনে কোন গতিবিধিটা গুরুত্বপূর্ণ তা বুঝে নিয়ে তার জন্যই সময় ব্যয় করতে হবে। জীবনে এমন কোনো সময় আসে না, যেখানে আমরা বলতে পারি যে, 'হ্যাঁ, আমরা সব কিছু শিখে ফেলেছি।'

কিভাবে নিজের ক্ষমতা বৃদ্ধি পাবে সেদিকে খেয়াল করাটা খুবই জরুরি। আমাদের পেশাগত দিক থেকে উন্নত হয়ে ওঠার আগে, ব্যক্তিগত রূপে উন্নত হয়ে ওঠাটা খুবই জরুরি। জীবনে সময় খুবই সীমিত। আমরা সেই সময় কিভাবে অতিবাহিত করব তা নির্ভর করে আমাদেরই উপরে। আমি যে দৈনন্দিন কাজ

করি না তা নয়, কিন্তু প্রতিদিনের জরুরি কাজ সম্পন্ন করার পরেই আমি সেইদিকে ধ্যান দিই।

আমি যেদিকে যাই সেই রাস্তায় কোনো শপিং মল বা ডিপার্টমেন্টাল স্টোর থাকলে আমি প্রয়োজনীয় জিনিস কিনে নিয়ে আসি। কার্যক্ষেত্র ও জীবনের জন্য কোনটা গুরুত্বপূর্ণ যতদিন না সেটা ঠিক হচ্ছে ততদিন কোনো গুরুত্বপূর্ণ কাজ সুসম্পন্ন হওয়া সম্ভব না।

আমাদের প্রতিদিন কিছু কাজ করতে হয়, সেগুলিকে অদেখা করলেও চলবে না। সফল জীবনের সবচেয়ে গুরুত্বপূর্ণ বিষয় হল নিজের গুরুত্বপূর্ণ কাজের সাথে জরিয়ে থাকা।

মাঝেমধ্যে আমাদের এটাও দেখতে হবে যে, আমরা যে কাজ করছি, তা আমাদের জীবনের জন্য কতটা গুরুত্বপূর্ণ। এক্ষেত্রে আপনার নিজের মনিটরিংই সবচেয়ে বেশি জরুরি। আমি নিজের কম্প্যুটার বা মোবাইল ছাড়াও একটা কাগজেও লিখে নিই যে, আমাকে কোথায় কিভাবে সময় অতিবাহিত করতে হবে। এতে করে আমি একটা ব্যাপারে নিশ্চিন্ত হয়ে যাই যে, আমার জীবন ও কার্যের সাথে সম্পর্কিত কোনো গুরুত্বপূর্ণ কাজ অসম্পূর্ণ থাকবে না।

আপনার জীবনের সবচেয়ে গুরুত্বপূর্ণ বিষয় কোনটি তা আপনাকেই ঠিক করতে হবে। আপনার গুরুত্বপূর্ণ কাজই ঠিক করে দেয় যে, আপনার কোন পথে চলা উচিত। আপনি যাই করুন না কেনো, আপনার গুরুত্বপূর্ণ কাজের কথা কখনও ভুলবেন না।

কিছু দিন আগে, আমরা একই দিনে তিন জায়গায় যাওয়ার ঠিক হয়েছিল, আমি সময়ের গণনা করে নিয়ে ককটেল পার্টীতে যাব না বলে ঠিক করে নিই। সেখানে যেতে আমার তিন ঘন্টা সময় লাগত আর সেই সাথে দু ঘন্টা সেখানে থাকতে হতো। কোন পরিস্থিতির জন্য আমি নিমন্ত্রণে অংশ নিতে পারব না তা নিমন্ত্রণ কর্তাকে খুব ভালো করে চিঠি লিখে জানিয়ে দিই। তার মধ্যে কিছু সত্য হলেও কিছুটা ছিল মনগড়া। আমরা যে সামাজিক পরিস্থিতিতে থাকি, সেখানে একশো শতাংশ সত্যি বলাটা অসম্ভব। যদি কোনো চিঠি বা ফোন কল কোনো সম্পর্ককে মধুর করে তোলে তাহলে ক্ষতিটা কোথায়?

অনেক সময় আমি যাদের চিনি পর্যন্ত না তারা অসময়ে ফোন করে। আগে আমি সমস্ত রকম ফোন কলের উত্তর দিতাম কিন্তু এখন আর তা করি না। আমি জানি যে, তারা কোনো না কোনো ভাবে আমার মোবাইল নম্বর পেয়েই যাবে।

আমি যাদের ফোনের উত্তর দিতে চাই তাদের নম্বর নিজের কাছেই রাখি। বাকি নম্বর গুলির ক্ষেত্রে কোনো রকম অভিব্যক্তি প্রকাশ করি না। আমি মোটেই অহংকারি নই, শুধুমাত্র নিজের সময়ের সদ্ব্যবহার করতে চাই। আমি যদি নিজের মতো করে বাঁচতে চাই, তাতে ক্ষতিটা কিসের? আমাদের কাছে কোনটা গুরুত্বপূর্ণ সেটা বোঝার পরেই আমরা জীবনের মিশনে সফল হোতে পারব।

শুধুমাত্র এইভাবেই আপনি চ্যাম্পিয়ান হয়ে উঠতে পারবেন। কোনো ব্যক্তি চ্যাম্পিয়ান হয়ে ওঠার জন্য হাতের কাছে সমস্ত কিছু গোছানো থাকে না, তাদের কোনো সমস্যায় পড়তে হয় না তা নয়, অন্যের তুলনায় তারা বেশি সৌভাগ্যশালী হয় না, তাদের কাছে অতিরিক্ত অর্থ থাকবে তারও কোনো মানে নেই।

প্রকৃতপক্ষে একজন সাধারণ মানুষের তুলনায় তাদের অনেক বেশি কঠোরতার সম্মখীনতা করতে হয়। গবেষণা থেকে জানা গেছে যে, আমাদের মনভাবই প্রত্যেককে সফলতা বা অসফলতার দিকে নিয়ে যায়। সমস্যা যত বড়ো হোক না কেনো কখনও ধৈর্য্য হারাবেন না, নিজের আশানুরূপ কিছু পাওয়ার জন্য তার মূল্য দিতে প্রস্তুত থাকুন।

প্রথম বাধা দেখেই যে হতাশ হয়ে পড়ে, সে কখনও চ্যাম্পিয়ান হোতে পারবে না। সেই জয়লাভ করে যে প্রবল প্রতিকূলতার মধ্যেও দৌড়ে যায়। তার মনভাব ও প্রবৃত্তিই তাদের চ্যাম্পিয়ান করে তোলে। গন্তব্য পর্যন্ত পৌঁছানোর জন্য উপযুক্ত মূল্য দিতে পারলে আমরা প্রত্যেকেই চ্যাম্পিয়ান হোতে পারব।

> *"যেকোনো ধর্মের দুটি প্রধান প্রয়োজন পূরণ করাটা জরুরি। মানবীয় অভিজ্ঞতার পিছনে যে সত্য ব্যপ্ত হয়ে আছে তার কথন করতে হবে আর প্রত্যেক নতুন প্রজন্মকে সেই সত্যের অর্থ বোঝাতে হবে।"*
>
> ---রাধাকৃষ্ণন

27

নিজের শর্তানুসারে বাঁচুন

আমরা যেমন চাই, কার্যের পরিণাম তেমনটাই হবে তার কোনো মানে নেই। যদি কোনো কার্য বাঞ্ছিত পরিণাম না দেয়, তাহলে আত্মবিশ্লেষণ করে দেখার চেষ্টা করুন যে, এমনটা কেনো হল। হয়তো আপনি আগ্রহের সাথে নিজের কাজ করেননি, প্রতিযোগিতা দেখে হয়তো মাঝপথেই কাজ ছেড়ে দিয়েছেন, বা ভয়ে লক্ষ্য পর্যন্ত পৌঁছাতেই পারেননি, হয়তো আপনার মনে হয়েছিল যে এই কাজ করা আপনার পক্ষে সম্ভব নয়।

আপনি পরাজয় স্বীকার করার আগে, কোনো কাজে যখনই হাত দেবেন তখনই ঠিক করে নিন যে এর জন্য কতটা সময় দেবেন, তার জন্য প্রয়োজনীয় প্রয়াস ও উপকরণ কি হওয়া উচিত। কোনো সমস্যা আমাদের সামনে কি রূপ ধারণ করবে তা অনেকটাই আমাদের ওপর নির্ভর করে। কিছু লোক মাঝ রাস্তাতেই হার স্বীকার করে নেয়, আবার কিছু লোক যেকোনো মূল্যেই কাজ সম্পূর্ণ করার চেষ্টা করে। কোনো কাজ মাঝপথে ছাড়ার পরিবর্তে তা সম্পূর্ণ করার নীতি খুবই ভালো। আপনি যদি আগে থেকেই সাবধানতার সাথে অনুমান করে নিতে পারেন যে কোন কাজের জন্য কতটা পরিশ্রম করতে হবে, কতটা চেষ্টা করতে হবে, তাহলে মাঝপথে তা ছেড়ে দেওয়ার কোনো প্রশ্নই উঠবে না।

নির্ধারিত লক্ষ্যের পূরণ করার সময় পরাজয় স্বীকার করার মতন সময় আসলেও আপনার চেষ্টার কোনো খামতি যেন না থাকে।

যে রকম আপনি অর্থ খরচ করার জন্য একটা বাজেট করে নেন ঠিক তেমনি গুরুত্বপূর্ণ কাজ কতদিনের মধ্যে শেষ করবেন তারও একটা বাজেট করে নিন। অনেক সময় কোনো কাজের ব্যাপারে আমরা না করতে পারি না, কিন্তু তা আমাদের জীবনে যে সমস্যার সৃষ্টি করে তাতে কোনো সন্দেহ নেই।

অনেক সময় তা পূরণ করার জন্য আমাদের অনেক মূল্য দিতে হয়। আমাদের একাগ্রতা ভঙ্গ হয়, মানবজাতির কল্যানের জন্য আমাদের সময় দিতেই হয়, কিন্তু তার জন্য আপনার অন্যান্য চাহিদা গুলির সাথে ভারসাম্য বজায় রেখে চলাটা খুবই জরুরি, তা না হলে আমরা অকারণ মানসিক চাপ ভোগ করব।

আজ যেভাবে মানুষ উন্নতি আর প্রগতির দিকে ছুটছে, তাতে করে এই বিষয়টি আরো গুরুত্বপূর্ণ হয়ে উঠছে। মুখ থেকে যে কথা নির্গত হয়ে যায়, তার মান রাখাটা খুবই জরুরি। আমি লোকেদের সাহায্য করি, কিন্তু নিজের সুবিধা অনুসারে। কিছু লোক নিজেদের সুবিধা মতো আমার সঙ্গে দেখা করতে চায়, সেক্ষেত্রে আমি তাদের প্রয়োজন পূরণ করতে অসমর্থ থেকে যাই।

আমার সঙ্গে কেউ দেখা করতে এলে আমার সুবিধার কথা মাথায় রাখবে, এমনটাই আমি চাই। আসলে আমি নিজের সময়ের অপচয় করে আমার জীবনে কোনো টলমল পরিস্থিতি আনতে চাই না।

অন্য ভাবে বলা যায় যে, আপনার জীবনের টলমলতা দূর করার জন্য আপনাকে সমস্ত রকম সম্ভাব্য পদক্ষেপ গ্রহণ করতে হবে। আমরা যা চাই তার জন্য আমাদের মূল্য দিতেই হয়। আপনার দৈনন্দিন তালিকায় আপনি সেই বিষয় গুলিকেই অন্তর্ভূক্ত করুন, যা আপনার কাছে সবচেয়ে বেশি গুরুত্বপূর্ণ; যেমন— আপনার কাজ, ব্যায়ামের রুটিং, সুস্থতা, পরিবার এবং সম্পর্ক। আমাদের কাছে কাজের কোনো অভাব থাকে না কিন্তু সময় অতি সীমিত, সুতরাং শুধুমাত্র প্রাথমিকতা অনুসারেই কাজ করা উচিত। আমার বহু সাথী আমাকে বিভিন্ন অনুষ্ঠানে পাঁচ তারা হোটলে যাওয়ার জন্য নিমন্ত্রন জানায়; এই গুলি এমন কোনো অসাধারণ বিষয় নয় যা নিয়ে চর্চা করা যায়। আমি প্রায় সময়তেই আমার সেক্রেটারীকে কোনো বাহানা বানিয়ে তা এরিয়ে যেতে বলি। দিল্লীর মতো শহরে কোথাও যেতে আসতে দুই ঘন্টা তো লেগেই যায়। আমি দেখা করার প্রস্তাব এরিয়ে যাই আর সাক্ষাৎ-এর কাজটা ফোনেই সেরে ফেলি।

এমন অনেক লোক আছে, যারা আপনার উর্জা শুষে নেওয়ার ক্ষমতা রাখে, তাদের থেকে দূরে থাকার চেষ্টা করুন। এমন কোনো নিমন্ত্রনে যাওয়ার কথা

ভাববেন না, যেখানে গেলে আপনি ক্লান্ত বোধ করতে পারেন।

বিশ্লেষণ থেকে এটা স্পষ্ট হয়ে যায় যে, আপনার কাছে কোনটা আবশ্যক এবং আপনার চরিত্র নির্মাণের জন্য কোনো কোনো বিষয়ের থেকে দূরে থাকাটা খুবই জরুরি।

মনে রাখবেন 'না' বলা মানে এই নয় যে আপনি জীবনের সবকিছুতেই 'না' করে দেবেন। কিছু কিছু জিনিসের জন্য 'হ্যাঁ' বলতে প্রস্তুত থাকুন। জীবনে লেন-দেন তো চলতেই থাকে। কোনো প্রতিজ্ঞা করার সাথে সাথেই ভেবে নিন যে, আপনি তা করতে পারবেন তো? কোনো কাজ শুরু করার আগেই এই প্রশ্ন করে নেওয়াটা খুবই জরুরি। এর মধ্যেই লুকিয়ে থাকে জীবনের বুদ্ধিমত্তার সার। কোনো কাজ করে যদি কোনো মূল্য পাওয়া না যায় তাহলে কখনও সেই কাজ করা উচিত না।

> *"লোকেরা সাধারণত বলে থাকে যে, ধর্মের ওপর কোনো বিশ্বাস নেই। ধর্ম কোনো আলাদা বস্তু বা অন্তরাল নয়। এটি আমাদের অস্তিত্বের আন্তরিক অঙ্গ।"*
>
> — রাধাকৃষ্ণন

28

ধারণা স্পষ্ট করুন

এই সংসারে কোনো কিছুই বা কেউই সম্পূর্ণ নয়। যদি এই পৃথিবীর প্রত্যেক বস্তু এবং জীবন সম্পূর্ণ হতো তাহলে প্রগতি ও পরিবর্তনের কোনো প্রয়োজন হতো না। আমরা সকলেই জানি যে, আমাদের জীবনের পরিস্থিতি আরো ভালো হতে পারে। সেই সাথে আমরা আমাদের জীবন, পরিস্থিতি ও কার্য কিভাবে আরো ভালো করে তুলতে পারব তাও নির্ভর করে আমাদেরই ওপরে। অন্য কেউ আমাদের জন্য এই কাজ করে দেবে না।

আমরা নিজেদের কাজ, পরিবার এবং জীবনের জন্য কোনটিকে গুরুত্বপূর্ণ ও অনিবার্য বলে মনে করি তা আমাদের জীবনের ক্ষেত্রে খুবই গুরুত্বপূর্ণ বিষয়। এই বিষয়ে আপনি কি করতে চান তা ঠিক করার জন্য আপনাকেই পরিকল্পনা গড়তে হবে। আপনি বহু দিন ধরে কোনো কার্যে লিপ্ত থাকলেও, আদর্শ পরিণাম পাওয়ার জন্য আপনাকে পরিকল্পনা করে চলতেই হবে। আমি অগণিতবার দিল্লীর বাইরে গেছি, কিন্তু প্রত্যেকবারই আমি নিজের সমস্ত প্রয়োজনীয় জিনিস আগে থেকেই গুছিয়ে ফেলতাম, জামা-কাপড় ছাড়াও টিকিট, পড়ার সামগ্রী, ল্যাপটপ, পর্যাপ্ত নগদ এবং চেক্‌বুক সঙ্গে রাখতে ভুলি না।

দ্বিতীয় গুরুত্বপূর্ণ বিষয় হল, যে কাজ আপনি করতে চান না বা যার সাথে আপনার পরিকল্পনার কোনো সম্পর্ক নেই, সেই কাজের জন্য 'না' বলতে শিখুন। আপনার কাছে যে কাজ গুলি খুবই গুরুত্বপূর্ণ, সেই সমস্ত কাজের ক্ষেত্রে 'হ্যাঁ'

বলতে শিখুন। যদি এমন কেউ আপনাকে আমন্ত্রণ জানায়, যাকে আপনি পছন্দ করেন না, সেখানে না গিয়ে বিনম্রতার সাথে 'না' বলে দিন।

আপনি কি করতে চান আর কি করতে চান না; সেই ব্যাপারে যদি স্পষ্ট মতামত গড়ে তুলতে পারেন তাহলে 'হ্যাঁ' বা 'না'-এর নির্ণয় গ্রহণ করা আপনার জন্য সহজ হয়ে উঠবে। আপনাকে কার্যকারী বিকল্পের সন্ধান করতেই হবে কিন্তু সেই সাথে বুদ্ধি খাটিয়ে নিজের সংঘর্ষের সম্মুখীনতাও করতে হবে। যদি কোনো ছোটো সংঘর্ষে জয় লাভ করার জন্য আপনাকে বড়ো যুদ্ধে হার স্বীকার করতে হয় তাহলে বড়ো যুদ্ধে কিভাবে জয়লাভ করা যায় সেই দিকে ধ্যান দিন। কোনো কাজ করার আগে লাভ-ক্ষতির হিসাব করতে ভুলবেন না।

যদি কেউ আপনাকে 'না' বলে, তাহলে আপনাকে তার পরিস্থিতি বুঝতে হবে। হয়তো সে আপনারই মতো কোনো কঠিন পরিস্থিতির মধ্যে দিয়ে দিন অতিবাহিত করছে।

এটাও মনে রাখবেন যে, আপনি কেবল নিজের প্রতিক্রিয়াকেই নিয়ন্ত্রণ করতে পারেন। অন্যের প্রতিক্রিয়া নিয়ন্ত্রণ করার ক্ষমতা আপনার নেই। সঠিক পরিপ্রেক্ষিতেই সঠিক বস্তুর ব্যবহার করতে হয়। এটাও এক বিরাট তথ্য। এমন বহু বস্তু, ব্যক্তি বা পরিস্থিতি আছে , যে ব্যাপারে আপনি কিছুই করতে পারেন না। এই ধরনের সত্যকে মেনে না নিয়ে যদি আমার বিদ্রোহ করি তাহলে আমাদের দুঃখ আর হতাশা বৃদ্ধি পেতে থাকবে।

কোনো প্রিয়জনের মৃত্যু, এক চরম সত্য, এই সত্যকে আমাদের মেনে নিতেই হয়, তা অস্বীকার করার কোনো উপায় আমাদের নেই। এই নিয়ে আমাদের বহু সময় ও উর্জা নষ্টও হয়। এই সময়ে বিকল্পের সন্ধান করাই শ্রেয়, এর থেকে আমরা কি অনুভব লাভ করছি তা দেখতে হবে। যেকোনো কঠিন সমস্যার সমাধান করার ক্ষমতা আমাদের মধ্যেই লুকিয়ে থাকে। শান্ত মনে, সহজ ভাবে নিজের শক্তি দিয়েই তা করার চেষ্টা করতে হবে।

আমাদের জীবনে বহু কঠিন পরিস্থিতি আসে এটা বড়ো সত্যি কথা; যেমন— খারাপ জীবনসঙ্গী বা বস্, বেইমান কর্মচারী বা অলস চাকর প্রভৃতি। এই পরিস্থিতিতে পরাজয় স্বীকার করে নেওয়াটা অতি সহজ হলেও অগ্নিপরীক্ষায় সফল হওয়াটা খুবই কঠিন। আপনি যদি দৃঢ়তার সাথে নিজেকে জিজ্ঞাসা করেন যে আপনার কি করা উচিত? তাহলে আপনি অবশ্যই তার উত্তর পাবেন। আপনি যদি মনে করেন যে, অন্যের সাহায্য নিতে পারলে আপনার সুবিধা হবে তাহলে

কখনও সংকোচ করবেন না। আজ আমরা যেখানে আছি তার জন্য আমাদের চেষ্টাই ছিল সবচেয়ে বড়ো কথা, কিন্তু কেউ না কেউ সাহায্যের হাত প্রসারিত করেছিল তাতে কোনো সন্দেহ নেই। আমার বাবা-মা গরিব হলেও আমাকে উচ্চ শিক্ষা প্রদানের বিষয়ে তাঁরা কখনও কার্পণ্য করেননি, সেই জন্যই আমি ভারতীয় পুলিশ সেবার উচ্চ পদস্থ অফিসার হওয়ার সুযোগ লাভ করেছিলাম।

কিন্তু একটা নির্দিষ্ট সীমার পর আমি পড়াশোনা নিয়ে কঠোর পরিশ্রম করেছিলাম। সত্যি বলতে কি, আপনি যখনই কোনো সাহায্য চাইবেন, নিশ্চিত রূপে আপনি নিজের আশেপাশে তা পাবেন। নীচের দিকে নয়, উপর দিকে দেখুন। পিছনে নয় সামনের দিকে তাকান। ভিতরে নয় বাইরে দেখুন, এটাই হয়ে উঠুক আপনার জীবনের মুখ্য উদ্দেশ্য।

কোনো অপরাধী অপরাধ করতে চাইছে বলে সে অপরাধী হয়েছে তা নয়, আসলে তার মনকে নিয়ন্ত্রণ করার ক্ষমতা তার থাকে না, আর ঠিক তেমনি সে নিজের চেতন ও অবচেতন মনের দাস। সে নিজের মনের কাছে নতি স্বীকার করে তাকে অনুসরণ করে চলে - নিজের মনকে বাধা দেওয়ার ক্ষমতা তার নেই।

- বিবেকানন্দ সাহিত্য (চতুর্থ খন্ড),
পৃ. ১১২৺১১৩

29

দৃঢ় পরখ ক্ষমতা ...

প্রতিটা পদক্ষেপ ফেলার পর আপনি নিজেকে যাচাই করে দেখুন যে, আপনার পদক্ষেপ আপনাকে লক্ষ্যের দিকে নিয়ে যাচ্ছে কি না। আপনার কার্যের সাথে সম্পর্কিত বিষয়ের ক্ষেত্রে আপনাকে পরখ করে দেখতেই হবে।

আপনার কার্য যদি নিষ্ফল হয়, তাহলে জীবনের কোনো লক্ষ্যই পূরণ হওয়া সম্ভব না। আপনি যাই করুন না কেনো, নিজের উদ্দেশ্যের অনুরূপ করুন। তার থেকে আপনার বিচার ধারাই প্রকটিত হবে।

জীবনের পথে আত্মসম্মান বজায় রাখার জন্য নিজের প্রতিজ্ঞাকে ধরে রাখুন তবেই নৈতিক সম্পূর্ণতা লাভ করতে পারবেন। আপনার মূল্যবোধ জীবনের প্রত্যেক ক্ষেত্রে দৃশ্যমান হয়ে উঠবে।

নিজের গতিবিধির দিকে নিয়মিত তাকিয়ে থাকাও একটা ভালো নীতি। প্রতিদিন সম্ভব না হলেও সপ্তাহে অবশ্যই একবার দেখুন যে, আপনি নিজের লক্ষ্যের অনুরূপে চলছেন কিনা। আপনার দৈনিক গতিবিধি কি, তা ব্যক্তিগত স্তরের ওপরেই নির্ভর করে।

এই গতিবিধির সাথে আপনার আপতকালীন ও দীর্ঘকালীন লক্ষ্যের প্রত্যক্ষ সম্বন্ধ থাকাটা জরুরি। আমি খুব বেশি কম্প্যুটারের ব্যবহার করি। আমি প্রিন্টারের ব্যবহারও খুব বেশি করে থাকি। একদিন হঠাৎ দরকারের সময় প্রিন্টারের কার্টেজের কালি শেষ হয়ে যায়, আমি আর আমার সেক্রেটারী মিলে বাজার থেকে তা নিয়ে আসি।

যখন যে কাজে হাত দিই তখন সেই কাজ সম্পূর্ণ করার দিকেই আমার আগ্রহ থাকে সবচেয়ে বেশি। কোনো পাইলট যেমন প্লেন চালায়, কোনো নাবিক যেমন জাহাজ চালায় তেমনি আমরাও আমাদের জীবন রূপী জাহাজের নাবিক। জাহাজকে সঠিক দিশা দেখানোর যোগ্যতা আমাদের অর্জন করতেই হবে।

একবার এক যুবক নাবিক এক বৃদ্ধ ক্যাপ্টেনকে জিজ্ঞাসা করে —

"যদি জাহাজ ভয়ংকর তুফান বা বিরাট পাথরের সামনে পড়ে তাহলে আপনি কি করবেন?"

উত্তর পায় — "এটাতো অধ্যয়নের বিষয় কিন্তু কার্য করা আর তার দর্শণ জানার পর এটাই চেষ্টা করতে হবে, যাতে এমন পরিস্থিতির সৃষ্টিই না হয়।"

সম্পূর্ণ জীবনের জন্যই নয়, আমাদের দৈনন্দিন জীবনের জন্যও ব্লুপ্রিন্টের প্রয়োজন খুব বেশী। প্রতিদিন তা করার জন্য দশ মিনিটের বেশি সময় লাগে না। তা রাতে শোয়ার আগে তৈরি করবেন নাকি সকালে ঘুম থেকে উঠেই তৈরি করবেন তা আপনাকে ঠিক করতে হবে। আমি রাতেই এই কাজটা করি, মাথায় যে কথা আসে তা লিখে ফেলি। তার মধ্যে সবচেয়ে গুরুত্বপূর্ণ কাজ কোনটি তা নির্বাচন করে তা সেরে ফেলি। তারপর আসে কম গুরুত্বপূর্ণ কাজ গুলির পালা।

আমরা প্রায় সময়তেই সহজ কাজ আগে করার চেষ্টা করি, তাতে করে আমাদের সমস্ত উর্জা নষ্ট হয়ে যায়। কিন্তু দিনের শেষে আমরা নিজেদের রিক্ত অবস্থায় দেখি, যার ফলে অসন্তুষ্টি বৃদ্ধি পায়। কোনো ছোটোখাট কাজ যেন আপনার কাজের ওপর চেপে বসতে না পারে। দিনের শেষে যদি আপনি বিচার করেন যে, আপনার গুরুত্বপূর্ণ কাজ কতটা শেষ হয়েছে, তাহলে আপনি বুঝবেন যে আপনি কতটা সফল ও কতটা অসফল।

দিনের ২৪ ঘন্টাটা কখনই ২৫ বা ৩০ ঘন্টা হবে না, কিন্তু লক্ষ্যের পথে যদি কোনো বাধা আসে তাহলে তা সরাতেই হবে।

আমি লোকেদের সাথে সাক্ষাতে কথা বলার পরিবর্তে ফোনে কথা বলাটাকেই বেশি প্রাধান্য দিয়ে থাকি। তাদের বিনম্রতার সাথে বলে দিই যে, দ্বারিকা পর্যন্ত আসতে অনেকটা সময় লেগে যাবে, তা আপনার জন্য অসুবিধাজনক হবে। আমি তাদের চিঠি বা ই-মেল করে দিতে বলি, আমি উত্তর দিয়ে দিই। আমি কখনও কোনো তর্কবিতর্কের মধ্যে জরিয়ে নিজের মূল্যবান সময় নষ্ট করতে চাই না।

এইভাবে আমি অন্যদের ও নিজের সময় বাঁচিয়ে নিই। আমি ফোনে কথা বলে বা ই-মেল করে নিজের দেওয়া প্রতিশ্রুতি পূরণ করি। যদি তা করা সম্ভব না

হয়, তাহলে আমার সেক্রেটারী আমার হয়ে সেই কাজ করে দেয়। আমি ডিনারে গেলেও নিমন্ত্রণ কর্তাকে আগে থেকেই জানিয়ে দিই যে, ৪৫ৠ৬০ মিনিটের বেশি আমি থাকব না।

আমি নিজের জ্ঞানের পরিধি বিস্তৃত করার জন্য প্রতিদিন একটু সময় রাখি। সকালে হাঁটার সময় আমি ডিজিটাল রেকর্ডে ভালো ভালো বই শুনি, আমি আমার রেকর্ডারে দুশো ঘন্টা শুনতে পারি।

আমরা মানুষ তাই শারীরিক দিক থেকে ক্লান্তি বোধ করাটা আমাদের সহজাত বিষয়। কয়েক মিনিটের বিশ্রাম আমার উর্জার স্তরকে তরতাজা করে দেয়। আমি কখনই বিশ্রাম না নিয়ে কয়েক ঘন্টা ধরে কাজ করতে পারব না। ৩৭ বছর ধরে সরকারি কাজ করার সময়তেও আমি একইভাবে চালিয়ে গেছি, লাঞ্চের সময় আমি কুড়ি মিনিট বিশ্রাম করতাম; আমি যখন সিবিআইয়ের নির্দেশক ছিলাম তখন প্রধানমন্ত্রী পর্যন্ত কখনও এই সময়ে আমাকে বিরক্ত করতেন না।

সমস্ত মানুষের ক্ষেত্রেই এটা প্রযোজ্য, তা আপনি মানুন বা নাই মানুন। আপনি কিভাবে অগ্নিপরীক্ষা দিয়ে নতুন উচ্চতা খুঁজে নেবেন তা নির্ভর করে আপনার ওপর। কোনো বাধা আমাদের জীবনে কি রূপ ধারণ করবে, তা নির্ভর করে আমাদেরই ওপর। জীবনে গুণের সঞ্চার করতে হলে কোনো রকম শর্টকাট পথে চলার চেষ্টা করবেন না।

> *“নাস্তিকতা ঈশ্বরের নেতিবাচক নিষেধ নয়, যদিও আধুনিকতা সত্যের যে নতুন সন্ধান দিয়েছে, তার মাধ্যমে ঈশ্বর পর্যন্ত পৌঁছানোর জন্য আত্মার ইতিবাচক আন্দোলন খুবই জরুরি।”*
>
> \- রাধাকৃষ্ণন

30

উঁচুতে পৌঁছান

জীবনে যে স্তরেই পৌঁছে যান না কেনো, শেখার সঙ্গ কখনও ত্যাগ করবেন না; নিজের শিক্ষা ও ক্ষমতা সর্বদা সংশোধিত করার চেষ্টা করুন। শেখা ছেড়ে দেওয়ার মানে হল আপনি কূপমন্ডুকে পরিণত হবেন। দুর্ভাগ্যবশত প্রায়ই লোকের মুখে শোনা যায় যে, বয়েসের সাথে সাথে আমাদের শেখার ক্ষমতাও ক্ষীণ হয়ে আসে। কিন্তু আসল সত্যটা হল, এর সাথে বয়সের কোনো সম্পর্ক নেই। আজীবন শিক্ষা গ্রহণ করতে পারলে আপনার মস্তিষ্ক সর্বদা সতেজ থাকবে। গবেষণার থেকে জানা গেছে যে, প্রতিটা মানুষের জীবনে একটা ভূমিকা ও উদ্দেশ্য থাকাটা খুবই জরুরি, সক্রিয়ভাবে আপনি কোনো কৌশল শিখতে পারলে আপনার মস্তিষ্কও সুস্থ থাকবে। যে ব্যক্তি অনেক কিছু জানে সে যে শুধু অনেক টাকা উপার্জন করে তাই নয়, বরং তা হয়ে ওঠে তার অর্থ উপার্জনের উপায়।

আপনার বয়স কত, তা দিয়ে কিছু যায় আসে না। আপনি কিভাবে নিজের অর্থের সদ্ব্যবহার করবেন তা শেখার জন্য কোনো বয়সের প্রয়োজন হয় না।

আজীবন শিক্ষার্থী থাকার জন্য আমাদের বহুমুখী এবং উত্তেজনাপূর্ণ জীবনের সন্ধান করতে হবে। এত আমাদের মানসিক ক্ষমতা বিকসিত হবে ও তা আরো সুন্দর হয়ে উঠবে। আমাদের অস্তিত্বের অর্থ কি তা জানা, নতুন বন্ধু গড়ে তোলা প্রভৃতি যোগ্যতা আমাদের মধ্যেই থাকে। বিবিধ বিষয় নিয়ে তর্ক-বিতর্ক করলে

তবেই আমরা অন্যদের দৃষ্টিকোণ কি তা বুঝতে পারব ও নিজের জ্ঞান বৃদ্ধি করতে পারব।

আমাদের জন্য জীবনে মানুষ ও সততা বজায় রাখা, দুটিই গুরুত্বপূর্ণ বিষয়। অন্যের সাথে কথা বলার মাধ্যমে আমরা সেই সুযোগই লাভ করে থাকি। তাই আমাদের এই পৃথিবীতে একটা ভালো স্থান গড়ে দিতে সাহায্য করে।

কোনো কিছু শেখা এমন এক যাত্রা যা সারা জীবন ধরে চলে। শেখার কোনো শেষ নেই। আমরা যাদের সাথে কথা বলি তাদের কাছ থেকে কিছু না কিছু শিখতেই পারি, জীবনের শেষ মুহূর্ত পর্যন্ত সমাজের প্রতি যোগদান দেওয়ার চেষ্টা করুন।

আপনি যদি কিছু করে দেখানোর চেষ্টা করেন তাহলে সাহসের সাথে এগিয়ে যেতেই হবে। আপনাকে হয়তো কেউ পিছনে ধাক্কা দিতে পারে, কিন্তু মুখ থুবরে পড়ে মাথা উঁচু করাই মানুষের ধর্ম। প্রায় সময়তেই আপনার পরিকল্পনা, বিচার বা উচ্চাকাঙ্ক্ষার জন্য আপনাকে 'না' শুনতে হতে পারে, কিন্তু তার জন্য আপনি নিজে পিছিয়ে যাবেন না।

কিন্তু এটা খেয়াল রাখবেন; আপনার মিত্র বা নিকট আত্মীয় যাই বলুক না কেনো; নিজের স্বপ্ন বা উচ্চাকাঙ্ক্ষার বিষয়ে কখনই শীঘ্র নিরাশ হবেন না। আপনি যদি বাস্তবে, জীবনে উঁচুতে পৌঁছাতে চান তাহলে কখনই হতাশ হবেন না। কোনো মানুষই প্রথম দিন থেকেই শ্রেষ্ঠ স্তরের কাজ করতে পারে না। আগে কাজ শুরু করতে হয়, ধীরে ধীরে সেই কাজে উন্নতি ঘটে, একদিন শ্রেষ্ঠমানের কাজ বেরিয়ে আসে। আমাদের দৃঢ়তা আর চিন্তার স্তরেই সফলতা ও অসফলতার অন্তর লুকিয়ে থাকে। আমরা যা ভাবি, সেই রকমই হয়ে উঠি। আপনি নিজেকে নিজের বর্তমানের মধ্যেই আবদ্ধ রাখার চেষ্টা করুন, ভবিষ্যত বা অতীত নিয়ে মাথা ঘামাবেন না। যদি খারাপ কিছু ঘটে তাকে যত তাড়াতাড়ি সম্ভব সামলে ফেলার চেষ্টা করুন।

আমাদের প্রয়াস যে সর্বদাই ফলপ্রসূ হবে তার কোনো মানে নেই, ভালো হোক বা মন্দ পিছন ঘুরে কোনো দিকেই তাকানো উচিত না। জীবনকে সার্থক করে তোলার চেষ্টা করুন, যাতে একদিন আপনিও বলতে পারেন যে, এই পৃথিবীকে একধাপ এগিয়ে নিয়ে যেতে আপনিও সাহায্য করেছেন।

কোনো সমস্যা সামনে আসলে, কিভাবে তার সমাধান করবেন তা নিজেকে জিজ্ঞাসা করুন। এমন সমস্যায় পড়ে অন্যরা কি করেছে, তারা কিভাবে সমাধান করেছে, তারা কোন পথে চলেছে তা বোঝার চেষ্টা করুন। এমন সমস্যার সময় আপনার কি করা উচিত তা নিজেকে জিজ্ঞাসা করুন। দুর্ভাগ্যবশত বেশির ভাগ

লোক এমন করেনা কারণ তাদের মনে হয় এতে করে তাদের হীনতা প্রকটিত হচ্ছে।

কোনো একটা অপূর্ণতা আমাদের সফলতা ও অসফলতার সীমারেখা নির্দেশ করতে পারে না। আসলে উৎসাহ আর অভিজ্ঞতা হল সবচেয়ে বড়ো কথা, এই দুটির অভাবে কোনো কিছুই পূর্ণ হোতে পারে না। সেই সময় আমরা যা করব তা দৃঢ়তার সাথে করাটা খুবই জরুরি। দৃঢ়তাই দিতে পারে নায়কত্বের সম্মান। জীবনে আমাদের কিছু অসাধারণ করতেই হবে, সফলতার জন্য কোনো আর্থিক মূল্য দিতে হয় না, দিতে হয় পরিশ্রম, দৃঢ় সংকল্প এবং সমর্পণ, যার বলে আমরা অনেকটা এগিয়ে যেতে পারি।

সফলতা পাওয়ার ইচ্ছা থাকলে, আমাদের সবার আগে তা লাভের রাস্তা খুঁজতে হবে।

এক দার্শনিক বলেছিলেন — ‘‘যার কাছে বেঁচে থাকার জন্য ‘কেনো’ আছে, সে যেকোনো রকম ‘কিভাবে’ সহ্য করার ক্ষমতা রাখে।’’ অন্যভাবে বলা যায় যার কাছে বাঁচার লক্ষ্য আছে, সে তা পাওয়ার জন্য যেকোনো রকমের পীড়া, কষ্ট, দুঃখ এবং উথাল-পাথাল সহ্য করে নিতে পারে। যদি প্রতিভা নাও থাকে তাহলেও দৃঢ়তার বলে সফলতা অর্জন করা যায়।

আমরা সকলেই নিজেদের জীবনের জন্য দায়ী। আমরা যখন লক্ষ্য পর্যন্ত পৌঁছাতে পারি না, তখন তার জন্য বিভিন্ন রকম বাহানার সন্ধান করি। যেকোনো অসফলতার পিছনে দোষারোপ এক বিরাট ভূমিকা পালন করে। বাইরের ঘটনা তথা ব্যক্তিদের আমরা নিজেদের ওপর চেপে বসতে দেব কিনা তা নির্ভর করে আমাদের নিজেদের ওপর। তা না হলে আমরা সর্বদা অন্যদের হাতের তলাতেই থেকে যাব। যে ব্যক্তি মন থেকে সফলতার কামনা করে, সে এটা জানে যে, সফলতা প্রাপ্তির বিষয়টা সম্পূর্ণ রূপে তার ওপরেই নির্ভর করছে। সে সর্বদা নিজের ক্ষেত্রে বিশেষজ্ঞ হয়ে ওঠার চেষ্টা করে। কোনো কিছু পাওয়ার জন্য আপনাকে নিজের ক্ষেত্রে বিশেষজ্ঞ হতে হবে। কেন্দ্রিত থাকুন, আগ্রহ বজায় রাখুন, কোনো কাজের ব্যাপারে বিলম্ব করবেন না, নিজের জীবনকে উদ্দেশ্যের সাথে এগিয়ে নিয়ে যান, কখনও হার স্বীকার করবেন না, যাই করুন না কেনো তা সম্পূর্ণ করার পরেই দম ফেলুন।

31

হিত ও সময়ের রক্ষা

যখন আমার কোনো বন্ধু বা পরিচিত বা কোনো অচেনা ব্যক্তি আমার কাছ থেকে কোনো কাজের জন্য সাহায্য চান তখন আমি তাকে 'হ্যাঁ' বলতেই পছন্দ করি, আর এটা একেবারেই আমার মনের কথা। আমি আসলে কাউকে নিরাশ করতে চাইনা বলেই এমনটা করে থাকি। আমি 'না' বলতে পারিনা বলে সম্পূর্ণ রূপে সাহায্য করি, কারণ আমি কোনো সম্পর্ক নষ্ট করতে চাই না। আমি এটাই চেষ্টা করি, যাতে আমার জন্য কাউকে কষ্ট পেতে না হয়। সম্ভবত বেশির ভাগ মানুষই হয়তো এমটাই করে থাকে।

যদিও 'হ্যাঁ' বলাটা খুবই সহজ, কিন্তু সর্বদা এটাই যে সঠিক ও উচিত প্রতিক্রিয়া তা নয়। যখন আমরা কাউকে 'হ্যাঁ' বলি তখন কিছু কিছু জিনিসের জন্য 'না' বলতে হয়, আমরা নিজেদেরকে 'না' বলি।

পরীক্ষার আগে কোনো বন্ধুর সাথে সিনেমা দেখতে যেতে রাজী হওয়ার মানে আপনি নিজেকে 'না' বলছেন। ঠিক সেই রকম যখন আপনি বহুক্ষণ ধরে অফিসে বসে নিজের কাজ সম্পূর্ণ করার চেষ্টা করেন তখন আপনাকে সামাজিক জীবন ও পারিবারিক জীবনের ক্ষেত্রে 'না' বলতে হয়। একটা গতিবিধির সাথে লিপ্ত হওয়ার অর্থ অন্য গতিবিধিকে এরিয়ে চলা।

পূর্ণ রূপে বৃদ্ধি করাই আমাদের লক্ষ্য হতো হবে। আমাদের এমন কোনো কাজ করা উচিত না যা আমাদের স্বপ্নের পথে বাধা হয়ে উঠতে পারে। যা আপনাকে

পিছন দিকে টেনে নিয়ে যায়, সেই বিষয় গুলিকে এরিয়ে চলুন। অন্যকে প্রসন্ন করতে গিয়ে নিজের ঝুলিতে অনাদর ও অসম্মান বয়ে আনবেন না। যদি কোনো সম্পর্ক অনুকূল না হয়, তাহলে আপনার নিজের রাস্তা বদলে ফেলাই শ্রেয়। এতে করে আপনারা একে অপরের পথেও আসবেন না।

যদি কেউ আপনার উদ্দেশ্যের জন্য ফিট্ না হয় তাহলে তাকে 'না' বলে দিন। যা আপনার জীবনের জন্য গুরুত্বপূর্ণ নয়, সেই জিনিস গুলির থেকেও দূরে থাকার চেষ্টা করুন।

যে কাজের সাথে আপনার জীবনের লক্ষ্যের বা উদ্দেশ্যের কোনো সম্পর্ক নেই, সেই কাজ করে নিজের সময় নষ্ট করবেন না।

নিজের উচ্চাকাঙ্ক্ষা অনুসারে গতিবিধি চালিয়ে যান। যদি কোনো কাজ আপনার উচ্চাকাঙ্ক্ষার পথে বাধার সৃষ্টি করে তাহলে তার জন্য সময় বা উর্জা কোনোটাই নষ্ট করবেন না।

আপনার জীবনের লক্ষ্য পূরণের পর আপনি কত শান্তিতে ও আনন্দে থাকবেন এই কথা ভেবে যদি চোখ বন্ধ করে থাকেন তাহলে আপনি কিছুই পাবেন না, আপনাকে তা প্রমাণ করে দেখাতে হবে।

লক্ষ্য পূরণ করতে হলে একবার 'না' বলাটাই যথেষ্ট নয়, নিয়মিতভাবে 'না' বলতে শিখতে হবে।

এক মাসের একটা তালিকা গড়ে নেওয়া সবচেয়ে ভালো, তাতে লেখা থাকবে যে, আপনি কোন কথায় 'হ্যাঁ' বলবেন আর কোন কথায় 'না' বলবেন। তাহলে আপনি স্পষ্ট বুঝতে পারবেন যে, কোন কোন ক্ষেত্রে আপনার 'হ্যাঁ' বলা উচিত আর কোন কোন ক্ষেত্রে আপনার 'না' বলা উচিত।

যে ব্যক্তি আপনার প্রশংসা করতে জানে না বা যার কাছে আপনার কোনো কদর নেই তার প্রতিটা কাজের ক্ষেত্রে আপনাকে 'হ্যাঁ' বলতে হবে তার কোনো মানে নেই। যদি আপনি তা করেন তাহলে আপনার সময় নষ্ট হওয়া ছাড়া কিছুই হবে না।

গত মাসে আমার বেনারস থেকে একটা বিয়ের নিমন্ত্রণ এসেছিল। নিমন্ত্রণ কর্তা প্লেনের টিকিট ও পাঁচ তারা হোটেলে থাকার বন্দোবস্ত করে দিয়েছিল। একবার তার সাথে আমার দেখা হয়েছিল, আর বার দুই ফোনে কথা হয়েছিল। তার জন্য নিজের তিনদিন নষ্ট করার কোনো মানে আছে বলে আমার মনে হয়নি। তাই আমি বিনম্রতার সাথে চিঠি লিখে না যাওয়ার কথা জানিয়ে দিই, সেই সাথে

একটা চেক্‌ও পাঠিয়ে দিয়েছিলাম।

বেশির ভাগ নিমন্ত্রণ কর্তারাই বড়ো বড়ো লোকেদের সাথে ফটো তুলতে চায়, অন্যদের দেখিয়ে নিজে কতটা গুরুত্বপূর্ণ তা প্রমাণ করার জন্য। আজকাল সামাজিক সমারোহে এই ব্যাপারটা খুব বেশি করে চোখে পড়ে।

আমি যেকোনো সামাজিক অনুষ্ঠানে পৌনে এক ঘন্টার বেশি থাকি না। আমি নিমন্ত্রণ কর্তার সাথে দেখা করে, ফটো তুলে বেরিয়ে আসি। নিমন্ত্রণ পাওয়ার সাথে সাথে আমি কতটা সময় অতিবাহিত করতে পারব তা জানিয়ে দিই। এইভাবে আমি গুরুত্বপূর্ণ কাজ করার জন্য সময় বাঁচিয়ে ফেলি। আমি নিজের ইচ্ছা মতন কাজ করার সময় পেয়ে যাই। আপনি নিজেই যদি নিজের লক্ষ্য নিয়ে চিন্তা না করেন তাহলে অন্যরা কি করবে? যখনই কেউ আপনাকে কোনো কাজ করার জন্য অনুরোধ করবে, তখনই দেখবেন যে, তাকে 'হ্যাঁ' করতে গিয়ে আপনার লক্ষ্যের প্রতি আপনি 'অন্যায়' তো বলে ফেলছেন না। মনে রাখবেন যা আপনাকে নিজের লক্ষ্যের থেকে দূরে সরিয়ে দেয়, সেই ব্যাপারে 'না' বলতেই হয়। আপনি যদি আপনার জীবনকে সম্পূর্ণ রূপে উপভোগ করতে চান ও তা সার্থক করে তুলতে চান, তাহলে আপনাকে সময় বাঁচাতে শিখতেই হবে।

> *"কোনো ধর্মের পূজাস্থলকে অপবিত্র করা বা কোনো ব্যক্তিকে ধর্ম পরিবর্তনের জন্য উসকানো বা শাস্তি প্রদানের মতো কাজ অতিব নিন্দার যোগ্য।"*
>
> -রাধাকৃষ্ণন

32

আত্মদয়ার হাত থেকে কিভাবে মুক্তি পাবেন?

ভিকীপীডিয়ার অনুসারে 'আত্মদয়া' বা 'নিজের প্রতি দয়া দেখানো' এমন এক মানসিক পরিস্থিতি; যেক্ষেত্রে ব্যক্তি যখনই প্রতিকূল পরিস্থিতির মধ্যে পড়ে, তখন না তো তা স্বীকার করতে পারে আর না তার সম্মুখীনতা করতে সক্ষম হয়। তার তখন মনে হয় যে, সে একটা ঘটনার শিকার সকলের তাকে সংবেদনা জানানো উচিত।

আত্মদয়া হল একটি নেতিবাচক স্থিতি কারণ তা বিপরীত স্থিতির সাথে জোঝার সাহস দেয় না। এর মাধ্যমে আমরা সমাজ থেকে বহু সহানুভূতি ও পরামর্শ লাভ করে থাকি। এই পরিস্থিতি বিষয়টি হল অতি সাধারণ কারণ তা অস্থায়ী, তা পরিবর্তিত হবেই, তাই বিপরীত পরিস্থিতিকে স্বীকার করে নেওয়ার ক্ষমতা থাকাটা খুবই জরুরি।

যখনই কোনো কঠিন পরিস্থিতি আসে তখনই আমরা নিজেদের প্রতি দয়া দেখাতে শুরু করি, আর আমরা বলি যে, 'আমাদের সাথেই কেনো এমন হয়?' নিজেদের কাছেই নিজেরা দয়ার পাত্র হয়ে উঠি।

একে আপনি আধুনিকে ভীরুতাও বলতে পারেন। আমাদের মনে হয় যে, কেউ আমাদের বোঝেও না, কেউ আমাদের পছন্দও করে না। আত্মদয়া হল অন্যতম নেতিবাচক ভাব। প্রত্যেক ব্যক্তির কখনই এমন বিনাশকারী ভাবের শিকার হওয়া উচিত না।

আপনি গরিব হোতে পারেন, কিন্তু আত্মদয়ার সাথে এর কোনো সম্পর্ক নেই। কঠোর পরিশ্রম করুন, শিক্ষার গুণগতমান বৃদ্ধি করার চেষ্টা করুন, তবেই আপনি ভালো চাকরি ও বেতনের অধিকারী হোতে পারবেন, আর এই পরিস্থিতির থেকে মুক্তি পেতে সময় লাগবে না। আত্মদয়া গ্রস্ত চিন্তা কখনই নিজের ওপর চেপে বসতে দেবেন না।

আত্মদয়া হল আমাদের সকলেরই অন্যতম বিকট শত্রু, তা আমাদের কাছ থেকে আশা ও আত্মসম্মান রূপী বরদান ছিনিয়ে নেয়। আমাদের ভিশনকে ধোঁয়াশা পূর্ণ করে দেয়। প্রত্যেকের জীবনেই বাধা আসে, আর তার মনে হয়, তার বাধাই সবচেয়ে বড়ো বাধা।

বিষ খাওয়া যেমন বিপদজনক, ঠিক তেমনি আত্মদয়া আমাদের জীবন ও অস্তিত্বকে প্রভাবিত করতে পারে। ব্যক্তি নিজের পরিস্থিতির সামনে ছোটো হয়ে যায়। এতে করে জীবনের গুণগত মানও প্রভাবিত হয়। আমাদের সকলের জীবনেই সমস্যা আসে, কিন্তু তার জন্য আমাদের নিজেদেরকে আত্মদয়া বা পীড়ার অন্ধকারে নিমজ্জিত করা উচিত না। জীবনে যদি সবকিছু না থাকে তার মানে এই নয় যে, আপনি জীবনে কিছু প্রাপ্ত করতে পারবেন না। ধনী-মানী লোকেদের দেখে হিংসা করার বদলে **সরকারের সেই স্টেটমেন্টের দিকে ধ্যান দিন, আজও সাতাশ কোটি ভারতীয়ের দৈনিক গড় আয় আঠাশ টাকা।** এর থেকে আপনি নিশ্চই বুঝতে পারবেন যে, আপনি অন্যদের তুলনায় কতটা ভাগ্যবান।

আমি কখনই এ কথা বলব না যে, আমাদের নিজেদের ভবিষ্যতের কথা ভাবা উচিত না বা আমাদের নিজেদের কেরিয়ার গড়ে তোলার চেষ্টা করা উচিত না। নিজেকে দয়ার চোখে দেখা মানে শুধু যে নিজেকে অপমান করা তা হয়, ভগবানেরও অপমান করা। সম্পূর্ণ গরিমা ও মার্যাদার সাথে আমাদের এই জীবন অতিবাহিত করা উচিত।

১৯৪৭ সালে ভারত বিভাজনের পর আমার বাবা-মা আমার ও বোনেদের হাত ধরে ভারতে চলে আসেন। আমি কখনও আমার বাবাকে ঈশ্বরকে দোষারোপ করতে শুনিনি। তিনি আমাকে সর্বদা এটাই প্রার্থনা করতে বলতেন 'হে ঈশ্বর! আমাকে এমন শক্তি দাও যাতে আমি গর্বের সাথে সমস্ত পরিস্থিতির মোকাবিলাকরতে পারি এবং মনের শান্তির সাথে সব কিছু স্বীকার করতে পারি।'

এমনও এক সময় এসেছিল যে সময়ে দুই হাজার একরেরও বেশী জমির মালিক আমার বাবাকে ঘাস কেটে বিক্রী করতে হতো। আমি খুব খুশি মনে গরু

বাছুরদের ঘাস খাওয়াতাম, যাতে আমি পড়ে আনন্দে স্নান করতে পারি। আমার বাবা কোনো রকম দোষারোপ না করে কিভাবে সমস্যার সমাধান করা যায় সেই চেষ্টাই করতেন। তিনি বলতেন যে, তুমি যখন ভালোটাকে মেনে নিতে পারছো তখন তোমাকে খারাপটাকেও স্বীকার করে নেওয়ার ক্ষমতা রাখতে হবে।

জীবনের বোঝার জন্য আমাদের কোমর ভাঙে না, বরং তা তোলার প্রক্রিয়ার জন্য আমাদের কোমর ভেঙে যায়। কখনও নিজের দুঃখের কথা অন্যকে বলবেন না, কারণ তা সংক্রামক হয়।

তার পরিবর্তে আপনি এমন কিছু করুন যাতে পরিস্থিতির থেকে বাইরে বেরিয়ে যেতে পারেন। যে নিজেকে দয়া করে সে বাস্তবকে কখনই স্বীকার করে নিতে পারে না। আত্মদয়া হল অসুরক্ষার প্রতীক। এই সমস্যাকে এমন চোখে দেখা উচিত, যাতে মনে হয় যে তা আমাদেরই সৃষ্ট।

এর জন্য আপনি যে পথে চলছেন তা সুন্দর করে তোলার চেষ্টা করতে হবে। এটা এমন এক অভ্যাস যা বদলানো যেতে পারে। কোনো পোশাক পছন্দ না হলে আপনি যেমন তা বদলে ফেলতে পারেন তেমনি নিজের চিন্তাধারাকেও বদলানোর চেষ্টা করুন। ভালো বন্ধু ও ভালো লোকেদের সঙ্গ পাওয়াটা খুবই জরুরি। একবার এই মনভাব নিয়ে চললে জীবন থেকে আত্মদয়া দূর করতে সময় লাগবে না। তখন আপনার জীবন ধীরে ধীরে নেতিবাচকতার থেকে মুক্তি লাভ করতে শুরু করবে।

“পুরুষদের মধ্যে প্রতিযোগীতার ভাবনা এবং আত্মসম্মান তার কার্যালয়, কারখানা ও রণক্ষেত্রের জন্য উপযোগী হয়ে উঠতে পারে, কিন্তু এর সাথে নারীদের মধ্যে থাকা সুসংস্কার, সৌন্দর্য এবং শালীনতার কোনো তুলনা হয় না।’

---রাধাকৃষণন

33

একটা অনুশাসিত জীবন

যা আমরা প্রতিদিন করি তা আমাদের কাছে রুটিং-এ পরিণত হয়, তা আমরা নিজেদের অভ্যাস বশতই প্রতিদিন করতে থাকি। ব্যক্তি বা পেশা অনুসারে এই কার্যের ক্রম ভিন্ন ভিন্ন হয়। কোনো কাজ ভালোভাবে করার জন্য আমাদের একটা ভালো পরিকল্পনার সাথে সাথে পর্যাপ্ত সময়েরও প্রয়োজন হয়। এই কথা শুধু ব্যক্তিদের ওপরেই নয়, সংগঠনের ক্ষেত্রেও কার্যকারী। আমরা যদি আরো ভালো কিছু করতে চাই তবে সেই অনুসারে নিয়মিত চেষ্টা চালিয়ে যেতে হবে। গুরুত্বপূর্ণ কাজ গুলিকে কখনই উপেক্ষা করবেন না।

আপনি যে রুটিংই মেনে চলুন না কেনো, তা কখনই পরিপূর্ণ নয়। মাঝে মধ্যে এর নিরীক্ষণ করুন এবং যথাযোগ্য পরিবর্তন করুন। প্রত্যেক ব্যক্তির জীবনের উদ্দেশ্য আলাদা আলাদা হয়, তাই তাদের রুটিংও আলাদা আলাদা হোতেই পারে।

পরিশ্রমই হল ছাত্রদের লক্ষ্য, কারণ পরীক্ষায় ভালো নম্বর পেতেই হবে। প্রবন্ধকদের সময়ের মধ্যে সঠিক ভাবে সমস্ত কাজ সম্পূর্ণ করতে হয়। প্রত্যেকের জীবনেই কোনো না কোনো উদ্দেশ্য থাকে। যা পূরণ করার জন্য কিছু নিয়ম ও অনুশাসন পালন করাটা খুবই জরুরি হয়ে ওঠে।

কোনো সংগঠনের রুটিং এমন হওয়া উচিত যাতে লোকেরা একত্রিত হয়ে ব্যবস্থিত ভঙ্গীতে কাজ করার জন্য প্রেরণা লাভ করতে পারে। কিন্তু সেই সাথে

তাদের ব্যক্তিগত ক্ষমতা ও যোগ্যতা আরো ভালো করে তোলার চেষ্টা করতে হবে।

আপনার সৃষ্ট রুটিং যদি সুব্যবস্থিত হয় তাহলে তা যে শুধু উৎপাদক হয় তাই নয়, তার সাথে তা পুষ্টিকরও হয়, যেমন— ব্যায়াম, কাজ, বিশ্রাম ও মনোরঞ্জন।

জীবনে সর্বদা একই রুটিং মেনে চলা সম্ভব না। যদিও কিছু কাজ সর্বদাই জারি থাকে। যেমন যখন চাকরি করতাম তখন সকালে জলখাবার খাওয়ার সময়তেই আমি খরবের কাগজ পড়ে ফেলতাম, কারণ তখন সকাল নয়টা থেকে বিকেল পাঁচটা পর্যন্ত অফিসে থাকতে হতো। বাড়ি ফিরতে ফিরতে ছয়টা বেজে যেতে, তারপর টি.ভি. দেখা, বাচ্চাদের সাথে সময় কাটানো, রাতে খাবার খেয়ে শুয়ে পড়া প্রভৃতি চলত।

ছুটির দিনই কিছু পড়তে বা কোনো সামাজিক অনুষ্ঠানে অংশ গ্রহণ করার সুযোগ পেতাম, কিন্তু অবসর গ্রহণের পর আর চাপের সাথে কোনো রুটিং মেনে চলতে হয় না। এখনও আমি কঠোর রুটিং পালন করি ঠিকই, নিজের প্রতিটা কাজ সময়ানুসারেই করি। যেমন-পড়া, লেখা, কাউর সাথে সাক্ষাৎ করা, ফোনে কথা বলা, বিশ্রাম গ্রহণ করা প্রভৃতি।

ছাত্রজীবনে পড়াশোনা আর খেলাই ছিল জীবনের রুটিং, খেলার জন্য এক-দুই ঘন্টাই সময় পেতাম। সেই সময় ভারতে টি.ভি. ছিল ছিল না। মনোরঞ্জনের জন্য ছিল রেডিও এবং মাসে এক আধটা সিনেমা দেখার সুযোগ পেতাম। আমি কোনো প্রাইভেট স্কুলে পড়িনি, কারণ পরিবারের আর্থিক অবস্থা ততটা জোরদার ছিল না। আমি সরকারী স্কুল ও কলেজ থেকেই পড়াশোনা করেছি, কিন্তু নিজের ইংরেজি ভালো করার জন্য আমাকে কঠোর পরিশ্রম করতে হয়েছিল। সেই সময় আমার জীবনের সবচেয়ে গুরুত্বপূর্ণ বিষয় ছিল পড়াশোনা, আর আমার দীর্ঘকালীন সফলতার রহস্য হল সেই পরিশ্রম।

জীবনে প্রতিদিন একটা রুটিং মেনে চলা খুবই গুরুত্বপূর্ণ বিষয়। নিজের আগামী দিনটা আপনি কিভাবে সাজাবেন তা ভাবার জন্য প্রতিদিন রাতে শোয়ার আগে পাঁচ থেকে দশ মিনিট সেই নিয়ে ভাবুন।

অর্ধেক রাতেও যদি আমার কিছু মনে পড়ে তাহলেও আমি সঙ্গে সঙ্গে তা নিজের ডায়রিতে নোট করে নিই।

পরের দিন সকালে আমি সবার আগে নিজের গুরুত্বপূর্ণ কাজটা শেষ করে নিই। তালিকা অনুসারে কাজ সম্পূর্ণ করার পরেই আমি অন্য গতিবিধির প্রতি

দৃষ্টিপাত করি। যখন আমার হাতে কোনো কাজ থাকে না তখনই আমি ফোনে জবাব দিই। হাতের কোনো কাজে বাধা আসুক আমি তা চাই না।

জীবনে এমন অনেক কাজ আছে যা কেবল গতানুগতিকভাবে করে যেতে হয়, কিন্তু তাও নিপুণভাবে করাটা খুবই জরুরি। কার্যসূচী সঙ্গে থাকলে কোনো রকম ভ্রমের অবসর থাকে না। আমি প্রায়ই নিজের কথা নোট করে রাখি। শুধু লিখে নেওয়াই যথেষ্ট নয় এটা ঠিকই, আপনাকে সম্পূর্ণ অনুশাসন ও সংযমের সাথে তা পালন করতে হবে।

জীবনে ভাগ্য ও অনুশাসনের মেলবন্ধই কোনো কার্য সুসম্পন্ন করতে সাহায্য করে। জীবনে অনুশাসন না থাকলে হওয়া কাজও বিগড়ে যায়।

> *"সারা দেশ জুড়ে যত মন্দির ও মঠ আছে শুধু মাত্র পূজা-প্রার্থনা করার জন্যই তার ব্যবহার করা উচিত না, বরং তাকে জ্ঞান ও শাস্ত্র চর্চার কেন্দ্র করে তুলতে হবে, যাতে হিন্দুরা আধ্যাত্মিক প্রগতির পথে চলতে পারে।"*
>
> \- রাধাকৃষ্ণণ

34

আত্মনিরীক্ষণের লাভ

আমরা যে কাজই করি না কেনো, একটা নির্দিষ্ট সময়ের পর, যেমন ধরুন একমাস বা এক বছর বাদে তার প্রগতি নিরীক্ষণ করাটা খুবই জরুরি। নিয়মিত এইভাবে কাজ করতে হবে, যাতে করে বারংবার এক ভুলের পুনরাবৃত্তি না ঘটে। আমরা যদি সফল হই, তাহলে যে কাজ আমরা করেছি, তার পুনরাবৃত্তি করা যেতেই পারে। ব্যাবসায়িক ও ব্যক্তিগত দুটি স্তরেই এই বিষয়টি প্রযোজ্য। প্রতিটা কাজের পরে একটা রিপোর্টকার্ড পাওয়া যায়, এই আত্মনিরীক্ষণের বিষয়টা এই রিপোর্টকার্ডেরই কাজ করে থাকে। আত্মনিরীক্ষণের অর্থ হল, নিজের ভেতরে দেখা। এই আত্মবিশ্লেষণের ইতিবাচক ও নেতিবাচক পক্ষ; দুটিই সামনে আসে। এক্ষেত্রে আপনি নিজের কর্ম, সম্বন্ধ ও অভ্যাসের বিচার করতে পারেন, তা আপনাকে বাইরের জগতের সাথে যুক্ত করতে হবে।

কখন-কখন অভ্যন্তরীণ বিচারধারা ও আবেগ নিয়ে বিচার কারাটাও খুবই গুরুত্বপূর্ণ হয়ে ওঠে, কিন্তু তা খুব বেশি করলে আপনার জন ক্ষতিকারক ও অস্বাস্থ্যকর হয়ে উঠতে পারে। একজন উন্নত মানুষ হয়ে ওঠার জন্য নিজের ব্যবহার ও মূল্যবোধ নিয়ে বিচার করাটা খুবই জরুরি। এই আত্মবিশ্লেষণের প্রক্রিয়ায় নিম্নলিখিত প্রশ্ন গুলি আপনাকে সাহায্য করে থাকবে ঃ

১. আপনি জীবনে কি চান?

২. আপনার বর্তমান রণনীতি কি?

৩. এমন কোনো বিষয় আছে কি, যা আপনি নিজের জন্য মেনে নিতে পারবেন না।
৪. আপনি নিজের সম্পর্কে কি রকম অনুভব করেন, এবং কেনো?
৫. আপনি কি হয়ে গেছেন?
৬. দৈনন্দিন জীবনে কি আপনার ধ্যান আকর্ষণ করে।
৭. আপনি কাকে সম্মান করেন?
৮. আপনার কাজ কি মূল্য অনুসারে চলছে?
৯. আপনি কি নিজের রাস্তায় চলছেন।
১০. আপনি হয়তো নিজেকে চেনেন না, বা নিজের প্রতি হয়তো আপনার কোনো বিশ্বাস নেই, এটা সম্ভব কি?
১১. আপনি কি সততা ও সত্যের সাথে জীবন যাপন করছেন?
১২. কোন ধ্যান দেওয়ার মতো বিষয়ে আপনি ধ্যান দেন না।
১৩. আপনি কিভাবে জীবনের অর্থ পাবেন।
১৪. আপনি কিভাবে জীবনের বর্ণনা করবেন।
১৫. আপনি কোন দিকে যাচ্ছেন।
১৬. আপনি নিজের লক্ষ্যের কত কাছে আছেন?
১৭. আপনার কাজের সতেজ পরিকল্পনা কি?
১৮. আপনাকে কে পিছনের দিকে টেনে নিয়ে যাচ্ছে।
১৯. আপনি কি এর থেকে বেশী কিছু করতে পারবেন?
২০. আপনার লক্ষ্য কি?
২১. আপনি কি নিজের কাজের জন্য উত্তরদায়ী?
২২. আপনি কি পরিস্থিতির স্বীকার?
২৩. আপনি কিসে সন্তুষ্ট হবেন?
২৪. আপনার জীবনের গুরুত্বপূর্ণ ঘটনা কি?
২৫. আপনি বর্তমানে যা যা কাজ করছেন, তার মধ্যে কোন গুলি আপনার জন্য গুরুত্বপূর্ণ।
২৬. আপনি কিসের জন্য কাজ করছেন, আর কি এরিয়ে চলার চেষ্টা করছেন?
২৭. আপনি নিজেই কি নিজের পথের বাধা সৃষ্টি করছেন?
২৮. আপনি কিভাবে সম্পূর্ণ রূপে জীবন যাপন করতে পারবেন।
২৯. আপনি যেখানে আছেন, সেই পর্যন্ত কিভাবে পৌঁছালেন?

৩০. আপনি দৈনন্দিন জীবনে কিভাবে কাজ করেন।

৩১. আপনি কি প্রেরণার আকাঙ্ক্ষী?

আত্ম-অবলোকন আমাদের এটা বুঝিয়ে দেয় যে, আমরা কি শিক্ষা পেয়েছি বা আমাদের কি শিক্ষা পাওয়া উচিত ছিল। আমরা যদি নিজেদের অভিজ্ঞতা ও প্রাপ্ত শিক্ষা ছাড়াই এগিয়ে চলার চেষ্টা করি তাহলে কখনই সঠিক প্রগতির পথে চলতে পারব না।

কোনো অভিজ্ঞতা হয় আমাদের সচেতন করে দেয় আর তা না হলে আমাদের জীবন তছনছ করে দেয়। এর প্রভাব দুই রকম ভাবেই পড়ে থাকে। পরিস্থিতি ভালো হোক বা মন্দ, উভয় ক্ষেত্রেই কিরকম প্রতিক্রিয়া ব্যক্ত করতে হবে তাও শেখার প্রয়োজন। দুঃখকে এরিয়ে যাওয়ার ক্ষমতা আমাদের নেই কিন্তু কিভাবে তা অতিক্রম করা যায় তা শেখাটা খুবই জরুরি।

আমাদের মনই আমাদের সমস্ত সমাধানের পথ খুলে দেয়, কোনো বিশেষ পরিস্থিতি থেকে আমরা কি শিক্ষা লাভ করেছি, তা আমাদের কোথাও লিখে রাখা উচিত, যাতে সময় মতন আমরা তার পুনরায় ব্যবহার করতে পারি। আপনি এর নাম যা হোক দিতে পারেন, যেমন 'লাইফ হ্যান্ডবুক' বা 'আপনার জীবনের কথা'।

এতে করে আমরা জীবনের অনাবশ্যক ভার থেকে মুক্ত থাকতে পারব এবং কোনো রকম নেতিবাচক প্রতিক্রিয়া কখনই ব্যক্ত করব না।

জীবনে কখনও নিজের আনন্দকে বিসর্জন দেবেন না, আর এটা সম্পূর্ণ রূপে আপনার ওপরেই নির্ভর করে। আপনি যা জানেন, নিজের জীবনের উন্নতির ক্ষেত্রে তার প্রয়োগ করুন। বছরের শেষে আমাদের এটা দেখতে হবে যে, আমরা কি হারিয়েছি আর কি পেয়েছি, তাহলেই সামনের বছর গুলি সেই হিসাবে গড়ে তুলতে পারব। অসাবধানতার বশে নিজের দৈনন্দিন জীবন যেন নীরস করে তুলবেন না।

লক্ষ্যের পথে আমরা কতটা এগাতে পেড়েছি, আর কতটা পথ আমাদের এখনও চলতে হবে মাঝেমধ্যেই তার বিচার করুন। বছরের শেষের রিপোর্ট কার্ডই আপনাকে বলে দেবে আপনি সারা বছর কতটা পরিশ্রম করেছিলেন, আর অন্যদের আপনি তা গর্বের সাথেই বলতে পারবেন, এতে করে আপনার মধ্যেও কোনো রকম অসহজ ভাবর জাগ্রত হবে না।

35

কষ্টকে ভয় পাবেন না

আপনি যে কাজই করুন না কেনো, তার কোনো না কোনো লক্ষ্য থাকাটা খুবই জরুরি। হয়তো আপনি কোনো উপাদান বিক্রি করেন, বা কোনো সেবার কার্য করে থাকেন, জীবনে নিজের চাহিদা পূরণ করার জন্য শিক্ষার স্তরে প্রগতি আনাটা খুবই জরুরি। যখনই কোনো কার্য শুরু করবেন তখন আপনি কি করতে চান, সেই বিচারটা স্পষ্ট থাকাটা খুবই জরুরি। আপনি নিজের জীবনকে যে রাস্তায় নিয়ে যেতে চান, সেই রাস্তা ধরেই আপনাকে হাঁটতে হবে। মনে রাখবেন অনর্থক চিন্তা করে কোনো পরিস্থিতিকে শোধরানো যায় না। চিন্তা যে শুধু আপনার মানসিক চাপ বৃদ্ধি করবে তাই নয়, আপনার সৃজনশীল শক্তি ও আপনার সংকল্প শক্তিকেও গ্রাস করবে।

চিন্তা করার পরিবর্তে কিসে আপনার আত্মবিশ্বাস ও সফলতার স্তর বৃদ্ধি পেতে পারে তা দেখুন। আপনাকে কি করতে হবে আর কি করতে হবে না সেই বিষয়ে কেন্দ্রিত থাকুন। একটা কথা মনে রাখবেন যে, আপনার কর্মই আপনাকে জীবনের উচ্চ শিখরে নিয়ে যেতে পারে, আপনি যখন ওপরে উঠতে শুরু করবেন তখন অন্যরা আপনাকে নিচে ফেলার চেষ্টা করতে পারে, কিন্তু আপনি সেই পথে ভুলেও পা দেবেন না।

যখন কিছু লোক নিজেদের কথার জালে জরিয়ে আপনাকে আপনার লক্ষ্যের থেকে সরিয়ে দেওয়ার চেষ্টা করবে, তখন আপনি তাদের কথার জালে পা দেবেন না।

এই ধরনের লোকেদের কথায় ধ্যান দেবেন না, এমন লোকেদের থেকে দূরে থাকাই শ্রেয়। তাদের উপেক্ষা করুন। আপনি যদি তা না করেন, তাহলে আপনি অজান্তেই তাদের কথা অনুসারে চলতে শুরু করবেন, আর কখন যে লক্ষ্যভ্রষ্ট হয়ে যাবেন তা বুঝতেই পারবেন না।

কখনই নিজের উচ্চাকাঙ্ক্ষার হাত ছাড়বেন না। আপনি যখন সবচেয়ে ভালো কাজ করেছিলেন, সেই সময়টাকে কখনও ভুলবেন না। নিজের উল্লেখযোগ্য প্রাপ্তির কথা ভাবুন। জীবনে সফলতা লাভের একমাত্র উপায় হল লক্ষ্যের দিকে তাকিয়ে থাকা; সম্পূর্ণ নিষ্ঠা ও সমর্পণের সাথে এগিয়ে চলতে হবে। জীবন একটা খেলা তবে সম্পূর্ণ নিয়মের সাথে তা খেলতে হবে। তবে এর একটা নিয়ম আছে, আপনি ঠিক যতটা ইনপুট করবেন, ঠিক ততটাই পুরস্কার লাভ করবেন।

নিজের প্রধান লক্ষ্যের প্রতি একাগ্র থাকটা জরুরি। যদি বিভিন্ন দিকে হাত বর্ধিত করতে চান, তাহলে দেখবেন যে, হাতে কিছুই অবশিষ্ট নেই।

আপনার জীবনের দায়িত্ব আপনার, সময়ের কদর করতে না জানলে আপনি কখনই স্বাচ্ছন্দ্যে জীবন অতিবাহিত করতে পারবেন না, তাতে করে আপনি আর নিজের ভাগ্যকে নিয়ন্ত্রণ করতে পারবেন না। জীবনে যে পরীক্ষাই দিতে হোক না কেনো, হাসি মুখে তা দেওয়ার চেষ্টা করবেন। পরিস্থিতির সাথে সংঘর্ষ করতে না পারলে হতাশা ছাড়া আর কিছুই পাওয়া যায় না, সেক্ষেত্রে যুদ্ধ করার আগেই পরাজয় স্বীকার করে নিতে হয়।

পরিস্থিতি যদি সন্দেহস্পদ, অনিশ্চিত ও কপটপূর্ণ হয় তাহলে আমাদের সঠিক প্রতিক্রিয়া ব্যক্ত করতে হবে। যেটা আপনার কাছে সঠিক বলে মনে হবে, সেটার প্রতিই একাগ্র থাকুন। পরিস্থিতিকে নিয়ন্ত্রণ করা আমাদের পক্ষে সম্ভব হয় না, অন্যদের ব্যবহার এবং প্রতিক্রিয়াও আমাদের হাতের বাইরে থাকে, কিন্তু কোনো ব্যক্তি বা ঘটনার প্রতি আপনার কি প্রতিক্রিয়া হোতে পারে, তা সর্বদা আপনার নিয়ন্ত্রণেই থাকে।

বাড়ির বাইরে পা রাখলে কোথায় কোন রাস্তায় আটকে যাব তা কেউ জানেনা, কিন্তু আমি সেই সময়টাকেও নষ্ট করি না, নিজের ল্যাপটপে কাজ করি বা বই পড়ি।

এই সময়টাকে আমি বোনাস হিসাবে কাজে লাগাই। এই সময় আমি নিজের কিছু কাজ নিয়ে ব্যস্ত থাকার চেষ্টা করি। আমার কর্মসূচীতে কিছু লেখালেখি বা ফোন করাও অন্তর্ভূক্ত থাকে। এই অনপেক্ষিত সময়ে আমি সেই কাজ গুলি

সেরে ফেলি। জীবনে বিভিন্ন সময়ে বিভিন্ন পরিস্থিতির সাথে চলতে হয়, কিন্তু আমাদের কখনই নিজেদের লক্ষ্যকে ভোলা উচিত না।

লক্ষ্য পূরণের পিপাসাকে তৃষ্ণার্ত রাখবেন না। সর্বদা নিজের উদ্দেশ্য অনুসারে কার্য করার চেষ্টা করুন, হয়তো মাঝপথে আপনার পরিকল্পনা একটু বদলাতে হোতে পারে, সেদিকে লক্ষ্য রাখবেন।

সবদিক বিচার করে যদি নির্ণয় নেওয়া যায় তাহলে তা পরিস্থিতির থেকে অনেক বেশি শক্তিশালী হয়। আমাদের মানসিকতাকে এমনভাবে বিকসিত করতে হবে যা আমাদের সঠিক ও উচিত পথে এগানোর জন্য প্রেরণা প্রদান করবে।

জীবনে চলার পথে যদি আপনার বিমান ধ্বংসও হয়ে যায়, তাহলেও আপনার পা তো আছে, রাতে যখন সবাই নিশ্চিন্তে ঘুমায় তখন সেই পা এগিয়ে যায় নিজের স্বপ্নের দিকে।

"প্রকৃত অর্থে যার কাছে প্রচুর ধন-সম্পত্তি থাকে সে মহান হয় না, যার নাম-যশ আছে সেও মহান নয়। মহান তো সে, যে নিজের আত্মাকে নিজের আদেশানুসারে চালাতে পারে, আর তার জন্য যে মূল্যই দিতে হোক না কেনো সেই ব্যাপারে কখনও কোনো সামঝোতা করে না।"

-রাধাকৃষ্ণন

36

সম্পূর্ণতার ধারণা

আমরা নিজেদের লক্ষ্য পূরণ করতে পারি না বা প্রগতির পথে চলতে না পারার একটা স্পষ্ট ও প্রত্যক্ষ কারণ হল আমরা যা করি তার ওপর আমাদের ভরসা থাকে না। আমরা বুঝতে পারি না যে, এর সাহায্যে আমাদের লক্ষ্য পূরণ হবে কিনা। আমরা নিজেরা নিজেদের চেষ্টার পথে কাল্পনিক বাধার সৃষ্টি করে দিই। আপনি যদি কোনো বিষয়ে, কোনো রকম উদ্দেশ্য ছাড়া কাজ করেন তাহলে অসফলতা ছাড়া কিছুই পাবেন না।

দিনের শুরুতে আমার মাথায় কি কি কাজ করতে হবে তার একটা বিরাট তালিকা থাকে। এর সাথে আছে বহু বাধা যেমন- কখনও কোনো সাক্ষাৎ পার্থী এসে যায় আবার কখনও কোনো ফোন। নিজের সুবিধা অনুসারে আমি এই পরিস্থিতি গুলি নিয়ন্ত্রণ করি।

আগে আমাকে কি করতে হবে, তা আমি খুব ভালো করেই জানি, তাই হাতের কাজ সম্পূর্ণ শেষ না করা পর্যন্ত আমি অন্য কোনো দিকে মন দিই না।

২০১১ সালের ২০ শে সেপ্টেম্বর, মুসৌরিতে এ.আঈ.সী.এস. অফিসারদের একটা সভা ছিল। আমার এক সহকর্মী আমাকে বলে যে, আয়োজন করার কাজ শুরু করতে অনেক দেরি হয়ে গেছে। আমি তাকে বলেছিলাম যে, যেটা আমাদের করতেই হবে তা এক্ষুণি শুরু করে দেওয়া ভালো কারণ এক্ষেত্রে দেরি বলে কিছু

হয় না। আমি তাকে বলেছিলাম একাগ্রতার সাথে নিপুণ ভাবে সম্পূর্ণ কার্য করার চেষ্টা করতে হবে।

সবচেয়ে বড়ো সমস্যা হল, কোনো কাজ শুরু করার আগেই তা কেনো হওয়া সম্ভব না আমরা তা খুঁজে ফেলার চেষ্টা করি। সব বয়সেই স্বপ্ন দেখা যায় ও তা সফল করার চেষ্টা করা যায়।

কত পর্বতারোহী বছরের পর বছর ধরে মাউন্ট এভারেষ্টে ওঠার চেষ্টা করেছিল, শেষপর্যন্ত বিংশ শতাব্দিতে একদল মানুষ এই অসম্ভবকে সম্ভব করে তুলতে সক্ষম হয়েছিলেন। যেটা আমাদের কাছে সম্ভব বলে মনে হয়, কোনো রকম দেরি না করে সেই কাজে হাত দিতে হয়। কথায় বলে, যে নিজেকে সাহায্য করে ভগবানও তাকে সাহায্য করেন। ভগবান আপনার সামনে দাঁড়িয়ে আপনাকে সাহায্য করতে আসবেন না, আপনার মাধ্যমেই তিনি আপনাকে সহযোগিতা করে যাবেন।

যে ব্যক্তির অটল প্রতিজ্ঞা থাকে, যে নিজেকে সাহায্য করার বিষয়ে তৎপর হয়, তার জন্য কোনো কিছুই অনপেক্ষিত হয় না। আপনাকে যেমন কাজ করতে হবে, সেই অনুসারে নিজের মধ্যে শক্তির বিস্তার করাটা খুবই জরুরি।

সবচেয়ে গুরুত্বপূর্ণ বিষয় হল, আমাদের কিছু নির্ধারিত লক্ষ্য পূরণ করার জন্য চেষ্টা চালিয়ে যেতেই হবে। অনেক সময় সম্পূর্ণতা প্রদানের চেষ্টায় আমরা কিছুই করতে পারি না। সম্পূর্ণতা হল সম্পূর্ণ রূপে ভ্রান্ত ধারণা, আপনি যা পেয়েছেন এর জন্য তাও হারিয়ে ফেলতে পারেন।

মানুষ মাত্রই ভুল করে, অসফলতার সম্মখীনতা করে। এই সময় মনে রাখতে হবে যে, আমাদের কাছে আবার নতুন করে কিছু শুরু করার সুযোগ এসেছে। নতুন একটা দিন মানে নতুন করে শুরু সে কথা ভুললে চলবে না। আমরা যা চাই, তা বাস্তবায়িত করার ক্ষমতা আমাদের হাতেই আছে।

গবেষক ও বৈজ্ঞানিকেরা যদি আর একটি সুযোগের সদ্ব্যবহার না করত তাহলে বোধ হয় আমরা প্রস্তর যুগেই পড়ে থাকতাম। প্রতি ব্যক্তির কাছে একটা নতুন করে কিছু শুরু করার বিকল্প থাকে। কখনও কোনো কিছুর জন্য পরাজয় স্বীকার করবেন না। যে ব্যক্তি অন্যদের তুলনায় অনেক বেশি করে সংগঠিত হয়, সেই আরো বেশি করে এগিয়ে যাওয়ার সুযোগ পায়।

সফলতার পথে অপমান, অশ্রদ্ধা ও দোষারোপের বিষ পান করতে হোতে পারে, এই রকম পরিস্থিতির থেকে কিভাবে রেহাই পাওয়া যায়, তার পথ খুঁজতে

হবে। আমি গ্রামের একটা স্কুলে পড়তাম, সেই সময় আমাকে বহু উপহাস সহ্য করতে হয়েছিল। এমনকি কলেজের অধ্যাপকরা পর্যন্ত আমাকে গ্রামের ছেলে বলেই মনে করতেন। আমি কখনই তাদের কথায় কিছু মনে করতাম না, শুধু নিজের পরিশ্রম করে যেতাম।

অথচ যখন আমি অখিল ভারতীয় প্রতিযোগিতায় সফল হয়েছিলাম তখন যে সবাই শুধু অবাক হয়েছিল তাই নয়, তাদের ব্যবহারেও দেখা গেছিল প্রচুর বিনম্রতা।

আমি কখনই নিজেকে জিনিয়াস বলে মনে করি না, কিন্তু নিজের কেরিয়ার গড়ে তোলার জন্য যা যা করতে হয়েছে, তাই তাই করতে আমি কখনও পিছপা হইনি।

আমি জীবনের কাছ থেকে একটা শিক্ষা লাভ করেছি, আর তা হল দৃঢ়তা ছাড়া কিছুই লাভ করা যায় না। একবার আমার এক বন্ধু আমাকে খুব সুন্দর একটা গল্প শুনিয়েছিল - এক ব্যক্তি বহু বছর ধরে ভগবানের সাক্ষাৎ লাভের জন্য উদ্গ্রীব হয়েছিল। ঈশ্বরের সাথে দেখা হওয়ার পর সে এই পৃথিবীর সবচেয়ে ধনী ব্যক্তি হয়ে ওঠার জন্য প্রচুর ধন-সম্পত্তি চায়। ঈশ্বর বলেন - 'পুত্র! জীবনে যা চাও, নিয়ে নাও, কিন্তু কঠোর পরিশ্রম ও সমর্পণের দ্বারা তার মূল্য দিতে হবে।'

এমনকি বুদ্ধিজীবীরাও বলেন যে, জিনিয়াস মানে হল ৯৯ শতাংশ ঘাম আর ১ শতাংশ প্রেরণা। বহু বছরের সংঘর্ষের ফলই হল সফলতা। সফলতা লাভের জন্য ব্যক্তির মধ্যে থাকতে হবে দৃঢ় প্রতিজ্ঞা। আমি অনেক সময় টী.ভী. -র সামনে বসেই কিছু লেখালেখির কাজ করে থাকি, কিন্তু টী.ভী.-র দিকে চোখ যায় না, কারণ আমি দৃঢ়তার সাথে নিজের লেখালেখির কাজটা শেষ করে ফেলতে চাই। এটাই কার্য করার সবচেয়ে ভালো উপায়, এতে করে কার্যের প্রতি একাগ্রতা বৃদ্ধি করা যায়।

> *"মানবতার বিকাসের জন্য সমস্ত সম্প্রদায়ের মানুষকে সাহায্য করা এবং শিক্ষিত করে তোলা খুবই জরুরি, যাতে তার পূর্ণ বিকাস ঘটে আর সে নিজেকে সম্পূর্ণ রূপে অভিব্যক্ত করতে পারে।"*
>
> \- রাধাকৃষ্ণন

37

জীবনকে উপভোগ করতে শিখুন

আমরা যে কাজ করি, তার ভেতরে ডুবে যাওয়াটা খুবই জরুরি। যদি দরকার পরে তাহলে পুরানো উপায় গুলিকেই নতুন ভাবে প্রয়োগ করতে হবে। কোনো নতুন কাজ শুরু করার আগে, সমস্ত দিক খুঁটিয়ে দেখাটা খুবই জরুরি, সেক্ষেত্রে তার ভালো ও মন্দ দুটি দিকই চোখে পড়বে।

কোনো কাজকে খুব ভালো করে করার জন্য ক্রমাগতভাবে সৃজনশীল উপায়ে কার্য চালিয়ে যেতে হবে।

আপনি যদি নিজের কাজের ব্যাপারে কোনো অভিজ্ঞ ব্যক্তি পান তাহলে তার সাথে অবশ্যই পরামর্শ করে নেবেন। জীবনের প্রতিটা ক্ষেত্রকে নতুন দৃষ্টিতে দেখতে শিখুন। আমরা সকলেই নিজেদের জীবনে একটা কাল্পনিক বাধার সৃষ্টি করে থাকি, যাতে কোনো কিছুই সত্য হয় না। মাথায় কখনও কোনো ব্যর্থ চিন্তা আসতে দেবেন না। কাজ করার সময় যাতে আপনার একাগ্রতা ভঙ্গ না হয় সেই দিকে নজর দেওয়াটা খুবই জরুরি।

স্থান অনুসারে প্রত্যেক ব্যক্তির কাজ করার সঠিক পথও আলাদা আলাদা হয়ে থাকে।

নিম্নে একটি কবিতার ভাবার্থ দেওয়া হল, যা আপনার বহু সমস্যার সমাধান করতে সাহায্য করবে।

বিচার যদি ইতিবাচক হয়, তাহলে তাই শব্দ হয়ে ওঠে।

শব্দ ইতিবাচক হলে, সেই শব্দই হয়ে ওঠে ব্যবহার।

ব্যবহার ইতিবাচক হলে; তা আপনার অভ্যাসে পরিণত হয়।

অভ্যাস ইতিবাচক রাখুন, তা হয়ে ওঠে মূল্য।

মূল্য ইতিবাচক থাকলে; তা ভাগ্যে পরিণত হয়।

বিজয়ি হয়ে ওঠার জন্য, প্রতিটা সংকটের মধ্যে সুযোগের সন্ধান করতে হবে। নিরাশাবাদী হবেন না, যার জীবনে আশার কিরণ থাকে না, সে কিছুই করতে পারে না। আশাবাদী বা নিরাশাবাদী, উভয় মানুষই সমাজের প্রতি কোনো না কোনো অবদান রাখতে সক্ষম হয়। আশাবাদী মানুষ যদি প্লেন বানায় তাহলে নিরাশাবাদী বানায় প্যারাসুট।

আমাদের জীবন এতটাই ছোটো যে, এক জীবনে সকলকে বদলানো যায় না, অন্যের নেতিবাচক কথায় কান দেবেন না, নিজের মনে সফলতার প্রদীপ প্রজ্জ্বলিত রাখার চেষ্টা করবেন।

আমরা যতক্ষণ না নিজের সুবিধা জনক গন্ডী অতিক্রম করার চেষ্টা করছি ততক্ষণ পর্যন্ত সফলতা লাভ করা অসম্ভব। কোনো ধারাবাহিক ঐতিহ্যকে অতি সহজে মুছে দেওয়া যায় না, কিন্তু যদি আমরা উদার হয়ে নতুন কিছু চিন্তা ভাবনা গ্রহণ করতে পারি তাহলে সফলতার দিকে এক কদম এগিয়ে যাওয়া যায়। নিজের সমালোচনা উদারতার সাথে গ্রহণ করুন, তাতে করে আপনি নিজেকে বদলে ফেলার সুযোগ লাভ করবেন।

আমরা প্রতিটা মানুষই নিজেদের মতন করে কোনটা ভালো আর কোনটা মন্দ তার বিচার করার চেষ্টা করি, তা নির্ভর করে কোন মানুষটা কোন পরিস্থিতি, কোন সমাজ ও কেমন শিক্ষায় বড় হয়ে উঠেছে তার ওপর। তাই কোনো রকম নির্ণয় গ্রহণ করার আগে যুক্তিপূর্ণ ভাবে বিচার করাটা খুবই জরুরি।

বুদ্ধির সাথে কাজ করে নিজের কাজ ও জীবনকে সফল করে তোলার চেষ্টা করুন। যদি কিছু করতে হয়, তাহলে তা দক্ষতার সাথে করার চেষ্টা করুন। যে কাজই করুন না কেনো, নিজের সমস্ত গুণ উজার করে দেওয়ার চেষ্টা করুন।

নিজেদের ওপর ভরসা রাখতে হবে যে, আমরা জিততে পারি, আর যে একবার জয়ী হয় সে সারাজীবনের জয়ের আসনেই বসে থাকে।

চলার পথে যেমন বাধা আসে তেমনি নিজের লক্ষ্যের পথে চলার সময়তেও বহু বাধার সম্মখীনতা করতে হয়। প্রতিযোগীতায় নামার আগেই নিজেকে বলুন জয় আপনারই হবে। অনেক সময় আমাদের মনে হয় যে, এই কাজ করা আমার

পক্ষে সম্ভব না, যার ফলে আমাদের উৎসাহ একেবারেই নষ্ট হয়ে যায়।

সর্বদাই যে উৎসাহিত, প্রেরিত ও আনন্দিত থাকবেন তার কোনো মানে নেই। তার জন্য আপনাকে ক্রমাগত চেষ্টা চালিয়ে যেতে হবে। নতুন ভাবে কিছু বিচার করতে হবে। আপনার লক্ষ্য যদি উঁচু হয় আর সংকল্প যদি দৃঢ় হয় তাহলে এই পৃথিবীর কেউই আপনার পথে বাধার সৃষ্টি করতে পারবে না। লক্ষ্যের প্রতি নজর দিলে রাস্তার কোনো বাধাই আর আপনার চোখে পড়বে না।

আপনি কি চান, সেটা যেন আপনার কাছে স্পষ্ট থাকে, তার জন্য আপনাকে কি ত্যাগ করতে হবে সেটাও আপনাকে জানতে হবে। আপনি যদি নিজের লক্ষ্য কি তা না জানেন তাহলে সারা জীবন ঘুরেই যাবেন, কখনই গন্তব্যে পৌঁছাতে পারবেন না।

আপনি কোথায় যাবেন, তা জানার পরেই সেখানে পৌঁছানোর সাহস দেখাতে পারবেন। সিঁড়ির কোনো ধাপই বিশ্রাম গ্রহণের জন্য হয় না। তা পরের ধাপে ওঠার পথ মাত্র।

আমরা পিছিয়ে গিয়ে নতুন ভাবে শুরু করতে পারি না ঠিকই, কিন্তু যেখানে আছি সেখান থেকে নতুন ভাবে শুরু করতে পারি। এর জন্য আপনার কাউর অনুমতির প্রয়োজন নেই। সেই সাথে এটাও দেখবেন যে, কেউ যেন আপনার পথে বাধার সৃষ্টি করতে না পারে। যদি কেউ বলে যে, তার কাছে কাজ করার সময় নেই, তাহলে তার কথায় বিশ্বাস করবেন না, কারণ সমস্ত জিনিয়াস মানুষ এই চব্বিশ ঘন্টাতেই নিজেদের কাজ করে থাকে। আপনি নিজের কালটা আরো সুন্দর করে তোলার জন্য আজ কি পদক্ষেপ নিচ্ছেন সেটা বিচার করুন। অনেক সময় আমাদের কাছে কিছু অসম্ভব বলে মনে হয়, তাই আমরা সেই কাজে হাতই দিই না। আপনাকে নিজের ভেতরে অনন্ত ক্ষমতার বিকাস ঘটাতে হবে, এটা ধরে নিতে হবে যে, আপনি সবকিছু করতে পারেন, তখনই কোনো অসম্ভব কাজ আপনার কাছে সম্ভব হয়ে উঠবে।

> ***"সারা বিশ্বের কাছে রবীন্দ্রনাথ ঠাকুর আমাদের দেশের মাথা উঁচু করেছিলেন। প্রকৃতি তাঁকে উদরতার সাথে উপহার দিয়েছে আর কৃপাপূর্বক ভাগ্য প্রদান করেছিল।"***
>
> \- রাধাকৃষ্ণন

38

সরল জীবন উচ্চ বিচার

আমাদের জলালাবাদের বাড়িতে আমার স্বর্গীয় বাবা মহন্ত করতার সিংহ একটা ঘরের দেওয়ালে লিখে রেখেছিলেন যে, 'সরল জীবন উচ্চ বিচার'। আমি কোনো দিন এর অর্থ কি তা বুঝতে পারতাম না, কারণ সেই সময় হেঁটে স্কুল যাওয়া আর হেঁটে বাড়ি ফেরার মধ্যেই আমার জীবনের গন্ডী সীমিত ছিল। জালালাবাদের কোথাও কোনো সাইকেল বা রেডিও ছিল না। আমাদের বাড়িতে প্রথম রেডিও এসেছিল তাই ডাকঘরে আমাদের বাড়ির ঠিকানা ছিল; 'মহন্ত হরভজন সিংহ রেডিয়োওয়ালা।'

আমার কাছে মাত্র দুই জোড়া পোশাক ছিল; একটা পরে থাকতাম আর অপরটা মা ধুয়ে দিতেন। জীবনকে আরামপ্রদ করে তোলার জন্য এর থেকে বেশি কিছুর প্রয়োজন আছে বলেও আমার মনে হয় না। এখন আমার কাছে কত পোশাক পরিচ্ছদ আছে, আমি বলতে পারব না, কিন্তু তা সামলানো খুবই কষ্টকর। জীবনে সম্পত্তি আর জিনিস বৃদ্ধি করা মানে অসুবিধাকে ডেকে আনা। আমরা অনেক সময় এমন জিনিসও কিনে নিই যার কোনো প্রয়োজনই নেই, কিন্তু দোকান বা শোরুমে দেখে সুন্দর লেগেছিল বলে কোনো চিন্তা ভাবনা বা করেই কিনে নিয়ে আসি।

এতে জীবন আরো জটিল হয়ে যায়, কারণ সেই সব জিনিস সামলানোর

দায়িত্ব বৃদ্ধি পায়। এটা ঠিক যে, আমাদের কম্প্যুটার ও ফোনের মতো জিনিস গুলিকে আপডেট করা উচিত, কিন্তু আনন্দের মতো বিষয়ের ক্ষেত্রে আমি বলব, সরল ও ছোটো জীবনই আপনাকে তা এনে দিতে পারে।

জীবন যদি সরল করে তুলতে চান তাহলে অনিবার্য বস্তুর প্রতিই ধ্যান কেন্দ্রিভূত করুন। অনর্থক বিষয় মাথা থেকে ঝেড়ে ফেলতে পারলে আপনার মাথার বোঝা খানিকটা কমবে। জীবন অতি সহজ, কিন্তু হাতে একটু অর্থ এসে গেলেই আমরা এর সহজতাকে নষ্ট করে দিই আর জটিল পথে হাঁটতে শুরু করি। অনেক সময় তো মাসের পর মাস বা বছরের পর বছর কিছু কিনতেই হয়না, আর আমাদের কাছে কি ছিল আমরা তা পর্যন্ত ভুলে যাই।

জীবনের সমস্ত কাজ যতটা সম্ভব সরল ভাবে করার চেষ্টা করতে হয়। কখনও কখনও তো অতি সরল জিনিসকেও আমরা এত কঠিন ভাবে দেখতে শুরু করি যে, পরে নিজেদের মধ্যেই অপরাধ বোধের জন্ম হয়।

সরল জীবন যাপন করার মানে হল আড়ম্বরতা দূর করে নিজের প্রয়োজনের মধ্যেই সীমিত থাকা। আমরা যত পাই ততই চাই, যার ফলে কোনো কিছু নিয়েই প্রসন্নে থাকতে পারি না। কখনও কখনও নিজের ঘর, কম্পানী ও বন্ধুদের দিকে তাকালে নিজের মনটা ভারাক্রান্ত হয়ে ওঠে, তখনই আপনার জীবনে একটা সংকট নেমে আসে।

জীবনে সেই সমস্ত বস্তু গুলি পাওয়ার চেষ্টা করুন, যা আপনার কাছে সবচেয়ে বেশি গুরুত্বপূর্ণ। এইভাবে সরল জীবন যাপন করার জন্য সাহস ও বুদ্ধি দুটি থাকাই খুবই জরুরি।

কোনো এক সময়ে আমারও জিনিস পত্র গুছিয়ে রাখার খুব শখ ছি, কাজের হোক বা অকাজের সব সাজিয়ে গুছিয়ে রাখতাম। আমার কাছে তিনটি টি.ভি. ও তিনটি ভি.ডি.ও. প্লেয়ার আছে, কিন্তু কয়েক মাস সেগুলিতে হাত পর্যন্ত পড়েনি। পাঞ্জাবের জালালাবাদের বাড়িতে তিন-চার মাস অন্তর একবার যাই, তখন এক সপ্তাহের জন্য এই টি.ভি.-র ব্যবহার হয়, তাতেও আমি খুব একটা আনন্দ পাই না।

অন্যদিকে মাঝে মধ্যেই এইগুলি পরিষ্কার-পরিচ্ছন্ন করতে হয়। যেকোনো ব্যক্তি একবারে একটাই টি.ভি. বা ডিভিও দেখে থাকে তার চেয়ে বেশির প্রয়োজন হয় না। আপনার ঘরের চারদিকে তাকিয়ে দেখবেন, সেখানে কত অপ্রয়োজনীয় জিনিস আছে। আমাদের মন নিয়ন্ত্রণে থাকে না বলেই আমাদের ঘরে অনাবশ্যক

জিনিস সংগ্রহীত হোতে থাকে। এই মানসিকতা দূর করতে পারলে অনাবশ্যক জিনিসের হাত থেকে রেহাই পাওয়া যেতে পারে।

জীবন যাপন যদি সরল না হয় তাহলে আপনার বিচারধারা উচ্চ হবে কিভাবে? নতুন বিচার-ধারা গ্রহণ করার এবং ইতিবাচক মনোভাব বিকসিত করার জন্য পঠন-পাঠনের থেকে বড়ো আর কোনো উপায় হোতেই পারে না। প্রচুর সংঘর্ষ করার পরেই মহান ব্যক্তিরা মহান হওয়ার সুযোগ পেয়েছেন, তাঁদের জীবনী আপনাকে প্রেরণা প্রদান করবে। বিংশ শতাব্দীর পর থেকেই আত্মকথার প্রচলন দেখা গেছিল, কারণ মহাপুরুষরা তাঁদের জীবনে এতই ব্যস্ত থাকতেন যে, নিজের জীবনী লিপিবদ্ধ করার সময় তাঁরা পেতেন না।

এছাড়া তাঁরা কখনই নিজেদের মহান বলে মনেই করেননি তথা সেই সময় তাঁরা নিজেদের বুদ্ধি অনুসারেই কাজ করেছিলেন।

এছাড়া আমাদের প্রত্যেকের জীবনেই এমন কিছু গোপনীয়তা থেকেই যায় যা আমরা কখনও ভুলতে পারি না আর তা কাউর সামনে প্রকাশও করতে চাই না। আমার নিজের আত্ম জীবনী 'উইদাউট ফীয়ার অর ফেবার' -এর জন্যও এই কথাটি সমান ভাবে প্রযুক্ত।

বুদ্ধদেব, ভগবান রাম, মহাবীর, সিখ গুরু গুরুনানাক এবং গুরু গোবিন্দ সিংহের সম্পর্কে বহু কিছু লেখা হয়েছে। তাঁদের সমকালিন ইতিহাসের সাহায্যেই সেই সব গ্রন্থ গুলি লেখা হয়েছিল। সমস্ত ধর্ম গ্রন্থই আমাদের বহু প্রেরণা প্রদান করে থাকে। যখনই আমি টেনশান বোধ করি তখনই মহাপুরুষদের বাণী আমাকে পথ দেখায়। এই জীবনে আমাদের একটাই উদ্দেশ্য, আর তাহল নিয়মিত সময়ে নির্ধারিত কাজ করে নেওয়া।

আমাদের নিজেদের প্রতিভার সম্পূর্ণ সদ্ব্যবহার করতে হবে, যাতে করে ঈশ্বরের সামনে গিয়ে বলতে পারি যে, আপনি আমাকে যে প্রতিভা দিয়েছিলেন আমি তার অমর্যাদা করিনি। একটা কথা মনে রাখবেন যে, কোনো কারণ না থাকলে জীবন প্রভাবহীন হয়ে পড়ে। আমাদের জীবন হল একটা টাকার মতো, আপনি একবারই নিজের ইচ্ছানুসারে তা ব্যয় করতে পারবেন। আমরা যেমন চেয়েছি আমাদের জীবন ঠিক সেইভাবেই গড়ে উঠেছে। তাই আনন্দের সাথে জীবন অতিবাহিত করার জন্য উচ্চ বিচারই হয়ে ওঠে জীবনের মূলমন্ত্র।

39

কিছু করে দেখাতে হবে

অতীতে কোনো কাজ না করা হলে, তা নিয়ে যদি আপনি ব্যর্থ অনুতাপ করেন, তাহলে শুধুমাত্র আপনার সময়ই নষ্ট হয়, আর কিছুই পাওয়া যায় না। আমরা সেই কাজ সম্পূর্ণ করার চেষ্টা না করে, তা নিয়ে আফসোস করতে থাকি। আমাদের নিজেদের এই প্রবৃত্তি ত্যাগ করতে হবে। জীবনের প্রতিটা ক্ষণের সদ্ব্যবহার করুন।

একটা ফাঁকা সময়ে আপনি কি কাজ করবেন তারও তালিকা বানিয়ে নিন। কিছুদিন আগে, দুবাইয়ের এক অনুষ্ঠানে গিয়ে আমি জানতে পারি যে, স্থানিয় অতিথিদের আসতে একটু দেরি হবে। সেই ফাঁকা সময়ে আমি বসে না থেকে নিজের ব্ল্যাকবেরী ফোনে ই-মেলের জবাব দিতে শুরু করেছিলাম। এই কাজ শেষ করার পর আমি নিজের ব্যায়াম সেরে নিই, কারণ তখনও পর্যন্ত আমার তা করা হয়নি। ছোটো-ছোটো কাজ গুলি করে নিতে পারলেও অধিক সময় বাঁচানো যেতে পারে।

আমরা কিভাবে সময় অতিবাহিত করছি, সেই দিকে আমাদের ধ্যান দেওয়াটা খুবই জরুরি। সময় পেলেই ছোটো-ছোটো কাজ গুলি সেরে ফেলবেন। আমি গাড়িতে যাওয়ার সময় মিস্ কলের নম্বর গুলিতে ফোন করে কথা বলে নিই।

নিজের প্রাইম সময়টা যাতে গুরুত্বপূর্ণ কাজের পিছনে ব্যয় করতে পারি সেই কারণেই আমি এমন ভাবে চলি। যে মানুষেরা আমাদের জীবনকে আরো

উন্নতির দিকে নিয়ে যেতে পারে, আমাদের সেই রকম মানুষদের সাথেই চলাচল করা উচিত। আপনি জীবনে কি করবেন তা আপনাকে নির্ধারিত করতে হবে, কিন্তু তার প্রতিক্রিয়া অন্যদের ওপরেও পড়বে সেটা ভুলে যাবেন না। কি ধরনের ব্যক্তিদের থেকে আমাদের দূরে থাকা উচিত সেটা আমাদের বুঝে নিতে হবে।

ভারতে আমাদের প্রত্যেকের সাথে ভালো ব্যবহার করে মিলেমিশে থাকতে শেখানো হয়। শুধু সংযুক্ত পরিবারের সদস্য নয়, দুঃসম্পর্কের আত্মীয়দের সাথেও মিলেমিশে থাকতে বলা হয়। কিন্তু আপনার জীবনের লক্ষ্যে পৌঁছানোই যদি আপনার একমাত্র আনন্দের কারণ হয় তাহলে তার জন্য আপনাকেই আপ্রাণ চেষ্টা চালিয়ে যেতে হবে।

যেটা আপনার সঠিক বলে মনে হয় সেটা করুন, অন্য কাউকে নকল করার চেষ্টা করবেন না। যদি কেউ আপনার সাথে চলতে না চায় তাহলে তার পিছনে দৌড়ে সময় নষ্ট করবেন না, কারণ আপনাকে সঙ্গ দেওয়ার বহু লোক আপনি পেয়ে যাবেন। সর্বদা নিজের মনের কথা শুনুন আর তার ওপর ভরসা রাখুন।

অনেক সময় দেখবেন যে, আপনার অন্তরাত্মাই আপনাকে সঠিক পথের সন্ধান দিয়ে দিয়েছে। ঈশ্বরের প্রদত্ত এই জীবনকে ব্যর্থ অতিবাহিত করার বদলে তা সার্থক করে তোলার চেষ্টা করুন। জীবনে কাউকে রোল মডেল বলে চিহ্নিত করাটা খুবই জরুরি, তাই নিজের পছন্দের লোকের সাথে চলার চেষ্টা করুন।

বিজয়ী হওয়ার একমাত্র উপায় হল কঠোর পরিশ্রম, যার কোনো বিকল্প নেই। অসফল হওয়ার পরে আপনার কাছে হাজার বাহানা থাকতে পারে কিন্তু কোনো কিছু নিয়ে শুধু পরিকল্পনা করে কোনো লাভ হয় না, তার জন্য সেই অনুসারে পরিশ্রমও করতে হয়।

কিছু লোক শুধু সফল হওয়ার স্বপ্ন দেখে যায় আর কিছু লোক তা সার্থক করে তোলার জন্য কঠোর পরিশ্রম করে। আমরা যদি সম্পূর্ণ আশা ও উৎসাহ নিয়ে পদক্ষেপ ফেলি তাহলে অসফল হওয়ার কোনো প্রশ্নই ওঠে না।

সমান উৎসাহ ও যশে ঘন্টার পর ঘন্টা কোনো মানুষই কাজ করতে পারে না। সমস্ত মানুযের জন্যই এই কথা সমান ভাবে সত্যি। আমি টী.ভী. দেখে, বা চুটকি পড়ে বা খবর শুনে মনের হতাশা দূর করে থাকি।

আপনি কোন সময়ে সম্পূর্ণ স্ফূর্তী ও উৎসাহের সাথে কাজ করতে পারবেন, তা আপনাকেই ঠিক করতে হবে। পেট ভরে খাওয়ার পর আমার একদম কাজ করতে ইচ্ছা করে না। তখন আমি একটু বিশ্রাম নেওয়াটাকেই ঠিক বলে মনে করি।

আমরা প্রত্যেকেই নিজেদের শরীরের ছন্দ জানি, কোনো কোনো কাজ তো আমরা অভ্যাস বশতই করে থাকি তার জন্য কোনো সজাগ প্রয়াসের প্রয়োজন হয় না। লক্ষ্য প্রাপ্তির জন্য আমাদের প্রতিদিনই কোনো না কোনো কাজ করতেই হয়। সারাদিন আপনি নিজে একটা কথা মনে রাখবেন যে, নিরর্থক বাজে কথা বলে সময় নষ্ট করবেন না। টী.ভী. দেখতে গিয়ে বা বিভিন্ন ওয়েবসাইটে চোখ বোলাতে গিয়ে নিজের প্রাইম সময় যাতে নষ্ট না হয়ে যায় সেই ব্যাপারে আমিও যথেষ্ট সচেতন থাকি।

যখনই কোনো কাজ করবেন তখনই তার সাথে সম্পর্কিত উদ্দেশ্য গুলির কথা মনে রাখবেন। সফল ব্যক্তিদের নিজেস্ব লক্ষ্য ও উদ্দেশ্য থাকে।

কোনো সাধারণ প্রতিভা সম্পন্ন উচ্চাকাঙ্ক্ষী তথা স্ট্যান্ডার্ড শিক্ষিত লোকের লক্ষ্য যদি খুব স্পষ্ট হয় তাহলে কোনো বুদ্ধিমান মানুষের থেকে সে অবশ্যই আগে এগিয়ে যেতে পারে। আমরা যা করি, তার ওপর সম্পূর্ণ রূপে ফোকাস করাটা খুবই জরুরি।

"একজন প্রকৃত বন্ধুর সামনে অধম থেকে অধমতর ব্যক্তিও নিজের হৃদয় উজার করে দেয়, আর এইভাবেই সে সান্ত্বনা লাভ করে থাকে। প্রকৃত বন্ধু কঠোর বাস্তবিকতার সম্মখীনতা করতে ভয় পায় না, বরং সে তা যথার্থ রূপে দেখানোর চেষ্টা করে।"

\- রাধাকৃষ্ণন

40

এক সফল বিবাহ

বিবাহ হল এমন একটা সংস্থা, যা জীবনে বহু উত্থান পতন হওয়া সত্ত্বেও চলতেই থাকে। যেকোনো অন্য বিষয়ের মতো এই সংস্থাও উভয়ের নিপুণতার ওপরেই নির্ভর করে টিঁকে থাকে। একটা সফল সম্পর্ক গড়ে তোলার জন্য উভয় তরফের প্রয়াস অনিবার্য।

নিম্নলিখিত বিষয় গুলির দিকে ধ্যান দিলে আপনি তা সরল করে তুলতে পারবেন ঞ্জ

সাধারণত আমরা সকলেই এটা প্রমাণ করতে চাই যে, আমি সবচেয়ে ভালো আর যে কোনো দোষ আমরা অন্যের কাঁধে চাপিয়ে দিই। যখন আমরা আমাদের সাথীর ওপর কোনো দোষ চাপিয়ে দিই তখন বদলে আমরাও তাই পাই। যেকোনো ক্রিয়ার একটা সমান ও বিপরীত মুখী প্রতিক্রিয়া থাকে।

যখন আপনার সঙ্গী সমস্যায় বা চিন্তার মধ্যে থাকবে তখন সে আপনার সাথে খারাপ ব্যবহার করে ফেলতে পারে, তখন আপনি তার ওপর রাগ না দেখিয়ে শুধু তাকে বলুন ঞ্জ ক্ষমা করে দাও, দেখবেন তার মন শান্ত হয়ে যাবে আর রাগ উবে যাবে।

আপনি যত যুক্তিই দেখান না কেনো, দোষারোপ করে কোনো ফলই পাওয়া যায় না। যদি একে অপরের জন্য মনে বিদ্বেষ থাকে তাহলে যেকোনো সময় বিবাদ শুরু হয়ে যেতে পারে।

বাড়িতে বা বাইরেও আপনারা কাঁধে কাঁধ মিলিয়ে কাজ করবেন এই বিষয়ে দুজনেই প্রতিজ্ঞাবদ্ধ থাকাটা খুবই জরুরি। জীবন থেকে ব্যঙ্গ ও সমালোচনাকে দূরে সরিয়ে ফেলতে হবে। যদি আপনাদের মধ্যে কোনো খারাপ বা অনুচিত ঘটনা ঘটে যায় তাহলে তা দূর করার জন্য সঠিক পদক্ষেপ গ্রহণ করুন। একটা সফল বিবাহ দয়া, শিষ্টতা, সহানুভূতি এবং উদারতা কামনা করে। নিজের সঙ্গীর আবেগ, মনের অবস্থা, বিচার-বিবেচনার ব্যাপারে সংবেদনশীল থাকুন।

আধুনিক ব্যস্ত জীবনে হয়তো আপনি আপনার সাথিকে সময় দিতে পারছেন না। আমি আর আমার স্ত্রী সপ্তাহে অন্তত একবার দুজনে কোথাও না কোথাও ঘুরতে যাই, হয়তো দুকাপ কফি খেয়ে আসি বা বাজার থেকে কিছু কিনে নিয়ে আসি। যদি সময় খুব কম থাকে তাহলে দুজনে একসাথে দুকদম হাঁটতেও তো পারেন।

বাচ্চাদের সাথে সম্পর্কিত বা সংসারের বিষয়ে দুজনে একসাথে আলোচনা করুন। আপনার সাথীকে সময় দেওয়াও আপনার দায়িত্বের মধ্যেই পড়ে। যাই হয়ে যাক না কেনো, অন্যদের সামনে কখনও তর্ক করবেন না। কখনও নিজের সাথীকে অপমান করবেন না বা একে অপরের পরিবার নিয়ে কোনো কথা বলবেন না।

রাতে শোয়ার সময় কোনো রকম রাগ দেখাবেন না, ছোটোখাটো অহং বোধকে দূরে সরিয়ে ফেলুন। তিল থেকে তাল গড়ার চেষ্টা করবেন না। যদি ঝগড়া করতে ইচ্ছা করে তাহলে আগামী দিনে তার কি প্রভাব পড়তে পারে তা নিজেকে জিজ্ঞাসা করুন। তর্কে জয়ের আনন্দ আপনার বিবাহিত জীবনকে নিরানন্দ না করে দেয়।

প্রত্যেক ব্যক্তির সহ্য করার একটা ক্ষমতা থাকে, তা ভুললে চলবে না। কোনো ব্যক্তিকে সেই সীমায় নিয়ে যাবেন না। যদি সেই সীমা লঙ্ঘিত হয়ে যায় তাহলে বিরাট সমস্যার সৃষ্টি হয়ে যেতে পারে। নিজের কাজের পদ্ধতি অন্যের ওপর চাপিয়ে দেওয়ার চেষ্টা করবেন না। কাউকে বিয়ে করার মানে তাকে চালনা করার বা চেপে ধরার অধিকার পাওয়া নয়।

নিজের সঙ্গীকে সম্মান করতে শিখুন, তবেই পরিবর্তে আপনিও সম্মান লাভ করবেন। শুধু যে নিজেদের মধ্যের ঝগড়ার সমস্যা মেটাবেন তাই নয়, একে অপরকে ক্ষমা করে সমস্ত তিক্তোতা দূর করার চেষ্টা করুন। অতীতের প্রসঙ্গ বারংবার টেনে এনে বিবাহের মতো পবিত্র বন্ধনকে অপবিত্র করে তুলবেন না।

নিজেদের মধ্যে আলোচনার পথ বন্ধ করবেন না, তাহলে কখনই কোনো

তর্ক-বিতর্ক বা ঝগড়ার সমাধান করতে পারবেন না। আলোচনা না করলে আপনি কোনো পদক্ষেপ কেনো গ্রহণ করছেন তা আপনার সাথীকে বোঝাবেন কিভাবে? সম্পূর্ণ আশা ও ভরসার সাথে নিজেদের সম্পর্ককে জীবিত রাখতে হবে। সামঝোতা আমাদের প্রত্যেককেই করতে হয়। জীবনের অপর নাম হল দেওয়া ও নেওয়া। কোনো মানুষই কখন সম্পূর্ণ হোতে পারে না। দোষে গুণে মানুষ তৈরি হয়, তাই নিজের সাথীর গুণের সাথে সাথে তার দোষটাও গ্রহণ করতে শিখুন। আপনার আনন্দের জন্য আপনার সাথী যদি ছোট্টো একটা পদক্ষেপও গ্রহণ করে তাহলেও তার প্রতিটা পদক্ষেপের জন্য তাকে প্রশংসা করুন। তাকে বোঝান যে আপনার কাছে সে কতখানি মূল্যবান, আপনার জীবনের কতটা অংশ জুড়ে সে বিরাজ করছে তা অনুভব করান।

> *"সর্বদা খেয়াল রাখবেন যে আপনার জীবনে একটা নিশ্চিত লক্ষ্য থাকা খুবই জরুরি। লক্ষ্য প্রাপ্তির জন্য জ্ঞান সঞ্চয় করতে হয়, কঠোর পরিশ্রম করতে হবে আর কোনো সমস্যা আসলে আপনি তা পরাজিত করুন তবেই সফল হোতে পারবেন।"*
>
> \- কলাম

41

সফলতা লাভের পরম রহস্য

কিছু লোক অন্যদের তুলনায় অনেক বেশি সফল হয়, আর এর কারণ কি তা নিয়ে আমাকে বহুবার প্রশ্ন করা হয়েছে। তারা কি অধিক বুদ্ধিমান, চতুর, জিনিয়াস নাকি বেশি পরিশ্রমি? তারা কি বেশি ঝুঁকি নিতে পারে নাকি শক্তিশালী বন্ধু তাদের সফল হয়ে উঠতে সাহায্য করে?

জীবনে সবচেয়ে গুরুত্বপূর্ণ বিষয় হল, আপনি কোনো ঘটনা বা কোনো বস্তুকে কি নজরে দেখছেন। কোনো বিশেষ ঘটনা বা ব্যক্তির মূল্যাঙ্কন কিভাবে করা হয়? যত বাধাই আসুক না কেনো, জীবনের লক্ষ্য ও সফলতা পাওয়ার উদ্দেশ্য থেকে এক বিন্দুও সরে যাবেন না। আশেপাশের পরিবেশ নেতিবাচক হোতেই পারে কিন্তু তার জন্য আপনি নেতিবাচক মনোভাব পোষণ করবেন না।

সর্বদা অসফলতার কথা না ভেবে সফলতার কথা ভাবা উচিত। 'করতে পারব না' বা 'করব না' এই ধরনের কথা গুলি আমাদের নিচের দিকে টেনে নিয়ে যায়। সর্বদা নিজের ওপর দয়া দেখাবেন না। আত্মদয়ার মনভাব কাটিয়ে উঠে মনকে আশাবাদ, সৃজনশীলতা বা প্রেরণাদায়ক প্রবৃত্তির দিকে নিয়ে যান। কথাবার্তা বলার সময় 'অসম্ভব' বা 'হোতেই পারে না' এই ধরনের শব্দের প্রয়োগ করবেন না। এই ধরনের শব্দ গুলিকে জীবনের শব্দকোষ থেকে বার করে দিন।

নিজের ভেতরে বিশ্বাস উৎপন্ন করুন, সর্বদা নিজেকে বলুন পরিস্থিতি যেমনি হোক না কেনো শেষে জয় আপনারই হবে। যদি গম্ভীরতার সাথে এই কথা মেনে

চলতে পারেন তাহলে যেকোনো কঠিন পরিস্থিতির থেকে নিজেকে মুক্ত করতে পারবেন। সর্বদা যে সফলতা পাবেন তার কোনো মানে নেই কিন্তু আপনি নিজেকে এটা তো বলতে পারবেন যে, আপনি সম্পূর্ণ চেষ্টা করেছিলেন। আর এই কথাই আপনাকে প্রসন্নতা দান করবে।

মনে রাখবেন যে মানুষ কখন নেতিবাচক কথা ভাবে না সেই মানুষের জীবনেই ইতিবাচক ঘটনা ঘটে। ইতিবাচক মনোভাব থাকলেও সর্বদা একশো শতাংশ সফলতা পাওয়ার আশা করা উচিত না, কিন্তু আশা থাকার মানে হল অসফলতার সময়তেও আপনার মনে হবে সমানের বার সব ঠিক হবে।

আপনি যাই করুন না কেনো, তা যেন আপনার লক্ষ্য বা স্বপ্নের অংশ হয়। অনেক সময় আমাদের লক্ষ্য প্রথম নজরে অসম্ভব বলে মনে হোতে পারে কিন্তু খেয়াল রাখবেন তা যেন আপনার নজরের বাইরে চলে না যায়। লক্ষ্যের উদ্দেশ্য হল আমাদের ধ্যান যেন ভঙ্গ না হয়।

লক্ষ্য একটা চুম্বকের মতো কাজ করে। তা আমাদের নিজেদের উদ্দেশ্যের প্রতি কেন্দ্রীভূত রাখে। নিজের লক্ষ্যকে কোনো কাগজের ওপর লিখে কোথাও টাঙিয়ে দিন, যাতে আপনার চোখে তা বারংবার পড়ে। মাথায় কিছু বসাতে গেলে তা নজরের বাইরে যেতে দেবেন না। আপনি নিজের উন্নতির রেকর্ড রাখার চেষ্টা করুন, তাতে করে নিজের লক্ষ্যের দিকে এগাতে সুবিধা হবে।

উদ্দেশ্যই আমাদের জীবনে পথ দেখাতে সাহায্য করে। সেই আপনার স্পষ্ট থাকাটা খুবই জরুরি। আপনার লক্ষ্যের জন্য আপনার আবেগ, মূল্যবোধ, ইচ্ছা, মানসিক পরিস্থিতি এবং ব্যক্তিত্ব প্রতিবিম্বিত্ব হয়। তা আপনার জীবনশৈলীর অনুরূপ হোতে হবে। এই লক্ষ্য একেবারেই আপনার, তা অন্য কাউর নয়।

আমাদের লক্ষ্যের দিকে ধ্যান দিতে হবে, অন্যকোনো বিষয় যেন তা আচ্ছাদিত করতে না পারে।

লক্ষ্য পর্যন্ত পৌঁছানোর জন্য একটা পরিকল্পনা গড়ে তোলা খুবই জরুরি, আপনি কোন পথে যাবেন তা আপনাকেই ঠিক করতে হবে। পরিকল্পনা ছাড়া পথে হাঁটা অসম্ভব। লক্ষ্য ছাড়া পদক্ষেপ গ্রহণ করার মানে হল, ব্যর্থ নিজের সময় নষ্ট করা। সত্যি বলতে কি আমাদের মধ্যে অনেকেই এটা জানে না তাদের লক্ষ্য কি, আর তার জন্য কি করা উচিত। এর উত্তর হল - নিজের চিন্তাধারাকে স্পষ্ট করুন, সম্ভব হলে শুভ চিন্তকদের মতামত নেওয়ার চেষ্টা করুন।

আমাদের পক্ষে সবকিছু জানা সম্ভব না, এই কথা আমাদের স্বীকার করে

নিতেই হবে। এই রকম ক্ষেত্রে বিশেষজ্ঞদের সাথে পরামর্শ করলে বিশেষ রূপে সুফল লাভ করা যায়।

কোনো বিষয় সম্পর্কে সঠিক জ্ঞান না থাকলে আমি বিশেষজ্ঞদের জিজ্ঞাসা করতে সংকোচ বোধ করি না। এতে যে কেবল সময় বাঁচে তাই নয়, আমি দ্রুত গতিতে নিজের উদ্দেশ্যে পৌঁছাতে সক্ষম হই। সঠিক পদক্ষেপ নিতে না পারলে লক্ষ্য ব্যর্থ হয়ে যাবে। তখন সবই নিরর্থক হয়ে যায়। অনেক সময় আমরা অসফল হয়ে যাব এই ভয়ে পদক্ষেপ গ্রহণই করি না। এমন কোনো ভয় আপনি নিজের ওপর চেপে বসতে দেবেন না। পা বাড়ান, আর লেগে পড়ুন। পরিশ্রমের কোনো বিকল্প হয় না।

"আপনার বোঝা উচিত যে, হৃদয়ের শুদ্ধতাই আপনার চরিত্রকে সুন্দর করে তোলে, চরিত্র সুন্দর হলে তবেই সংসার সুখের হয়ে ওঠে; সংসার সুন্দর হলে রাষ্ট্রের মধ্যে একতার ভাব গড়ে ওঠে আর রাষ্ট্র সুব্যবস্থিত হলে বিশ্বে শান্তি স্থাপিত হয়।"

-কলাম

42

স্বার্থ ও বাহানা ত্যাগ করে কিভাবে জীবন যাপন করবেন

সাধারণত আমরা যখনই কোনো জটিলতার মুখে পড়ি তখনই সমস্ত দোষ ভাগ্যের ওপরে চাপিয়ে দিই। এটা ভুলে যাই যে, ভাগ্য আমাদের চরিত্র, আবেগ, ভুল ও দুর্বলতার প্রতিধ্বনি।

সর্বদাই ঈশ্বর আমাদের কোনো না কোনো প্রতিভা প্রদান করেন, যেমন ধরুন ভালো কণ্ঠ বা স্মরণশক্তি। অন্যদিকে একটা সুন্দর চরিত্র গঠনের দায়িত্ব আপনার নিজের। সম্পূর্ণ সাহস, নিষ্ঠা এবং সমর্পণের দ্বারা জীবনে যেকোনো কাজ করা সম্ভব, তার থেকেই ধীরে ধীরে আমাদের চরিত্র গড়ে ওঠে। আমাদের চিন্তাধারা, আমাদের জীবন যাপনের পদ্ধতি প্রভৃতি সবই আমাদের চরিত্রের অংশ। তা আমাদের সঠিক ক্ষমতার প্রতিবিম্ব।

বংশানুক্রমে চরিত্র লাভ করা যায় না। নিজের প্রতিদিনের কাজ ও চিন্তার দ্বারা তা গড়ে তুলতে হয়।

এখন প্রশ্ন হল, ভাগ্য গঠনকারী চরিত্রের বিকাস কিভাবে করা যেতে পারে। আমাদের জীবনে কিসের মান্যতা অধিক তা সবার আগে ঠিক করতে হবে, আর তার থেকে কি পেতে চাই সেটাও দেখতে হবে। এটা জাহাজের সেই রেডারের মতো, যা আমাদের গন্তব্যের দিকে ইশারা করে।

আপনার চরিত্র আপনার পছন্দ মতো বা ইচ্ছা অনুসারে গড়ে ওঠে না। তা একটা মূর্তীর মতো গড়তে হয়। কোনো শিল্পী যেমন একটা পাথরের খন্ডকে মূর্তীতে পরিণত করে তেমনি সেইভাবে আপনাকে নিজের চরিত্র গড়ে তুলতে হবে। আপনাকে ক্রমাগত আঘাত করে নিজের চরিত্র গড়ে তুলতে হবে। আপনি নিজের সম্পর্কে যাই বলুন না কেনো, তা বিশ্বাসযোগ্য হোক বা না হোক, তাতে কিছু যায় আসে না, আপনার পরিচয় হয়ে ওঠে আপনার চরিত্র।

আয়নায় নিজের প্রতিবিম্ব দেখে 'আমি এমন দেখতে কেনো'- এই বলে যদি আয়নাকে দোষারোপ করতে থাকি তাহলে কোনো লাভ হয় কি, ঠিক তেমনি যদি চরিত্রের দুর্বলতার জন্য আমরা পরিস্থিতিকে দোষারোপ করি, তাহলে কোনো সমাধানই পাব না।

আপনি লোকচক্ষুর অন্তরালে যে কাজ করেন, সর্ব সম্মখে যদি সেই কাজ করতে পারেন তবে সেটাই হবে আপনার প্রকৃত সাহসের পরিচয়। একটা অতি পরিচিত কথা আছে - কর্ম করুন আর অভ্যাসের ফসল কাটুন; অভ্যাস করুন আর চরিত্রের ফসল কাটুন; চরিত্র গড়ুন আর ভাগ্যের ফসল কাটুন।

পরিস্থিতিকে দোষারোপ করার পরিবর্তে নিজেকে নতুন ছাঁচে ঢালাই করে নিতে হবে। আমাদের নিজেদের অভ্যাস চালিয়ে যেতেই হবে। জীবনের দৈর্ঘ্য মাপা আমাদের পক্ষে সম্ভব না, কিন্তু চারিত্রিক বিকাসের দ্বারা তার প্রস্থ, গভীরতা এবং উচ্চতা তো নিয়ন্ত্রণ করা যেতেই পারে।

বাস্তবে, দৃঢ়তার সাথে নিজের উচ্চতম মূল্যবোধকে ধরে রাখতে পারলে আমরা অন্তহীন উপলব্ধি পেতে পারি। চরিত্রের জন্যই আমরা অন্যদের কাছ থেকে শ্রদ্ধা ও সম্মান লাভ করে থাকি। ভিত যদি দুর্বল হয় তাহলে তার ওপর কখনই একটা বড়ো বাড়ি তৈরি করা যায় না, তেমনি দুর্বল চরিত্র কখনই কোনো বিশেষ উপলব্ধি অর্জন করতে সাহায্য করে না। লোকেদের মনে আমাদের চরিত্রেরই প্রতিফলন থেকে যায়।

জীবন হল একটা টাকার মতো, চরিত্রিক বলের সাহায্যে আমরা তা অর্জন করতে পারি, আর তা ব্যয় করার সুযোগ একবারই আসে। সর্বদাই তা হয়ে চলেছে, আর হোতে থাকবে।

জীবনে একটা সুযোগ, আপনার জীবনে এনে দেয় এক সুন্দর মুহূর্ত; সম্পূর্ণ সন্তুষ্টির সাথে জীবন যাপন করাও এক বিশেষ কলা। আমাদের নিজেদেরই সেটা শিখতে হবে।

ফাইনাল কপি প্রস্তুত না হওয়া পর্যন্ত বারংবার নমুনা তৈরি করতে হয়। চরিত্রের দিক দিয়ে ধনী ব্যক্তি কখনও কাউকে ভয় পায় না, কারণ তার কাছে লোকানোর মতো কিছুই থাকে না। আপনি চারিত্রিক বলের দ্বারা, সততার মাধ্যমে যা করবেন, সেখানে লোকানোর মতো কিছুই থাকবে না। ভয় ও বাধাকে জয় করতে পারলে তবেই চিরবাঞ্ছিত স্বপ্ন সার্থক করা যায়। এইভাবে আপনি নিজে নিজের ভাগ্যকে নির্মাণ করতে পারবেন। চরিত্র নির্মাণের প্রক্রিয়া ক্রমাগত চলতে থাকে, আমাদের কর্ম শুধু যে চরিত্রকে প্রকটিত করা তাই নয়, বরং তার আকারও গড়ে তোলে।

চরিত্র গঠনের এই প্রক্রিয়া আমাদের রোল মডেলের সাথেও সম্পর্কিত থাকে। আপনি যাকে চোখে দেখছেন সেই আপনার রোল মডেল হয়ে উঠবে এমন নয়, কোনো আত্ম জীবনীও হয়ে উঠতে পারে আপনার নিজেকে গড়ে তোলার প্রেরণা।

আপনার জীবনের আদর্শ ব্যক্তিকে খুঁজে নেওয়ার আগে তার সম্পর্কে পড়ুন বা জানুন, তার প্রতিটা বিষয়ের ওপর গুরুত্ব দিতে শিখুন। চরিত্র বিকসিত করার কোনো সুযোগই ছাড়া উচিত না। আমাদের চরিত্র যত ভালোই হোক না কেন, সর্বদা তাকে শ্রেষ্ঠ করে তোলার সুযোগ আপনি পাবেনই।

চরিত্র বিকাসের মধ্যে দিয়েই আমাদের ভাগ্য গড়ে ওঠে। এছাড়া জীবনে সফলতা অর্জন করার জন্য অন্যের সাহায্য পাওয়াটাও খুবই জরুরি। আপনি যদি নিজের কথা রাখতে পারেন তাহলে অবশ্যই সাহায্য লাভ করবেন। আমাদের মুখের কথার চেয়ে আমাদের কর্ম অনেক বেশি শক্তিশালী হোতে হবে।

পবিত্র উপনিষদে বলা আছে ঃ

আপনি তাই, যা আপনার গভীরত ইচ্ছা।

আপনার ইচ্ছাই, আপনার সংকল্প।

যা সংকল্প, সেটাই আপনার কর্ম।

যা কর্ম, সেটাই আপনার ভাগ্য।

অন্যভাবে বলা যায়, আপনার চরিত্রই আপনার ভাগ্য নির্মাণ করে থাকে। আমাদের তা পেতে হবে, প্রতীক্ষা করে নয়, সেই অনুসারে কর্ম করে।

আমরা নিজেরাই নিজেদের সমস্ত সমস্যা তৈরি করে থাকি। তা আমরা সমাধান করতে পারি। মানুষের ভাগ্যে এমন কোনো সমস্যা লেখা থাকতে পারে না, যা তার ক্ষমতার বাইরে। এমন কোনো পরিস্থিতি নেই যা নিয়ন্ত্রণ করা যায় না। সত্যি বলতে কি, আমাদের ভাগ্য আর পরিস্থিতির নিয়ন্ত্রক আমরাই।

43

গুরুত্বপূর্ণ কি?

এই পৃথিবীতে কেউ বা কোনো কিছুই সম্পূর্ণ নয়। এই পৃথিবীর প্রতিটা মানুষ যদি সম্পূর্ণ হোত তাহলে শুধরানোর বা পরিবর্তনের কোনো প্রশ্নই আসত না। যেকোনো পরিস্থিতি বা জিনিসকে আরো ভালো করা যায়, আর তা আমরা সকলেই জানি। নিজের কাজ বা জীবনকে কিভাবে শ্রেষ্ঠ করে তোলা যায়, তা আমাদের ওপরেই নির্ভর করে। অন্য কেউ আমাদের জন্য এই কাজ করে দেবে না।

কর্ম, পরিবাব বা জীবনের জন্য সবচেয়ে গুরুত্বপূর্ণ কি, তা ঠিক করা আমাদের কাছে খুবই প্রয়োজনীয় কাজ। এর জন্য আপনি কি করবেন, তার জন্য আপনাকেই পরিকল্পনা করতে হবে। কোনো কাজ আপনি যত দিন ধরেই করুন না কেনো, তার জন্য একটা পরিকল্পনা করে নেওয়াটা খুবই জরুরি। বহুবার বিভিন্ন প্রয়োজনে আমাকে দিল্লীর বাইরে যেতে হয়েছে, কিন্তু যাত্রার আগে আমি কি কি নেব তা লিখে রাখতে কখনও ভুল করিনি, এমনকি জামা-কাপড়, পড়ার বই, টিকিট থেকে শুরু করে চেক্‌বুক ও টাকার কথাটাও লিখে রাখি।

দ্বিতীয় গুরুত্বপূর্ণ বিষয় হল, আপনি যে কাজ করতে চান না বা যে কাজের জন্য আপনার পরিকল্পায় ব্যাঘাত ঘটতে পারে, তার জন্য না বলতে শিখুন।

আপনার কাছে বা আপনার জীবনের জন্য যা গুরুত্বপূর্ণ সেই বিষয় সর্বদা আপনি মাথায় রাখার চেষ্টা করুন। যদি আপনাকে এমন কোনো স্থানে যাওয়ার জন্য আমন্ত্রণ জানানো হয় যেখানে আপনি যেতে চান না, তবে আপনি বিনম্রতার সাথে 'না' বলুন, আর 'ধন্যবাদ' জানাতে ভুলবেন না।

আপনি কি করতে চান, আর কি করতে চান না, যদি এই বিষয়টা আপনার কাছে স্পষ্ট থাকে তবেই আপনি কিসের জন্য 'হ্যাঁ' বলবেন আর কিসের জন্য 'না' তা ঠিক করতে পারবেন। বুদ্ধির সাথে নিজের যুদ্ধ চালিয়ে গেলেই হবে না, বিকল্প পথের সন্ধানও রাখতে হবে। কোনো কাজ করার আগে, তার থেকে আপনার লাভ কি হবে তা ভালো করে চিন্তা করে নিন। কোনো কাজের জন্য কেউ যদি আপনাকে 'না' করে তবে বুঝবেন যে, সেও আপনার মতন নিশ্চই কোনো সমস্যার মধ্যে আছে।

একটা কথা মনের রাখবেন যে, আপনার শুধু নিজের প্রতিক্রিয়াই নিয়ন্ত্রণের ক্ষমতা আছে, অন্যের প্রতিক্রিয়া নিয়ন্ত্রণের ক্ষমতা আপনার নেই। যে বিষয় গুলি নিয়ন্ত্রণ করতে পারলে আপনি লাভবান হবেন, সেই বিষয় গুলিকে চেনার চেষ্টা করুন। এমন বহু পরিস্থিতি বা ব্যক্তি আপনার সামনে থাকতেই পারে, যে সম্পর্কে ইচ্ছা থাকলেও আপনার করার কিছু থাকে না। জীবনের এই সত্য মেনে নিতেই হবে, তার বিরোধীতা করার অর্থ শুধু ব্যর্থতাই নয়, বরং তা আপনাকে আরো উদাসিন ও নিরাশ করবে।

জীবনের চরম সত্যকে (প্রিয়জনের মৃত্যু) অস্বীকার করার ক্ষমতা আমাদের নেই, অথচ তার পরিবর্তনের আশা করে আমরা নিজেদের সময় ও উর্জা নষ্ট করি। এই রকম মুহূর্তে ধৈর্য্য ধরা ছাড়া আর কোনো উপায় থাকে না, সহজভাবে কঠিন পরিস্থিতির মোকাবিলা করতে হয়।

জীবনে প্রতিবন্ধকতার (একজন খারাপ সাথী, বেইমান বস্ বা কর্মচারী বা কোনো অলস চাকর) শেষ থাকে না, এই কথাটা বড়ো সত্যি। নিরাশ হয়ে পরাজয় স্বীকার করে নেওয়াটা খুবই সহজ কাজ। আপনি যদি সর্বদা দৃঢ়তার সাথে নিজেকে জিজ্ঞাসা করেন যে, 'আপনার কি করা উচিত' তাহলে আপনি অবশ্যই সঠিক উত্তর পাবেন। এই রকম অবস্থায় অন্যের সাহায্য নেওয়াটা যদি আপনার ঠিক বলে মনে হয়, তাহলে তা করতেও দ্বিধা করবেন না।

আজ আমরা যে উচ্চতায় পৌঁছাতে পেরেছি, তার পিছনে আছে আমাদের

কঠোর পরিশ্রম, কিন্তু সেই পথে চলার সময় যারা আমাদের সামনে সাহায্যের হস্ত প্রসারিত করেছিল, তাদের সেই দান ভুললে চলবে না। আমার বাবা-মা আর্থিক দিক থেকে খুবই দুর্বল ছিলেন, কিন্তু তাদের দূরদর্শীতার অভাব ছিল না, তাঁরা আমাকে সেই শিক্ষাটুকুর ব্যবস্থা করে দিয়েছিলেন বলেই, আমি ভারতীয় পুলিশ সেবায় নিযুক্ত হোতে সক্ষম হয়েছিলাম। তার সাথে ছিল আমার কঠোর পরিশ্রম। কোনো সাহায্য যদি আপনার চলার জন্য অনিবার্য হয় তাহলে অবশ্যই আপনি তা আপনার আশপাশ থেকে পাবেন। সর্বদা ওপরের দিকে দেখুন। সমানের দিকে তাকান, পিছন দিকে নয়। বাইরে দেখুন, ভেতরে নয়। এই প্রবৃত্তিই আমাদের জীবনে মুখ্য হয়ে ওঠা উচিত।

"আকাশের দিকে দেখুন। আমরা একা নই। সমগ্র ব্রহ্মান্ড আমাদের অনুকূলে আছে, আর যে স্বপ্ন দেখে ও সেই অনুসারে কাজ করে তাকে সর্বোত্তম দেওয়ার জন্য সকলে মিলে কাজ করে চলেছে।"

\- কলাম

44

সময় নষ্ট করবেন না

প্রতিদিন একটা একঘেঁয়ে জীবনের মধ্যে দিয়ে চলতে চলতে, বারংবার খারাপ চিন্তা করতে করতে, সেই গুলিকে আমরা এতটাই বলশালী করে ফেলি যে, সেটাই হয়ে ওঠে আমাদের জীবনশৈলী। কয়েক সপ্তাহ ধরে এইভাবে চলতে থাকলে ভরাডুবি অনিবার্য। শীঘ্র কোনো বিশেষ পদক্ষেপ গ্রহণ করতে না পারলে আমরা সেই জালে জরিয়ে পড়ি। এতে করে জীবনে কুণ্ঠা ও অপ্রসন্নতা ঘর করে ফেলে।

কখনও কখনও এর কারণ খুঁজে বার করাও কষ্টকর হয়ে ওঠে। আমরা যখন সম্পূর্ণ রূপে নিরাশ বা কুণ্ঠিত হয়ে পড়ি তখন তার কারণ অনুসন্ধান করতে আমাদের পিছপা হওয়া উচিত না। তা না করলে আমাদের জীবনে মস্ত বড়ো ক্ষতি হয়ে যেতে পারে।

এই রকম পরিস্থিতিতে নিজের সবচেয়ে ভালো প্রদর্শন দেওয়াটাও অসম্ভব হয়ে ওঠে। পরিস্থিতি যেমনই হোক না কেনো, আপনাকে নিজের সম্পূর্ণ ক্ষমতার প্রদর্শন করতেই হবে।

একজন অক্ষম ব্যক্তি কখনই সবচেয়ে ভালো কাজ দেখাতে সক্ষম হোতে পারে না, কিন্তু কোনো অব্যবস্থাকে ঠেলে তো সরিয়ে ফেলাই যায়। এই সময় আমি মুম্বাইয়ের এক হোটলে বসে এই লেখার কাজ সম্পন্ন করে চলেছি। কিন্তু

আমার প্রয়োজনীয় জিনিস গুলি সঠিক স্থানে আছে কিনা, সেদিকে এখনও আমার ধ্যান আছে, যেমন - আমার মোবাইল, টাই, সুট, ল্যাপ বা আজকের পড়া খবরের কাগজ।

নিজের গতিবিধিকে তিনটে ভাগে ভাগ করে নেওয়াটাও হল অপর পদ্ধতি। প্রথমে আসবে আপনার অনিবার্য কাজ। দ্বিতীয়তে আসে আপনার আবশ্যক কাজ আর তৃতীয়তে আসবে সেই সমস্ত কাজ যা আপনি প্রথম ও দ্বিতীয় তালিকার কাজ শেষ করার পর করবেন। আমি নিয়মানুসারে আমার প্রাইভেট সেক্রেটারী ও ড্রাইভারকে দিয়ে কাজ করিয়ে থাকি, যেমন- প্রিন্ট আউট বার করার কাজ, কিছু বিশেষ সামগ্রী বা সূচনার স্ক্যানিঙ্গ বা সাক্ষাৎ প্রার্থীদের সাথে কথা বলা প্রভৃতি।

যখন আমার সাথে কেউ দেখা করতে চায়, অথচ আমার কাছে সময় না থাকলে আমি যেখানে থাকি সেখানেই তাকে ডেকে নিই।

এতে করে আমাদের ক্ষমতা বৃদ্ধি পায়। আপনি যদি কোনো রকম চাপ বা মানসিক উত্তেজনা ছাড়া কাজ করেন তাহলে অবশ্যই তা ভালো হবে, কারণ সেক্ষেত্রে আপনি নিজের সম্পূর্ণ ক্ষমতা প্রদর্শন করতে সক্ষম হন। নিজেকে চাপের মধ্যে রেখে অন্যকে আনন্দ প্রদানের কোনো দায় আপনার নেই।

দিল্লীর বাইরে কোনো অনুষ্ঠান থাকলে আমি একদিন আগে যাওয়াটাই পছন্দ করি, কারণ তাতে আমি বিশ্রাম নিয়ে নিজের ক্লান্তি দূর করতে সক্ষম হই এবং সতেজভাবে অনুষ্ঠানে অংশ গ্রহণ করতে পারি।

নিজের সুবিধার জন্য নিজের পছন্দের বিশ্ব গড়ে নেওয়াটা খুবই জরুরি। তার জন্য আপনাকে কোনো কাজে নিপুণ হোতে হবে। অন্যের খুশির জন্য নিজের খুশির বলিদান দেবেন না। তা করলে আপনাকে অপ্রসন্নতার সম্মখীনতা করতে হবে। একবার এক রোটারী ক্লাব থেকে আমাকে আমন্ত্রণ জানানো হয়েছিল, সকাল আটটায় সেখানে ভাষণ দেওয়ার কথা ছিল, তারপর নয়টায় এক স্কুলের অনুষ্ঠানে যাওয়ার কথা ছিল। আমি একটিতেও অংশ গ্রহণ করিনি, কারণ আমি নিজের ব্যায়াম বা দৈনন্দিন কাজে ব্যাঘাত ঘটাতে চাইনি। আমি না করাতে কোনো আমন্ত্রণকারী অপ্রসন্নতা বোধ করলে আমি তাকে পরিষ্কার জানিয়ে দিই যে, আমাকে ডাকতে হলে আমার সুবিধা-অসুবিধার দিকে ধ্যান দিতে হবে। মনে রাখবেন, কাউর সুবিধা, অন্যের অসুবিধা হয়ে উঠতে পারে।

দেশ বিদেশের বহু স্থানে আমাকে ভাষণ দেওয়ার জন্য আমন্ত্রণ জানানো হয়। আমি প্রথমেই জানিয়ে দিই যে, আমি প্লেনে ফার্স্ট ক্লাস বা ক্লব ক্লাসে যাত্রা করব এবং পাঁচ তারা হোটেলে থাকব। একবার কেউ আমাকে বলেছিল যে, আমাকে ডাকা খুব ব্যয় সাপেক্ষ। আমি বলেছিলাম যে, সস্তার অতিথিকে ডেকে নাও, আমি উপযাজক হয়ে নিমন্ত্রণ চাইনি।

এই পৃথিবীতে স্বার্থই সবচেয়ে বড়ো উৎপাদক শক্তি, কিন্তু সর্বদাই তাকে ছোটো নজরে দেখা হয়। যদি বৈজ্ঞানিকেরা সময় নষ্ট করত, তাহলে আজ পৃথিবী আরো হাজার বছর পিছনেই পড়ে থাকত। আমরা যদি স্বার্থের রক্ষা করতে না পাড়ি তাহলে সময় ও হিতের সংরক্ষণ করতে পারব না।

আমি দিল্লীর দ্বারিকা নামক স্থানের অপরেটিভ সোসাইটির ফ্ল্যাটে থাকি। আমি নিজের অনিচ্ছা সত্ত্বেও শুধুমাত্র নাগরিকদের মন রাখার জন্য অধ্যক্ষের পদ সামলাচ্ছি। প্রথম সপ্তাহেই উপাধ্যক্ষ ত্যাগপত্র দিয়ে দিয়েছেন, তারপর তিনমাসের ভেতরে ছয়জন এই কাজ করতে অসম্মতি ব্যক্ত করেছে।

তাদের মতে সোসাইটির কাজ করার মতো সময় তাদের কাছে নেই, তাতে করে তাদের ব্যবসা ক্ষতিগ্রস্ত হয়। ধার্মিক শিক্ষা আমাদের যাই শেখাক না কেনো, প্রত্যেক ব্যক্তি সবার আগে নিজের হিতের কথা ভাবে, তা ধন হোক বা শরীর বা পরিবার।

আপনি যে ক্ষেত্রে কাজ করবেন, সেখানে অন্যকে পিছনে ঠেলেই আপনাকে এগিয়ে যেতে হবে। জীবনে সফলতা অর্জনের আর কোনো পথ নেই, এদিক দিয়ে বলা যায়, সকলেই স্বার্থপর। অপরের প্রসন্নতার জন্য নিজের আনন্দের জলাঞ্জলি দেবেন না। সফল ব্যক্তি সর্বদা নিজের হিতের ব্যাপারে সচেতন থাকে। তারা আগে নিজের প্রয়োজন সম্পূর্ণ করে, তারপর অন্যের কথা ভাবে।

নিজের মনের ইচ্ছা পূরণের পর আসে সফলতা ভাগ করে নেওয়ার সময়। তাই জন্যই তো সমৃদ্ধ ব্যক্তিরা এত দানী হয়। এটাই এক বিরাট সত্যি যে, আমরা ছাড়া আর কেউই আমাদের দেখাশোনা করতে পারবে না। এতে আমাদের শরীরের অবস্থা, বিচার, কর্ম, প্রতিভা ও সম্পত্তি অন্তর্ভুক্ত আছে। সংক্ষেপে বলা যায়, এই প্রবৃত্তি আমাদেরকে মনোবাঞ্ছিত উচ্চতায় নিয়ে যেতে সাহায্য করে।

45

পরিবর্তনের ধারা

এই বিশ্ব এত দ্রুতগতিতে পরিবর্তিত হচ্ছে যে, প্রতি বছর কাজ করার পদ্ধতি বদলে চলেছে, তাই আজ থেকে বারো বছর আগের কথা ভেবে কোনো লাভ নেই, তাতে আপনার কোনো লাভ হবে না। ইন্টারনেট, টি.ভি. এবং মোবাইল ফোন এই বিশ্বকে ছোটো করে দিয়েছে। এই পরিবর্তনের জোয়ারে আমাদের গা ভাসিয়ে চলতে হবে। কয়েক বছর আগে পর্যন্তও চিঠিপত্রই ছিল যোগাযোগের একমাত্র মাধ্যম। টেলিফোনের কানেকশান পাওয়ার জন্য সংসদ সদস্যদেরও কোটার দরকার হোত আর ভাগ্যবানদের বাড়িতেই ফোন থাকত।

এখন চারজন ভারতীয়ের মধ্যে তিনজন ভারতীয়ের হাতে মোবাইল ফোন দেখা যায়। দেশে শৌচালয়ের থেকে মোবাইলের সংখ্যা বেশি। আমাদের এই নতুন ব্যবস্থার সাথে পা মিলিয়ে চলতেই হবে, তা না হলে আমরাই পিছিয়ে পড়ব। আপনি ড্রয়িং-রুমে বসে টি.ভি.-র সাহায্যে সারা বিশ্বের খবরাখবর পেতে পারেন। আপনি কম্প্যুটারে দেশ বিদেশের পত্র-পত্রিকা পড়ার সুযোগ পান। আমাদের যদি নিজেদের জীবনে সংগঠিত পরিবর্তনের সূচী বানাতে বলা হয় তাহলে তার তালিকা এতই বড়ো হবে যে, আপনি নিজে তা দেখে অবাক হয়ে যাবেন।

ব্রহ্মান্ড সর্বদা ঘুরে চলেছে। দুনিয়ার পরিস্থিতি ও লোকেদের দৃষ্টিভঙ্গী সর্বদা বদলাচ্ছে। ভারত কোটা পারমিট রাজ থেকে একটা স্বতন্ত্র অর্থব্যবস্থায় এসে

দাঁড়িয়েছে। প্রজাতন্ত্রে সরকার বদলায় জনগণ; যা নির্ভর করে তাদের প্রদর্শনের ওপরে। গত কয়েক দশক ধরে এটিকে সঠিক ও সুবিধাজনক বলে ধরা হতো, কিন্তু এখন এটিকে অনুচিত ও অসুবিধা জনক বলে ধরা হচ্ছে।

জওহরলাল নেহেরুর উল্লেখযোগ্য নীতি গুলি এখন বিদেশী সম্পর্ক, ইকোনমী এবং জীবনের অন্য ক্ষেত্র গুলিতেও প্রযোজ্য হচ্ছে। প্রতিটা মানুষের স্বপ্ন দেখার ও তা সম্পূর্ণ রূপে সার্থক করে তোলার অধিকার আছে।

নিষ্ঠার সাথে কোনো একটা মত বা ধারণাকে আঁকড়ে রেখে আজীবন কাটিয়ে দেওয়ার দিন চলে গেছে। সামাজিক ও রাজনৈতিক পরিবেশ এবং পরিবর্তনকে সকলেই প্রভাবিত করে থাকে। উন্মুক্ত মনে পরিবর্তনকে স্বাগত জানানো উচিত; অতীতকে ত্যাগ করে নতুন সুযোগের দিকে হাত বাড়াতে হবে।

প্রায় একশত বছর আগে গরুরগাড়ী, ঘোড়া, উট, রথ এবং টাঙ্গা ছিল যাতায়াতের একমাত্র উপায়। তারপর এলো সাইকেল, স্কুটার ও মোটরকার। কার চাপার ক্ষমতা সীমিত সংখ্যক লোকের মধ্যেই সীমাবদ্ধ।

বেশিরভাগ লোক তো প্লেনে চাপার ক্ষমতাই রাখে না। কিছু বছর আগে পর্যন্ত তো এই কথা ভাবাই যেত না যে, সরকার ছাড়া প্রাইভেট সংস্থাও প্লেন চালানোর ক্ষমতা লাভ করবে। আমার আজও মনে আছে প্লেনে চাপার জন্যও সরকারী কোটার প্রয়োজন হতো, আর তার জন্য সিফারিশ করতে হতো।

চাকরি জীবনে একবার আমাকেও সীট পাওয়ার জন্য উড্ডয়ন মন্ত্রীর কাছে অনুরোধ করতে হয়েছিল, যাতে আমি লন্ডন, নিউইয়ার্কের মতো জায়গায় ঘুরতে যেতে পারি।

নতুন টেকনোলজি এবং উপকরণ শুধু যে আমাদের জীবনকে সরল করে তুলেছে তাই নয়, বরং ব্যক্তিগত ও সংগঠনাত্মক উৎপাদকতার ক্ষেত্রেও বৃদ্ধি ঘটিয়েছে। আমরাও যদি জীবনে এগিয়ে যেতে চাই তাহলে ভাবী পরিবর্তনকে উন্মুক্ত মনে স্বীকার করতে হবে। পরিবর্তন কখনও বলে আসে না।

সবার আগে তো সেটিকে ছাড়তে হবে, যা বর্তমানের জন্য অপ্রাসঙ্গিক। জুতো ফিট্ না হলে আমরা জুতোটা বদলে ফেলি, পাটা কেটে বাদ দিয়ে দিই না।

আমরা চাই বা না চাই, জীবনে সফলতা অর্জনের সবচেয়ে বড়ো চাবি হল পরিবর্তনকে স্বীকার করে নেওয়া। জীবন ও পরিস্থিতি ক্রমাগত বদলে চলেছে।

পরিবর্তন স্বীকার করে নিলে, আমরা কি পেতে পারি, তা আমরা বেশির সময়তেই বুঝতে পারি না। অবসর গ্রহণের পর আমাকে সরকারি বাংলো ছেড়ে

দ্বারিকার ফ্ল্যাটে আসতে হয়েছিল। মানসিক দিক থেকে এই পরিবর্তন স্বীকার করে নিতে আমার বেশ কয়েক সপ্তাহ সময় লেগেছিল, কিন্তু এই পরিবর্তনটা ছিল বেশ সুখপ্রদ। সেখানে চব্বিশ ঘন্টার জন্য সুরক্ষার ব্যবস্থা, জল, বিদ্যুৎ, পার্কিং-এর সুবিধা আর সোসাইটির সামনে মলও ছিল।

আমরা যদি ক্রমাগত সফলতা চাই তাহলে পরিবর্তনকে স্বীকার করে নিতেই হবে আর সেই অনুসারে নিজের আচরণ ও ব্যবহার বদলাতে হবে। বেশিরভাগ লোক পরিবর্তনকে খারাপ বলে মনে না করলেও, তা সামনে আসলে তার বিরোধীতা করে, এটাই সবচেয়ে বড়ো সমস্যা।

আমাদের প্রত্যেকেই সময়ের সঠিক ব্যবহার শিখতেই হবে। পীটর ড্রঙ্করের অনুসারে ঙ্খ

"সকলেই স্বীকার করে যে পরিবর্তন অনপেক্ষিত। কিন্তু তা সত্ত্বেও পরিবর্তনকে মৃত্যু ও ভয়ের চোখে দেখা হয় - অর্থাৎ যতক্ষণ তা এরিয়ে চলা যায় এরিয়ে চল। কোনো পরিবর্তনকেই প্রশ্রয় দেওয়া হয় না। আমরা যে উথাল-পাথালের মধ্যে জীবন অতিবাহিত করছি, তাতে করে পরিবর্তন অবশ্যই হবেঙ্খ আমাদের সর্বদা মনে রাখতে হবে যে, শুধু পরিবর্তনই অপরিবর্তনশীল। একটাই রাস্তা উপরে যায় আর সেই রাস্তাই নিচে আসে। একটা ঘেরাটোপের মধ্যে শুরু মানেই শেষ। যেখানে শেষ, হয়তো সেখান থেকেই আর একটা নতুনের শুরু।"

> *"নিজের সন্তানের ভবিষ্যৎ উজ্জ্বল করে তোলার জন্য আমাদের নিজেদের বর্তমানকে বলি দিতেই হবে। সমস্ত মানবীয় জ্ঞান এবং উদ্যমের কেন্দ্রে তার ভালো হোতেই হবে।"*
>
> \- কলাম

46

গোছানো ই-মেল

কথোপকথনের সর্বাধিক ভালো এবং তীব্রতম মাধ্যম হল ই-মেল, কিন্তু সেই সাথে এটাও মনে রাখতে হবে যে, নিয়মিত ভাবে তা দেখাটাও খুবই জরুরি, নিজের সময় নষ্ট করবেন না। আমার সাথে প্রায়ই এমনি হতো। পুরানো মেল খোঁজা, প্রয়োজনীয় মেল সম্পর্কিত ফোল্ডারে রাখা, অপ্রয়োজনীয় মেল ডিলিট করা প্রভৃতি কাজে আমাদের বহু সময় নষ্ট হতো, যার ফলে আমার কাজের মূল্যবান সময়ের অপচয় হতো। আমি স্বীকার করছি যে, তা আমার দুর্বলতায় পরিণত হয়েছিল।

তখন আমি এই সমস্যা সমাধানের উপায় খুঁজতে থাকি, যে সমাধান আমার জন্য ফলপ্রসূ হয়েছে, তা আপনাদেরও কাজে লাগতে পারে। বেশি মেলের উত্তর দেওয়ার মানে আপনি বেশি কাজ করেন, তা নয়। রাতে শোয়ার আগে আপনার ইনবক্স দেখে নেওয়া উচিত, এটা একটা ভালো উপায়। আমরা প্রায়ই কোনো দরকারি কাজ করার সময়, কোনো কিছু লেখার সময়, ই-মেলের জবাব দিতে ভুলে যাই।

বারংবার ই-মেল দেখতে থাকলে আপনার সৃজনশীল চিন্তাধারা গুলি নষ্ট হোতে থাকে। অপ্রয়োজনীয় মেল গুলি ডিলিট করে দিন, আর প্রয়োজনীয় মেল গুলি আমি আলাদা করে রেখে দিই।

যখন আমার হাতে বিশেষ কোনো কাজ থাকে না, তখন আমি এই মেল

গুলির জবাব দিই। কোথা থেকে মেল আসছে সেই দিকে খেয়াল রাখবেন। আমি খেয়াল করে দেখেছি যে, কোনো মেল রাখা বা তা ডিলিট করার জন্য পাঁচ মিনিটের থেকে বেশি সময় লাগে না। সকলে যে আপনার জবাবের জন্য অপেক্ষা করবে তাও নয়।

আমি ৮০ / ২০ -এর নিয়ম মেনে চলি কারণ তা জীবনের যে কোনো ক্ষেত্রের জন্য কার্যকারী বলে প্রমানীত। এই নিয়ম অনুসারে, যেকোনো পরিস্থিতিতে ২০ শতাংশ ইনপুটই ৮০ শতাংশ আউটপুটের জন্য উত্তরদায়ী। উৎপাদকতা বৃদ্ধির জন্য আমাদের ২০ শতাংশের প্রতি কেন্দ্রিত হোতেই হবে।

কোন কাজের গুরুত্ব কতটা সেই হিসাবেই আমাদের প্রাথমিকতা দিতে হবে যাতে উৎপাদনের স্তর ও মান বৃদ্ধি করা সম্ভব হয়, লাভদায়ক ও সৃজনশীল মেলের দিকে আগে লক্ষ্য করুন।

আপনি কোন কাজে নিযুক্ত তার ওপরেও বহু কিছু নির্ভর করে, কিন্তু আপনি যদি সঙ্গে সঙ্গে মেলের জবাব না দেন, তাহলে এই পৃথিবী ধ্বংস হয়ে যাবে না। ই-মেল কোনো কাজ নয়, কাজ চালানোর উপায়। আগে এই কাজ করত পোষ্টমাস্টাররা, আমরা করতাম না।

আপানার কর্ম সংক্রান্ত মেলের সাথে সম্পর্কির্ত মেল গুলির দিকেই বিশেষ ধ্যান দিন। ব্যক্তিগত বা পেশাগত জীবনে মেলের সাথে সম্পর্ক গড়ে তোলাটা অভ্যাসে পরিণত করবেন না। আপনার ইনবক্সে এমন অনেক মেল আসে যেগুলির কোনো মূল্যই নেই।

আমরা সক্রিয় ইন্টারনেট ছাড়া ই-মেল পেতে পারি না। ইন্টারনেট হল এমন একটা জিনিস, যেখান থেকে আপনি যখন খুশী যা খুশী জানতে পারেন, আমি তো এটিকে বিশাল স্টোর হাউস বলে মনে করি। এক্ষেত্রেও যদি সাবধান না থাকা যায়, তাহলে ব্যর্থ ওয়েবসাইটের পিছনেই আমাদের সারাটা দিন নষ্ট হয়ে যাবে।

আমি যাদের থেকে ই-মেল পেতে চাই, শুধুমাত্র তাদের কাছ থেকেই ই-মেল পাওয়ার চেষ্টা করি। আমি টুইটার বা ফেসবুকের সাথে যুক্ত নই। আমি আমার সময়ানুসারেই মেলের জবাব দিয়ে থাকি।

ই-মেল বা ফোনের মতো বিষয় গুলি মানুষের একাগ্রতা ভঙ্গ করে এবং কাজে বাধার সৃষ্টি করে। এতে করে গুরুত্বপূর্ণ কাজ করার সময় নষ্ট হয়, যাতে করে মানসিক চাপ বৃদ্ধি পায়। আমরা যা করতে চাই না, তা করতে গেলে আমাদের

জীবনের আনন্দ কোথাও হারিয়ে যায়। আপনি যেমনই বোধ করুন না কেনো, যা করার তা কিন্তু আপনাকে করতেই হবে। এই চিন্তাধারা জীবনের ইনবক্সের ক্ষেত্রেও প্রযোজ্য। বেকার ই-মেল জীবনে সমস্যার সৃষ্টি করে। আমাদের সবার আগে নিজেদের জীবন ও তার সমস্যার দিকে ধ্যান দিতে হবে, তারপর অন্য কাজের কথা ভাবতে হবে। কেউ হয়তো আপনাকে বেশি ই-মেল পাঠায়, তাতে করে তার ওপর দোষরোপ করে কোনো লাভ হবে না, বরং কিভাবে তাকে আটকানো যায় তা দেখুন। এই পদক্ষেপ নিতে পারলে তবেই বাঞ্ছিত পরিণাম আপনি লাভ করতে পারবেন।

"আগে মানুষ হও। তখন তুমি দেখতে পাবে যে, বাকি সমস্ত জিনিস তোমাকে অনুসরণ করছে। পরস্পরের প্রতি ঘৃণার ভাব ত্যাগ কর এবং সদুদ্দেশ্য, সদুপায়, সৎসাহস এবং সদ্বীর্যের অবলম্বন কর। তুমি মনুষ্য যোনিতে জন্ম নিয়েছো, তাই নিজের কীর্তি এখানেই ছেড়ে যাও।"

- বিবেকানন্দ সাহিত্য (দশম খন্ড), পৃ. **62**

47

যা চলে গেছে, তা চলে গেছে

পরিবর্তনই হল জীবনের অপরিহার্য অঙ্গ। আমরা চাই বা না চাই, তা অবশ্যই হবে। যে নেতা সময়ের সাথে বদলাতে পারে না, সে আগত দিনে নেতৃত্ব প্রদানের ক্ষমতা হারিয়ে ফেলে। আপনার মস্তিষ্ক যদি নতুন বিচার গুলিকে স্বাগত জানাতে না পারে তবে প্রত্যেক পরিবর্তন আপনার পথের বাধা হয়ে দাঁড়াবে। শুধুমাত্র নেতাদের জন্য নয়, তাদের সাথে যারা কাজ করে বা আমাদের জন্যও এই কথাটা সমান ভাবে প্রযোজ্য।

যে লোকেরা পরিবর্তনের সাথে বদলাতে পারে না, তারা পিছিয়ে পড়ে। ভাগ্য বীরেদের সঙ্গ দেয়, কিন্তু যদি তারাও পরিবর্তনকে স্বীকার করতে না পারে তাহলে তাদের সঙ্গ ত্যাগ করে।

টাইপরাইটার আসার আগে সমস্ত সরকারি আদেশ হাতে লেখা হতো। উনবিংশ থেকে বিংশ শতাব্দীর শুরুতে প্রিন্টিং প্রেস ও টাইপ রাইটার এক ধরনের বিপ্লব এনে দিয়েছিল। ইলেক্ট্রিক বা ইলেক্ট্রনিক টাইপরাইটার্স লেখার কলাটিকে আরো অনেক বেশি মনোরম করে তুলেছে।

আজ এই টাইপরাইটারও অতীত হয়ে গেছে আর সংগ্রহালয়ে স্থান লাভ করেছে। কম্প্যুটার ও ল্যাপটপ আসার পরে বৈদ্যতিক গতিতে ই-মেল প্রবাহিত হওয়ার সাথে সাথে মানুষের মধ্যে রিপোর্ট লেখারও স্ফূর্তী দেখা গেছে। আমি

কোনো এক সংগঠনের আগ্রহে ইউ.এস.এ-তে গেছিলাম। আমি পাসপোর্ট ই-মেল করার সাথে সাথেই প্লেনের টিকিট আমার কাছে চলে আসে।

শুধু নিজেদের বদলালেই হবে না, আমাদের সঙ্গে যারা কাজ করে তারাও যাতে সম্পূর্ণ প্রশিক্ষণ নিয়ে নতুন কলা-কৌশল রপ্ত করতে পারে সে সুযোগও করে দিতে হবে। বর্তমানের এই প্রতিযোগীতা মূলক পরিবেশে একমাত্র এই উপায়েই জয়লাভ করা সম্ভব। আমরা যে কাজেই লিপ্ত থাকি না কেনো, পরিবর্তনকে স্বাগত জানানোর জন্য আমাদের সর্বদা প্রস্তুত থাকতে হবে।

আমরা যে উপায়ে কাজ করতে অভ্যস্ত হয়ে যাই সেই অভ্যাস আমাদের কাছে যথেষ্ট বলে মনে হয়, যার ফলে আমরা কোনো রকম পরিবর্তন স্বীকার করে নিতে চাই না। কোনো একটা সময় ছিল, যখন আমি টাইপরাইটার ছেড়ে কম্প্যুটারের যুগকে মেনে নিতে পারছিলাম না, কিন্তু তার লাভ জানার পর আমিই কম্প্যুটারের সবচেয়ে বড়ো সমর্থক হয়ে উঠি। আমি অনুভব করেছিলাম যে, যদি প্রগতির পথে অগ্রসর হোতে হয়, তাহলে আগত পরিবর্তনকে স্বীকার করে নিতেই হবে। এর থেকে লুকিয়ে থেকে কাজ চালানো সম্ভব নয়।

পরিবর্তনের বিষয়ে আগ্রহী হওয়ার পরেই নিজেকে শক্তিশালী করে তোলা যায় এবং তবেই উল্লেখযোগ্য পরিণাম পাওয়া যায়। মানুষের জন্য মৃত্যুই হল সেই সুনিশ্চিত সময়, যেখানে কোনো রকম পরিবর্তন আসে না। আমরা যদি পরিবর্তিত পরিস্থিতি এবং সময়ের সাথে বদলাতে না পাড়ি তাহলে আমরা ডোবার দুর্গন্ধ জলে পরিণত হব। এমন ঘটনা আমাদের সাথে কখনও ঘটা উচিত না।

এমন কিছু বস্তু বা বিষয় আছে, যা আমরা নিজেদের জন্য বা অপরের জন্যও চাই না। আমরা যদি তা বদলাতে না পাড়ি তাহলে তার থেকে দূরে সরে গিয়ে শান্তি লাভ করা সম্ভব হবে। এই প্রতিযোগী সংসারে জীবিত থাকতে হলে পরিবর্তন স্বীকার করে নিতেই হবে। জীবনে যেমন পরিস্থিতি বদলাতে থাকে তেমনি আমাদের জীবন চক্রাকারে ঘোরে, সুখ ও দুঃখ যেমন অনিবার্য তেমনি পরিবর্তনও অনিবার্য।

জীবনে আমরা যা চাই, যা পাই, সবকিছুর জন্য মূল্য দিতে হয়। এটাও মনে রাখতে হবে যে, আমরা যদি নিজেদের বিচার বদলাতে পারি তবেই এই পৃথিবীকে বদলাতে পারব। যে বৃক্ষ সময়ের সাথে সাথে নিজেকে বদলাতে পারে, সেই বৃক্ষই এই সংসারে বেঁচে থাকে। আরো ভালো কিছু করার জন্য বর্তমানের প্রতি অসন্তুষ্ট হোতেই হবে। নিজের জীবনকে শুধরে ফেলার সবচেয়ে ভালো উপায় হল একটা নতুন কিছু শুরু করা আর তাকে সম্পূর্ণতা প্রদান করা।

আমি ‘পরিবর্তন’ সম্পর্কিত বহু সুন্দর সুন্দর প্রার্থনা পড়েছি , আমি প্রায়ই এইসব কথা গুলির উল্লেখ করে থাকি - ‘হে ঈশ্বর ! আমাকে সেই সমস্ত ব্যক্তিদের বা ঘটনাগুলি স্বীকার করার শক্তি দাও, যেগুলি আমি বদলাতে পারব না। আমাকে পরিবর্তন আনার উপায় বল আর এতটা বুদ্ধি দাও যাতে আমি এই দুই বিষয়ের মধ্যের পার্থক্য বুঝতে পারি। বিগত ভুল সংশোধিত করার জন্য, যদি নিজের জীবন শৈলী বদলানো যায়, তাহলে তা নতুন সুযোগ এনে দেয়। ভবিষ্যৎ আমাদের ওপরেই নির্ভর করে, কোনো বীর বা বুদ্ধিমান ব্যক্তি, কখনই চাইবে না যে, ভবিষ্যরূপী গাড়ি তাকে চাপে দিয়ে চলে যাক।’

সময়ের সাথে সাথে কোনো কিছুই এক রকম থাকে না। দুইজন ব্যক্তি একই বিষয়ে আলাদা আলাদা মনভাব ব্যক্ত করে থাকে। কখনও তো একই মানুষ পরিস্থিতি বদলানোর সাথে সাথে মতামতও বদলে ফেলে।

শুধু সময়ের সাথে বদলানোটাই যথেষ্ট নয়, বরং নতুন জিনিস গুলিকে জীবনে প্রয়োগ করতে হবে। যদি পরিস্থিতি আর বস্তু খুবই খারাপ হয়ে যায় তবে আমাদের পরিবর্তন আনতেই হবে। জীবনে যা করছি বা যা করতে হবে তার মধ্যে প্রসন্নতার সন্ধান করাটা সবচেয়ে বড়ো কথা। পরিবর্তিত লোক ও ঘটনার সাথে নিজেকে বদলান; শুধু মাথা খুঁটে কেঁদে কিছুই পাওয়া যায় না।

একবার আমি আমার এক বন্ধুর কাছ থেকে এমন কিছু সাহায্য চেয়েছিলাম, যা সে সহজেই দিতে পারত। কিন্তু সাহায্য করা তো দূরের কথা উল্টে সে আমাকে ভাষণ শুনিয়ে বুঝিয়ে দিতে চেয়েছিল যে, আমার এই কাজ করা উচিত না, তাতে আমার কোনো লাভ হবে না। আমাদের বহুদিনের পরিচয়, আমি তার জন্য অনেক কিছু করেছিলাম। আমার খুব খারাপ লেগেছিল, আর দশ বছর আমাদের মধ্যে কোনো কথা পর্যন্ত হয়নি, তারপর সে আমাকে নিজের ছেলের বিয়েতে আমন্ত্রণ জানায়, আমি সেখানে যাই, তার সাথে আগের মতোই ব্যবহার করি, যেন আমাদের মধ্যে কিছু হয়ইনি।

মনের ভাব অস্থির, কখনই তার দাসত্ব গ্রহণ করবেন না। বস্তু এবং মানুষের মধ্যে একটা ভারসাম্য বজায় রাখা খুবই জরুরি। প্রতিদিন নিজেকে মনে করান যে, ঈশ্বর আপনাকে কত অমূল্য উপহার প্রদান করেছেন; যেমন ধরুন, সুস্থ শরীর, জীবনে একটা ভালো পদ, একটা সুন্দর পরিবার, থাকার জন্য ভালো ঘর, স্নেহশীল মিত্র ও আত্মীয় প্রমুখ।

আমার এক বন্ধুর বাড়িতে বিবাহের অনুষ্ঠানে গেছিলাম। সেখানে শতাধিক

আত্মীয় স্বজন ছিল। সেখানে খুব কষ্টে আমি দুটি চেনা মানুষ খুঁজে পাই, যাদের সাথে আমি কথা বলতে পারি, তার মধ্যে একজন ছিল আমার সহপাঠী, তার সাথে আমার পঞ্চাশ বছর বাদে দেখা হয়েছিল। আমার তার সাথে কথা বলতে খুব ভালো লাগছিল, আর কিছুক্ষণ বাদে আমি আমন্ত্রণকারীর অনুমতি নিয়ে সেখান থেকে বেরিয়ে পড়ি। আপনাকে প্রতিটা গতিবিধির মধ্যে কোনো না কোনো আনন্দের সন্ধান করতেই হবে। আমরা যে যে কাজ করি বাস্তবে তার থেকেই আমাদের জীবনে আনন্দের সঞ্চার ঘটে। এই বিষয় গুলি আমরা কখনই অন্যদের জীবন থেকে চাইতে পারব না। এর জন্য আপনাকে পরিশ্রম করতেই হবে।

সমস্ত মানব-জ্ঞান অভিজ্ঞতা থেকে উৎপন্ন হয়, অভিজ্ঞতা ছাড়া অন্য কোনো রকম ভাবে আমরা কিছুই জানতে পারব না। আমাদের সমস্ত 'না' সাধারণ অভিজ্ঞতার ওপরেই নির্ভর করে, আমাদের সমস্ত জ্ঞান সামঞ্জস্যপূর্ণ অভিজ্ঞতা।

-বিবেকানন্দ সাহিত্য (দ্বিতীয় খন্ড; পৃ. 1222)

48

প্রতিটা গতিবিধি হোক উৎপাদক

একদিন সেমিনারে আলোচনা চলা কালিন, একজন অংশ গ্রহণকারী আমাকে জিজ্ঞাসা করে যে, প্রতিদিন নতুন গতিবিধির সাথে নতুন লক্ষ্যের দিকে এগানো উচিত - এই বিষয়ে আমি কেনো এত জোর দিচ্ছি। আমি তাকে বলি যে, আমরা যে কাজ করি, তার কোনো না কোনো পরিণাম অবশ্যই আছে। আমরা কি পাওয়ার জন্য কতটা চেষ্টা করছি, যদি সেই দিকে ধ্যান দেওয়া যায় তাহলে আমরা ভুল রাস্তায় চলার হাত থেকে বেঁচে যাব।

আমরা যখন বিমান বন্দর বা রেলওয়ে স্টেশানে যাই তখন আমরা তার রাস্তা কোনো দিন ভুলি না, আমরা অতি সহজে সেখানে পৌঁছে যাই, কিন্তু যখন আমাদের জীবনে লক্ষ্যের কথা আসে তখন আমরা যে অবস্থাতেই (ছাত্র হোক বা কর্মচারী বা বস্) থাকিনা কেনো ভ্রমিত হয়ে যাই।

আসলে বেশীর ভাগ লোক প্রথম বাধা দেখেই নিজের পরাজয় স্বীকার করে নেয়। লক্ষাধিক লোক এমন পরিস্থিতির মোকাবিলা করে থাকে। এই গুলি অতিক্রম করার মানে হল বিরাট সফলতা অর্জন, যার স্বপ্ন মানুষ দেখে থাকে। জীবনের প্রতিটা ক্ষণে আমরা কোনো না কোনো সমস্যা বা জটিলতার সম্মখীনতা করে থাকি।

থাইল্যান্ড যাত্রা করার সময় আমার বন্ধু আমাকে এমন একটা দোকানের কথা বলেছিল, যেখানে সঠিক দামে খুব ভালো মানের জিনিস পাওয়া যেত,

কিন্তু দোকানটা কোন তলায় অবস্থিত ছিল তা আমার বন্ধু ভুলে গেছিল। আমি তাকে দোকানের নাম জিজ্ঞাসা করেছিলাম। পাঁচ তলা বিল্ডিং-এর এক কোণা থেকে আর এক কোণা পর্যন্ত খুঁজতে খুঁজতে এই দোকান পেয়ে যাই। আমার মতো অন্যেরাও ইচ্ছা করলে হারিয়ে যাওয়া দোকান খুঁজে পেতে পারে। আমার মনে হয়েছিল যে, যদি দোকান না পাওয়া যায় তাহলে আমার খানিকটা ঘোরা ও হাঁটাতো হয়ে যাবে, সেখানে সকালে সময় পেতাম না, তাই ব্যায়াম করতে পারতাম না। জীবনের পথ কখনই সহজ বা কন্টকহীন হয় না।

যা ঘটার তা ঘটবেই, সেটিকে অস্বীকার করার ক্ষমতা আমার নেই, আর সমস্ত বিষয় সর্বদা আমাদের পক্ষেই হবে, তারও কোনো মানে নেই। আপনাকে এটা দেখতে হবে যে, আপনার আগে এই পথের লোকেরা কিভাবে পরিস্থিতির মোকাবিলা করেছিল। তারা কিভাবে কাজ করেছিল তা নকল করার কোনো প্রয়োজন নেই, কিন্তু কিছু সংকেত তো দিতেই পারেন। নিজের ভুল ছাড়াও অন্যদের ভুল থেকেও শিক্ষা গ্রহণ করতে পারেন।

আপনাকে নিজের কর্ম পদ্ধতি বদলে ফেলে উৎপাদকতাতে বৃদ্ধি আনতে হবে। নিজের প্রতি সন্দেহ করবেন না, আর যতটা করতে পারবেন, তার চেয়ে বেশি কিছু করার চেষ্টা করুন। আপনি জীবনে যে অভিজ্ঞতা সঞ্চয় করবেন তার থেকে কিছু না কিছু শিক্ষা গ্রহণ করার চেষ্টা করুন।

আমি পাঞ্জাব (জালালাবাদ) যাচ্ছিলাম, আমার স্বর্গীয় বাবা-মা পাকিস্তান থেকে আসার পর সেখানেই নিজেদের বসতি স্থাপন করেছিলেন। আমি নিজের অভিজ্ঞতা অনুসারে এমন ট্রেনে চাপি যাতে উঠলে সন্ধ্যার মধ্যে বাড়ি পৌঁছে যাওয়ার সম্ভবনা ছিল। অন্য কাউকে দোষ দিয়ে কি লাভ? আমাদের জীবনের পরিণাম আসে নিজেদের নির্ণয়ের থেকে, যা আমরা নিজেদের বা অন্য কাউর অভিজ্ঞতা থেকে সঞ্চয় করে থাকি। আমাদের কর্ম পদ্ধতি নমনীয় না হলে আমরা কোনো রকম প্রতিদ্বন্দ্বিতার মোকাবিলা করতে পারব না। কোনো একটা সময়ে আমি মোবাইল ফোনের ব্যবহার পর্যন্ত জানতাম না, আমাকে ফোন করা বা শোনার জন্য অন্যের সাহায্য নিতে হতো। আমি নিজের ভুল সংশোধন করতে করতে মোবাইল চালাতে শিখি, এখনও যদি আমি কোনো ফিচার বুঝতে না পারি তাহলে অন্য কাউকে তা জিজ্ঞাসা করতে সংকোচ বোধ করিনা। আমি জানি আমি সর্বজ্ঞ নই, তাই কখনও কিছু শিখতে সংকোচ বোধ করি না। আমি জীবনে শ্রেষ্ঠ পরিণাম লাভ করার জন্য নিজের দিন ও রাতকে সক্রিয় রাখি, প্রতিটা

কাজের পরিণাম সর্বশ্রেষ্ঠ করে তুলতে চাই।

কোনো রকম ব্যর্থ গতিবিধির পিছনে ছুটে নিজের সময় নষ্ট করবেন না, এমন কিছু অভ্যাসের থেকে নিজেকে দূরে রাখুন। সবার আগে এটা দেখতে হবে যে, আমরা কোন কাজের পিছনে নিজেদের সময় দিচ্ছি। কখনও কাউর কাছে নিজের সমস্যার কথা বলবেন না। সত্যি বলতে কি, ২০ শতাংশ লোক আপনার সমস্যার কথা কান দিয়ে শোনেই না, আর ৮০ শতাংশ লোক তা শুনে মনে মনে আনন্দই পায়।

আনন্দ আর আশা এই দুটিকে জীবনের পাথেয় করে তুলুন। আশাবাদী মানুষ কান্নার শতাধিক কারণের মধ্যে হাসির শতাধিক কারণ খুঁজে নেয়। আপনি যদি পিছনে ঘুরে জীবনের নিরীক্ষণ করেন তাহলে আপনি দুঃখ পাওয়ার তুলনায় হাসার কারণই বেশি খুঁজে পাবেন।

> ***"অহিংসা ভালো কথা, নিশ্চয়ই বড়ো কথা। কথাটা শুনতে ভালো লাগে, কিন্তু শাস্ত্রে বলা আছে তুমি গৃহস্থ, তোমার গালে যদি কেউ একটা থাপ্পর মারে আর তার জবাবে যদি তুমি দশটা থাপ্পর না মার তাহলে তুমি পাপ করছো।"***
>
> **- বিবেকানন্দ সাহিত্য (দশম খন্ড), পৃ. 51**

49

আগে আগে ...

এই পৃথিবীতে ছোটো হোক বা বড়ো; এমন কোনো ব্যক্তি নেই, যে জীবনে নিজের জন্য উল্লেখযোগ্য সফলতা অর্জন করতে চায় না। একাগ্রতা ও স্বচ্ছ চাহিদা যেকোনো মানুষকে সফলতার শিখরে নিয়ে যেতে পারে। কোনো পরীক্ষায় ভালো স্থান লাভ, ভালো চাকরি বা দেশের জন্য ভালো কিছু করা এই সমস্ত রকম চাহিদা মানুষের মধ্যে থাকে।

যেকোনো ক্ষেত্রে সম্পূর্ণ অধিকার বিস্তার খুবই ব্যয় সাপেক্ষ ও সময়-সাধ্য বিষয়, কিন্তু প্রতিযোগিতার সাহায্যে অন্যকে পরাজিত করাই হল একমাত্র উপায়। এই পৃথিবীর প্রতিটা মানুষ ও পশু-পক্ষীর জন্য ঈশ্বর ভোজনের ব্যবস্থা করে রেখেছেন, কিন্তু তা কাউর মুখে নিজের থেকে পৌঁছে যায় না।

প্রত্যেক জীবকে এর জন্য কাজ করতে হয়। কিছু লোক মনে করে যে, ইচ্ছা থাকা মানেই তা কঠোর পরিশ্রমের বিকল্প, কিন্তু এই কথা ভুলবেন না যে, কঠোর পরিশ্রমের কোনো বিকল্প হয় না। যখন কেউ বলে যে, ভাগ্যের জোরে কেউ কিছু অর্জন করেছে, তখন সে বোধ হয় এটা ভুলে যায় যে, একটু পরিশ্রম করলে সেও তেমনি ভাগ্যবান হোতে পারত।

যদি সফল হোতে না পারেন তাহলে আত্মবিশ্লেষণ করুন, কেনো তা হল না। কারণ বেশির ভাগ ক্ষেত্রেই দেখা যায় যে, নিজের উচ্চাকাঙ্ক্ষা পূরণ করার জন্য যতটা করা উচিত ছিল আপনি ঠিক ততটা করেননি। এছাড়া আপনাকে

নিজের আগামী চেষ্টার জন্যও সংশোধন করতে হবে। আপনি যদি নিজের তরফ থেকে একশো শতাংশ দেন তাহলে অবশ্যই আপনি যা চাইছেন তার একশো শতাংশই পাবেন।

আমি একজন ফ্লিম স্টারকে জিজ্ঞাসা করেছিলাম যে, একটা ফ্লিম বানানোর জন্য বছরের পর বছর সময় কেনো লাগে, আর তারা একদিনে কতটা শুটিং করতে পারে। সে বলে যে, দিনে আট - দশ ঘন্টা কাজ করার পর যদি দুই থেকে তিন মিনিটের ফ্লিম তৈরি করা যায় তাহলে তা হল বিরাট প্রাপ্তি।

সাধারণ লোকেরা কয়েক ঘন্টা কাজ করেই বিরাট কিছু চমৎকার ঘটার আশা করে ফেলে। কিন্তু আনুপাতিক সূত্র বলছে, মনবাঞ্ছিত পরিণাম পাওয়ার জন্য অনুপাতের উর্দ্ধে উঠতে হবে।

সুযোগ সামনে আসতেই থাকে, কিন্তু আমরা তা চিনতে পারি না, কারণ আমরা আগে থেকেই কাজের বোঝায় ঘিরে থাকি। যদি প্রথম চেষ্টায় সফলতা অর্জন করতে না পারেন তাহলে বুঝতে হবে আপনার চেষ্টায় কোথাও খামতি ছিল, আপনাকে আরো বেশি করে পরিশ্রম করতে হবে।

কোনো কিছুই নিজের থেকে ঘটে না। আমরাই সেটাকে কার্যকারি করে তুলি। শুধুমাত্র ইংরাজি শব্দকোষেই কাজের (ন্দ্রদ্রন্দ্ধ্রআগে সফলতা ্ন্স্ডত্বত্বত্রন্স্ ্কথাটা আসে।

এটাই সফলতা প্রাপ্তির একমাত্র রহস্য। কঠোর শ্রম অর্থাৎ বেশি ঘাম। মনে রাখতে হবে যে, কোনো মানুষই নিজের ঘামের মধ্যে ডুবে যায় না। জীবনে এমন কোনো বাধা আসে না যা লঙ্ঘন করা যায় না। কিন্তু আমাদের অর্থাৎ মানুষ্য জাতির মধ্যে ধৈর্য্য এতই কম থাকে যে, তৎকাল পরিণাম আশা করে। যদি তা না পাওয়া যায় তাহলে আমরা হতাশ হই। কঠোর পরিশ্রমের থেকে দূরে পলায়ন করা উচিত না।

প্রতিটা কাজেই সমস্যা ও বাধা তো আছেই। খারাপ লোক, অসহযোগী কর্মচারী, সময় ও ধনের অভাব তথা বন্ধুত্ব বর্জিত পরিবেশ প্রভৃতি বিভিন্ন বিষয়ের সন্মখীনতা আমাদের করতেই হয়। কিন্তু সমস্ত পরিস্থিতির সন্মখীনতা করার জন্য আমাদের আগে থেকেই প্রস্তুত থাকতে হয়। কোনো পরিস্থিতিই আমাদের দৃঢ় সংকল্পের আগে টিঁকতে পারে না। যদি আমরা সামান্য কষ্ট করতে রাজি থাকি তাহলে আগামী দিনের অনেক বড়ো কষ্টের থেকে দূরে থাকতে পারব।

কেবল সফল হওয়ার বাসনা থাকলেই কিছু পাওয়া যায় না। তা সার্থক করে

তোলার জন্য পরিশ্রম করতে হয়। যদি অসফল হন তাহলে নিজে কতটা চেষ্টা ও পরিশ্রম করেছিলেন তা দেখার প্রয়াস করুন। যখন মাঝপথে এসে আর কোন কাজ করতে ইচ্ছা না করে তখন মার্টিন লুথার কিঙ্গের কথা স্মরণ করুন ঞ্ম- যদি কোনো ব্যক্তি রাস্তা ঝাঁট দেওয়ার কাজ করে তাহলেও তার সেই ঝাঁট দেওয়ার কাজ নিয়মিত করা উচিত যেমনভাবে মাইকেল এঞ্জেলো চিত্র অঙ্কন করেছিলেন, বীথোওয়ান সঙ্গীত আর শেক্সপীয়ার কবিতা রচনা করেছিলেন। এত পরিষ্কার ভাবে তার সেই কাজ করা উচিত যাতে করে স্বর্গ এবং পৃথিবীবাসীরা দাঁড়িয়ে বলতে পারে ঞ্ম- এখানে এমন এক দক্ষ ঝাড়ুদার ছিল যে নিজের কাজ খুব ভালো করে করত।

পরিষ্কার করার কাজটা একবারে করা সম্ভব না, আমাদের ক্রমাগত চেষ্টা চালিয়ে যেতে হবে, এই চলার পথে যারা দাঁড়িয়ে পড়ে তাদের জন্য কোনো স্থান নেই। কেউ হঠাৎ করে নিজের পেশার উচ্চ শিখরে পৌঁছাতে পারে না। বহু কষ্ট ও বাধা সহ্য করে তাকে একটা করে পা ফেলে এগিয়ে যাওয়ার চেষ্টা করতে হয়।

হয়তো সে আপনার থেকে অনেক বেশি কষ্ট সহ্য করেছে। আমাদের মধ্যে বেশির ভাগ লোকেরাই একসাথে একাধিক কাজ করতে চায়, কিন্তু গুরুত্বপূর্ণ বিষয় হল একবারে একটাই কাজ করা উচিত আর মন দিয়ে সেই কাজ করা উচিত।

আপনি কি পরিকল্পনা করেছিলেন সেটা বড়ো কথা নয়, আপনি কি পেয়েছেন সেটাই হয়ে ওঠে আপনার পরিচয়। মানুষের কখনই পরিশ্রমকে ভয় পাওয়া উচিত না। নিজের গুরুত্বপূর্ণ কাজের জন্য সময় বাঁচান। অনেক সময় তো আমি নিজের কাজ শেষ করার জন্য নিজের ঘরের দরজা পর্যন্ত বন্ধ করে দিই। আমার মনে হয়, সর্বদা আমার সবেচেয়ে ভালোটা করার চেষ্টা করতে হবে আর তবেই আমি ভালো পরিণাম পাব, আর তা পাওয়াও যায়।

> ***"আমাদের প্রথম কর্তব্য হল নিজের প্রতি ঘৃণা না করা, কারণ আগে এগানোর জন্য নিজের প্রতি বিশ্বাস রাখাটা খুবই জরুরি আর তারপর ঈশ্বরের প্রতি! যে নিজেকে বিশ্বাস করে না, সে কখনই ঈশ্বরকে বিশ্বাস করতে পারবে না।"***
>
> **- বিবেকানন্দ সাহিত্য (তৃতীয় খন্ড; পৃ. 12-13)**

50

বিজয়ী হোন

লোকেদের কাছে সংঘর্ষ করার শক্তি থাকে; যেকোনো মানুষ নিজেই নিজের আশা-আকাঙ্খা নষ্ট করে অন্য কেউ তা পারে না। প্রসন্নতা হোক বা অপ্রসন্নতা দুটি পাওয়ার জন্যই একই রকম পরিশ্রম করে যেতে হয়।

এই পৃথিবীতে ক্যাকটাসের অভাব নেই, কিন্তু তার ওপরে গিয়েই আমাদের বসতে হবে এর কোনো মানে নেই। মনে রাখবেন যে, আনন্দই জীবনের সার, আর আমাদের সর্বদা তা পাওয়ার চেষ্টা করে যেতে হবে। জীবন রূপী বায়ুতো এমনিতেই চলতে থাকবে, আমরা তার দিক নির্ণয় করতে পারি না, কিন্তু সেই হিসাবে নিজেদের নৌকা প্রবাহিত করতে পারি। যখন মনে থাকে জয়ের আশা, আর মনে হয় যে কোনো কিছুই অসম্ভব নয় তখন অর্ধেক লড়াই তো আমরা জিতেই যাই। কিন্তু আগে থেকেই যদি মনে নিরাশাবাদের জন্ম হয় তাহলে অসফলতা নিশ্চিত হয়ে ওঠে। আপনার অবস্থা নয় আপনার মনভাব অনেক বেশি গুরুত্বপূর্ণ।

একবার আমার ট্রেন আট ঘন্টা দেরিতে চলছিল। আমার সহযাত্রীরা খাওয়া-দাওয়া ও গল্পগাছা করেই সময় অতিবাহিত করছিল কিন্তু আমি ল্যাপটপে নিজের নতুন কিছু কাজ করার চেষ্টা করছিলাম। সৌভাগ্যবশত সিটের কাছে প্লাগ পয়েন্টও ছিল যার ফলে এতটুকু সময় নষ্ট হয়নি।

কোন অবস্থার মোকাবিলা আমরা কিভাবে করব তা আমাদেরই ঠিক করতে

হবে। একটা পাথরের টুকরো কেটেই প্রতিমা গঠন করা হয়। পাহাড়ের এবড়ো খেবড়ো পাথরই আপনাকে শিখরে নিয়ে যেতে সাহায্য করে। যেকোনো পরিস্থিতির কোনো না কোনো ভালো দিক অবশ্যই থাকে। আমাদের নিজেদের শুধু তা খোঁজার চেষ্টা করতে হবে। পরিস্থিতি বদলানোর আগে আমাদের নিজেদের বদলানোর চেষ্টা করতে হবে।

সুন্দর গোলাপের সাথে কাঁটা থাকে, সেই কথা ভুললে চলবে না। সময় খারাপ না হলে ভালো সময়ের কদর বুঝবেন কিভাবে। স্বর্গ কোনো ভৌতিক স্থান নয়, তা আমাদের মনের অবস্থা মাত্র। পরিস্থিতি যত খারাপই হোক না কেনো যদি তা সংশোধনের চেষ্টা থাকে তাহলে অবশ্যই আমরা তার থেকে রেহাই পেতে পারি।

কাজকে ছোটো ছোটো করে ভাগ করে ফেলুন; অসম্ভব বিষয়ও সম্ভব হয়ে যাবে। চাঁদ পাওয়ার ইচ্ছা থাকলে তারাদের তো পেয়েই যাবেন, তার জন্য যত বাধারই সম্মখীনতা করতে হোক না কেনো।

আমরা একই আকাশের তলায় বাস করি কিন্তু তা আমরা বিভিন্ন দৃষ্টিতে দেখি, কারণ আমাদের দৃষ্টিভঙ্গী পৃথক পৃথক হয়।

যাদের মনে আশা আছে, যারা কিছু করে দেখানোর চেষ্টা রাখে এমন লোকেদের সাথে থাকুন, আপনার নিজের জীবনের দৃষ্টিভঙ্গীও বদলে যাবে। ভ্রম, নিরাশা ও উদ্বেগ মানুষকে কোথাও নিয়ে যেতে পারে না।

ইতিবাচক চিন্তা যেকোনো পরিস্থিতিতে নেতিবাচকতার থেকে অনেক গুণে ভালো। দৈনন্দিন জীবনের কাজের মধ্যে আনন্দের সন্ধান করা আমাদের হাতেই আছে। পরিস্থিতিকে দোষ দিলে কিছুই পাওয়া যায় না।

আকর্যণের নিয়ম বলে যে, ভালোবাসাই ভালোবাসাকে টানে। আমাদের মধ্যে দ্বেষ থাকলে আমরা দ্বেষকেই আকর্ষণ করব। আমাদের ব্যবহারই আমাদের দর্পন। মাংসপেশীর আগে নিজের আত্মাকে বলশালী করে তোলা উচিত। জীবন আমাদের সুখ দেবে নাকি দুঃখ তা নির্ভর করে আমাদের ওপর। অনেক সময় মন খারাপ হয়। তখন নিজেদের জীবনে নিজেদেরই রঙের সঞ্চার করতে হয়। ঘটনা নয় বরং তার ব্যখ্যাই আমাদের অনেক বেশী দুঃখ প্রদান করে থাকে। মনে রাখবেন যে গান গাইতে চায়, সে বোল পেয়েই যায়। আপনি কি করবেন, তা আপনাকেই ঠিক করতে হবে।

51

মনকে নিয়ন্ত্রনে রাখুন

আমাদের মূল্যবান সময়ের যথাযোগ্য ব্যবহার করা আর ব্যর্থ কাজের পিছনে তা অপচয় না করা খুবই গুরুত্বপূর্ণ বিষয়। আসলে বেশির ভাগ সময়তেই আমরা এমন কিছু কাজের সাথে লিপ্ত হয়ে পড়ি যার সাথে আমাদের কাজের কোনো সম্পর্কই থাকে না, যেমন ধরুন, গল্প করা বা তাশ খেলা প্রভৃতি। টী.ভী. দেখা বা অন্য কোনো মনোরঞ্জনের উপায় ততক্ষণ খারাপ নয় যতক্ষণ না আপনি তার গোলাম হচ্ছেন। এই গুলির হাত থেকে মুক্তি পাওয়ার শক্তি আমাদের মধ্যেই লুকিয়ে থাকে।

অসচেতন ভাবে আমরা বহু কাজ করে থাকি, যেমন - ব্রাশ করা, স্নান করা, হাঁটা বা গাড়ি চালানো প্রভৃতি। এর জন্য আমাদের বিশেষ ধ্যান দেওয়ার প্রয়োজন হয় না।

আমরা অভ্যাস বশত যে কাজ গুলি করে থাকি সেগুলি করতে আমাদের বেশি সময় বা উর্জা নষ্ট নয় না, কিন্তু আমাদের জীবনের বেশির ভাগ বিষয় গুলিকেই আমরা রুটিং-এর মধ্যে ফেলে দেওয়ার চেষ্টা করি, আর সেই দিকে বিশেষ ধ্যান দিই না, সেটাই অসুবিধার সৃষ্টি করে থাকে। এরফলে কোনো রকম চিন্তা ভাবনা না করেই আমরা সেই ব্যাপার গুলিতে বেপরোয়া হয়ে উঠি।

একবার আমাকেও এর জন্য মূল্য দিতে হয়েছিল। আমার এক বন্ধুর ছেলের বিবাহের পর আমাকে লাঞ্চে আমন্ত্রণ জানিয়েছিল। আমি সন্ধ্যাবেলায় দিল্লীর

জিমখানা ক্লাবে পৌঁছাই, সেখানে তখন কেউ ছিল না, আমার মনে হয় যে, হয়তো স্থান বদলে দিয়েছে। ফোন করার পর জানতে পারি যে, অনুষ্ঠান সাত ঘন্টা আগেই শেষ হয়ে গেছিল। আমাকে বলা হয় যে, আমাকে ডিনারে নয় লাঞ্চে আমন্ত্রণ জানানো হয়েছিল। সেখান থেকে আমি ভালো করে নিমন্ত্রণ পত্র পড়ে দেখার অভ্যাস গড়ে তুলি।

যে কাজই করুন না কেনো, সেই ব্যাপারে মানসিক দিক থেকে সজাগ থাকাটা খুবই জরুরি। একবার আমি ব্যাঙ্ককে যাওয়ার সময় দিল্লী এয়ারপোর্ট পৌঁছাতেই আমার স্ত্রীর ফোন আসে। আমার মনে হয়েছিল যে, তার সাথে কথা বলার পর আমি ফোনটা ব্যাগেই রেখে দিয়েছি, কিন্তু পরে যখন ফোনটা পাইনা তখন আমার মনে হয়ে যে, ফোনটা কোথাও পড়ে গেছিল।

বর্তমানের কাজের ওপর ধ্যান দিতে না পারার জন্যই আমাকে নিজের দামি ফোন হারাতে হয়েছিল। ইন্দোর যাওয়ার সময়তেও পুনরায় একই ঘটনা ঘটেছিল। যার ফলে আমার প্রায় দুই লক্ষ টাকার ক্ষতি হয়। মস্তিষ্ক তখনই ঠিক ভাবে কাজ করে যখন আমরা বর্তমানের ওপর ধ্যান কেন্দ্রিত রাখতে পারি, আমরা শারিরীক দিক থেকে যেখানে থাকি, আমাদের মস্তিষ্কও যদি সেখানে থাকে তবেই আগত সুযোগের সদ্ব্যবহার করা সম্ভব হয়। এতে করে আপনি সুষ্টভাবে নিজের কাজ সম্পন্ন করতে পারবেন।

জীবনে আমাদের কাছে কেবল বর্তমান আছে, অতীত মারা গেছে আর ভবিষ্যৎ সম্পর্কে আমরা কেউই জানি না। অতীত ও ভবিষ্যৎকে যতটা সম্ভব অদেখা করে বর্তমানের প্রতি নজর দিন। আমাদের ধ্যান অন্য দিকে থাকার জন্য আমরা বেশ কিছু বিষয়ের দিকে ধ্যান দিতে পারি না। একবার আমার দিল্লী বিমান বন্দরে প্লেনের সময় হয়ে যাচ্ছিল কিন্তু তখন আমার ড্রাইভার এসে পৌঁছাইনি, যার ফলে আমি অতি কষ্টে নিজের প্লেন ধরার সুযোগ পেয়েছিলাম, কিন্তু পরে যখন সে আমাকে সাফাই দিতে আসে তখন আমার মাথা ঠান্ডা হয়ে গেছিল, আমি তাকে একটাই কথা বলেছিলাম, যে যা হওয়ার তা হয়ে গেছে, এই নিয়ে আর আলোচনা করে লাভ নেই, ভবিষ্যতে যেন এমন ঘটনা আর না ঘটে।

মানুষ মাত্রই ভুল হয়, তার জন্য কাউকে জীবন হারাতে হয় না। পুনরায় যাতে সেই একই ভুল না হয়, সেদিকে নজর রাখতে হয়। মন ও মস্তিষ্ক দিয়ে আমরা কোনো কাজ করলে অবশ্যই তার পরিণাম পাওয়া সম্ভব হয়। এইভাবে নিজের সমস্ত অপ্রসন্নতা দূর করে একটা উজ্জীবিত শরীর পাওয়া সম্ভব।

পরিস্থিতি যত কঠিনই হোক না কেনো, তার সমাধান অবশ্যই আছে। কোনো ভুল হয়ে গেলে, কিভাবে তা ঠিক করা যায় সেই নিয়ে বিচার করুন। ভুল কাটিয়ে উঠে নতুন ভাবে শুরু করাটাই সবচেয়ে ভালো।

নিজের বা অন্যদের সম্পর্কে খারাপ চিন্তা ভাবনা রাখলে কখনই পরিস্থিতি সামলানো যায় না। নিজের প্রতি সৎ থাকার চেষ্টা করুন। নিজের জ্ঞান বৃদ্ধি করার মতো কোনো সুযোগ ছাড়বেন না। হাতে পাঁচ মিনিট থাকলেও খালি বসে থাকবেন না। আনন্দে থাকার কোনো কারণ না থাকলেও তার সন্ধান করুন। যারা আনন্দে থাকে তাদের সাথে থাকুন। নিন্দুকদের থেকে দূরে থাকার চেষ্টা করুন, তারা যে শুধু আপনাকে ছোটো করার চেষ্টা করে তাই নয়, আপনাকে হতাশ ও নিরাশ করে তোলে। এছাড়াও আমাদের সর্বদা ইতিবাচক পদক্ষেপ গ্রহণ করা উচিত; যা বিপরীত পরিস্থিতিতে আমাদের সাহায্য করবে। নালিশ জানানো খুব সহজ কাজ কিন্তু তাতে কোনো লাভ হয় না।

"অপরের সমালোচনা করার সময় আমরা সর্বদা মূর্খামি করে থাকি কারণ কোনো একটি বিশেষ গুণকে আমরা জীবনের সর্বস্ব বলে মনে করি আর সেটিকেই মাপদন্ড করে অপের দোষের সন্ধান করতে থাকি। এরফলে অন্যকে চিনতে আমরা ভুল করে ফেলি।"

- বিবেকানন্দ সাহিত্য (তৃতীয় খন্ড), পৃ. 260

52

জীবন যেন একঘেঁয়ে হয়ে না যায়

অনেক সময় আমাদের কাজ, নিকটজন, বন্ধু-বান্ধব এমনকি নিজেদের জীবনও একঘেঁয়ে বলে মনে হয়। হতাশা বা একঘেঁয়েমি এমন একটা মনঃস্থিতি যখন আমাদের আশেপাশের সমস্ত বিষয়ই অসহ্য বলে মনে হয়, অনেক সময় হাতে পর্যাপ্ত কাজ না থাকলেও এমন ঘটনা ঘটে থাকে। বোর লাগলে মানুষের তখন কোনো কাজই করতে ইচ্ছা করে না, এবং কি করবে সেটাও ঠিক করতে পারে না। এর থেকে বাঁচার একটাই উপায় আছে, আপনি নিজেকে কিছু প্রশ্ন করুন।

এক সপ্তাহ ধরে এমন প্রশ্ন করতে থাকলে আপনি নিজের মনের অবস্থার কারণ বুঝতে পারবেন। নিম্নলিখিত যেকোনো বিষয়ের জন্য এমন ঘটনা ঘটতে পারে ঃ

কোনো নিশ্চিত লক্ষ্যের অভাব, গুরুত্বপূর্ণ কাজ উপেক্ষা করা বা সামাজিক জীবন অস্বচ্ছন্দ হওয়ার ফলে বোর হোতে হয়। এই পৃথিবীর মাত্র ৩ শতাংশ মানুষই নিজেদের লক্ষ্যে পৌঁছাতে পারে। আমাদের নিজেদের নাম এই তিন শতাংশ মানুষের মধ্যে অন্তর্ভূক্ত করতে হবে, যারা নিজেদের মনবাঞ্ছিত লক্ষ্যে কিভাবে পৌঁছানো যায় তা জানে।

দৈনন্দিন গতিবিধি আমাদের নিরস ও ক্লান্ত করে। আমাদের অস্তিত্বকে আকর্ষক ও রোমাঞ্চকর করে তোলার জন্য জীবনের বিভিন্ন দিকে তাকাতে হবে।

একঘেঁয়েমির হাত থেকে বাঁচার জন্য জীবনের কোনো লক্ষ্য নির্ধারণ করুন। আমার তো মনে হয় যে, প্রতিদিন আমাদের সামনে একটা লক্ষ্য থাকা উচিত। নিজের জীবন যাতে বোর হয়ে না যায়, তার জন্য এটা খুবই জরুরি।

কোন কাজ করতে কতটা সময় লাগবে তা আগে থেকেই নির্ধারণ করে নিতে পারলে, দিনের শেষে বোঝা যায় যে, আপনি কতটা কাজ করছেন।

আপনি কি পেতে চান যদি সেটাই না জানেন তবে আপনি নিজের লক্ষ্য পূরণ করবেন কিভাবে। লক্ষ্য হিসাবে কাজ করলে দীর্ঘকালিন ও অল্পকালিন লক্ষ্য পূরণ করা সম্ভব হয় এবং একঘেঁয়েমির হাত থেকেও নিস্তার পাওয়া যায়। সমস্ত সমস্যার শুরু হয় খালি বসে থাকলে।

অনেক সময় আমাদেরকে অনেক অপছন্দের কাজ করতে হয়, কিন্তু তাও মন দিয়ে করুন। কোনো অপছন্দের কাজের ইতিবাচক পরিণাম আপনাকে কতটা আনন্দ দিতে পারে তা ভাবুন।

আমাদের মনোভাবইপরিণাম নির্ধারণ করে দেয়। সমস্যা প্রত্যেকের জীবনেই আছে, কিন্তু আপনি কিভাবে তা গ্রহণ করছেন তা আপনার ওপরেই নির্ভর করে। নিজের মনকে নিয়ন্ত্রণ করতে পারলে আপনি নিজের লক্ষ্য পূরণ করতে পারবেনই। নেতিবাচক ও অবসাদ গ্রস্ত মানুষকে কখনই কেউ সাহায্য করতে পারে না। কোনো কাজ সহজ হওয়ার আগে তা কঠিন বলেই মনে হয়, নির্ভীক ভাবে কার্য করতে থাকলে তবেই একদিন তা সহজ হয়ে ওঠে।

সফলতা ও প্রাপ্তির ভাবনা যেকোনো একঘেঁয়েমিকে জীবন থেকে দূর করে দিতে পারে। সমস্ত জটিলতা এবং অসুবিধা থাকা সত্ত্বেও কোনো কাজ সঠিক ভাবে করে পরিণাম প্রাপ্ত করাকেই সফলতা বলা হয়। একঘেঁয়েমি দূর করার আরো একটা উপায় হল আপনি সফল এবং আশাবাদী লোকেদের সঙ্গে থাকুন। সফলতাও সংক্রমক হয়। আমাদের কাছে এত সুযোগ ও পছন্দের মতো কাজ থাকে যে, বোর হওয়ার কোনো সুযোগই থাকে না। মাঝেমধ্যেই নিজের রুটিং একটু বদলে ফেলতে পারেন, তাতে করে আর আপনাকে বোর হোতে হবে না। দিনের শেষে এটা দেখুন যে, আপনি সারা দিনে কতটা সার্থক কাজ করেছেন, তাতে করে আপনার আনন্দ বৃদ্ধি পাবে।

এছাড়া নিজের চিন্তা পদ্ধতির ওপর ধ্যান দিন। আমাদের চিন্তাধারা যেমন থাকে আমাদের আচরণও তেমনি হয়ে যায়। আমাদের আজকের বিচার যেমন হবে আমাদের কালকের দিনটা তেমন হবে। প্রতিদিন নতুন কিছু করার চেষ্টা

করুন, নিরস লোকেদের থেকে যতটা পারবেন দূরে থাকুন। ক্লান্তিকর, নিরস ও একঘেঁয়ে জীবন যাপন করবেন না।

আলেকজান্ডার হেমিল্টনের মতে "লোকে আমাকে জিনীয়াস বলে, আসলে আমার হাতে কিছু আসলেই আমি খুব মন দিয়ে তার অধ্যয়ন করি, আর এতেই আমার সমস্ত বুদ্ধিমত্তা লুকিয়ে আছে। তা সারা দিন-রাত আমার সামনে থাকে। আমি সমস্ত দিক দিয়ে তা পরীক্ষা-নিরীক্ষা করে দেখি। মস্তিষ্কে সেটাই ঘুরপাক খায়। তারপর আমি যে চেষ্টাটা করি, লোকে সেটাকেই জিনীয়াস বলে আখ্যা দিয়ে থাকে। এটা তো আমার পরিশ্রম ও চেষ্টার ফল।"

"সম্পূর্ণ রূপে আশা ত্যাগ করে দাও, সেটাই সর্বোচ্চ অবস্থা। কিসের জন্য আশা করবে? আশার বন্ধন ছিন্ন করে ফেল, নিজের আত্মার আশ্রয় নাও, স্থির হও, যা করবে সব ভগবানের চরণে অর্পণ করে দাও, কিন্তু তাতে কোনো রকম ছলনা করো না।"

- বিবেকানন্দ সাহিত্য (সপ্তম খন্ড), পৃ. 95

53

সমালোচকদের সাথে কেমন ব্যবহার করবেন?

প্রত্যেকের জীবনে সমস্যা আর সংকট আসতেই থাকে কিন্তু সকলের জীবনেই তা সমান রূপে হবে তার কোনো মানে নেই। এমন অবস্থায় আমরা হতাশ ও কুণ্ঠিত হই আর ভাবি আমাদের সাথে যা হয়েছে তা ঠিক হয়নি।

যদি সেই সব ব্যক্তি বা পরিস্থিতির হাত থেকে রেহাই পাওয়া যেত তাহলে কত ভালোই না হোত এমন বাসনা আমাদের মনে এসেই যায়। আপনার বস্, সহকর্মী, সাথি বা প্রতিবেশি যেকোনো মানুষের জন্য আপনি বিব্রত বোধ করতে পারেন।

এমন মানুষেরা সর্বদা নিজের ও আপনার প্রাণচঞ্চলতা ও উর্জা ধ্বংস করার কোনো না কোনো উপায় খুঁজতে থাকে। এমন মানুষদের তুষ্ট করা অতি সহজ কাজ নয়। যদিও জীবনসাথীর ক্ষেত্রে আমাদের সর্বদাই কোনো না কোনো সামঝোতা করে চলতেই হয়, আমাদের দেশে বেশির ভাগ ক্ষেত্রে এরেঞ্জ ম্যারেজ দেখা যায়, দুটি মানুষ আলাদা আলাদা পৃষ্ঠভূমি থেকে এসে এক হওয়ার চেষ্টা করে।

জীবনের প্রতিটা ক্ষেত্রেই আমাদের মানিয়ে নিয়ে চলতে হয়, এই সত্যকে আমরা কখনই অস্বীকার করতে পারব না, কখনও বাবা-মা, কখনও বন্ধু, কখনও

সহকর্মী বা প্রতিবেশী সকলকে মানিয়ে নিয়ে চলতে হয়। তারা যাতে উত্তেজিত হয়ে না যায়, সেই চেষ্টাই করবেন। এমন কোনো বিষয়ে কথা বলবেন না, যাতে আপনার সাথীর মন আহত হয়। কোনো আত্মীয়ের সাথে দেখা সাক্ষাৎ হওয়া, একসাথে কোনো সামাজিক সমারোহে যাওয়া, অর্থনৈতিক প্রবন্ধন, বাড়িতে বা অফিসে কাজ করার পদ্ধতি প্রভৃতি নিয়ে কাউর সাথে তুলনা করা, এই সব নিয়ে তর্ক-বিতর্ক বা কথা কাটাকাটির সৃষ্টি হোতে পারে।

আপনাদের মধ্যে কোনো মতভেদ থাকলেও সেই নিয়ে অন্যদের সামনে চর্চা করবেন না, বাচ্চাদের সামনেও নয়। কোনো রকম তর্ক-বিতর্কের সময় যদি আপনি চুপ করে যান তাহলে পরিস্থিতি বদলে যেতে পারে।

যখন কেউ নিন্দা বা সমালোচনা করবে তখন নিরপেক্ষ ভাবে তার বিচার করুন, হয়তো তার কথায় কোনো সত্যতা লুকিয়ে থাকতে পারে। এইভাবে আপনি নিজেকে সংশোধন করার সুযোগ পাবেন। সর্বদা মুখোমুখো কথা কাটাকাটির থেকে বাঁচার চেষ্টা করুন। অনেক সময় মাথা গরমে মুখ থেকে উল্টোপাল্টা কথা বেরিয়ে যায় কিন্তু তার জন্য পরে অনুতাপ করতে হয়। নিজেরা একান্তে বসে মাথা ঠান্ডা করে কথা বলাই ভালো।

বসেদের স্বভাবও ভিন্ন প্রকৃতির হোতে পারে। সে রাগী, শান্ত, আক্রমক বা খিটখিটে প্রকৃতির হোতে পারে। যদি সে কোনো অপশব্দের প্রয়োগ করে আপনাকে অপমান করার চেষ্টা করে তাহলে তাকে সোজা কথায় বলে দেবেন যে, শুধুমাত্র বিচারের ভিন্নতার জন্য আপনি কখনই দুর্ব্ব্যবহার সহ্য করবেন না।

আপনি তার সিদ্ধান্ত মেনে নেবেন, কিন্তু সেই ভাবেই কাজ করবেন যে ভাবে আপনি করে থাকেন, আর তাকে এই কথা জানাতে ভুলবেন না। নিজের উদ্দেশ্য পূরণের জন্য বসেরও তেমনি মানুষের প্রয়োজন হয় যে দলের সাথে মিলেমিশে কোনো কাজকে পূর্ণ করে তুলতে পারে। কেউই কখনও ভালো কর্মচারীকে হাতছাড়া করতে চায় না। আমাদের বস বলতেন, অফিস শুরু হওয়ার এক ঘন্টা আগে আর শেষ হওয়ার দুঘন্টা পর পর্যন্ত কাজ করতে পারলে তবেই কাজের প্রতি নিষ্ঠার পরিচয় দেওয়া যায়। আমার সহকর্মীরা বসকে খুশি করার জন্য সকালেও যেমন তাড়াতাড়ি আসত তেমনি ছুটি হয়ে যাওয়ার পরেও বসে থাকত। আমি কখনই এই কথা বিশ্বাস করতাম না, কিন্তু নিজের কাজের প্রতি আমি কোনো দিনই অবহেলা করিনি।

আপনি যে পদ্ধতিতেই কাজ করুন না কেনো কখনই মানসিক চাপকে পোশ্রয় দেবেন না, কারণ তা আপনার দীর্ঘকালীন জীবন, সম্পর্ক ও স্বাস্থ্যের ওপর বিপরীত প্রভাবের সৃষ্টি করে। এই রকম পরিস্থিতিতে সামনের বিকট মানুষটির মোকাবিলা করতে পারবেন না আপনি। আর একটা বিষয়ের দিকে ধ্যান দিন, এই রকম মানুষদের সাথে বিনম্রভাবে কথা বলুন, তাদের ওপর তার গভীর প্রভাব পড়বে।

যারা সর্বদা মানসিক চাপের মধ্যে থাকে এবং ঝগড়া অশান্তি করে তাদের থেকে দূরে থাকুন, সম্ভব হলে অনেকটা দূরত্ব বজায় রাখার চেষ্টা করুন। আমরা যে কাজই করি না কেনো, তা নিয়ে সমালোচনা তো হয়েই। আপনার যদি মনে হয় যে আপনি কোনো খামতি রাখেননি আর তা সত্ত্বেও নিন্দা হচ্ছে তাহলে সেদিকে কান দেবেন না। মিথ্যে সমালোচনাকে পাত্তা দেওয়ার কোনো প্রয়োজন নেই। অজ্ঞানতা বশত কেউ আপনার সমালোচনা করলে হেসে উড়িয়ে দেওয়ার চেষ্টা করুন। যদি সমালোচনা প্রকৃত হয় তাহলে তার থেকে শিক্ষা নেওয়ার চেষ্টা করুন, সেই ভুল যাতে আর না হয়, সেইদিকে দেখুন।

কাউর নিন্দা করার আগে নিজেকে সেই স্থানে রেখে দেখুন। তখন বুঝতে পারবেন যে, এই ব্যক্তি কেনো সেই কাজ করেছিল।

যদি কোনো ব্যক্তি খুবই দুষ্ট প্রকৃতির হয় তাহলে তাকে এরিয়ে চলাই ভালো। জীবন আনন্দে অতিবাহিত করতে হলে এদের থেকে দূরে থাকুন। আপনি যদি মনে করেন যে আপনি ঠিক পথে এগাচ্ছেন তাহলে কোনো রকম সমালোচনায় কান দেবেন না। পৃথিবীর সমস্ত ভালো কাজ নেয়েই সমালোচনা হয়েছে, শুধু নিজের কাজের দিকে ধ্যান দিন। সেটাই হয়ে উঠুক আপনার জীবনের সবচেয়ে গুরুত্বপূর্ণ বিষয়।

মাইন্ড পজেটিভ লাইফ পজেটিভ

সফল ও সংশয়হীন জীবন লাভের প্র্যাক্টিকল টিপ্স

জীবনে সফলতা অর্জন করার জন্য কোনো শর্টকাট হয় না। আপনি কোন পথে এগালে নিজের নির্ধারিত লক্ষ্য পর্যন্ত পৌঁছাতে পারবেন, তা বলে দেবে এই পুস্তক। যে কোনো কাজের জন্য মূল্য দিতেই হয়, তাই নিজেকে সফল দেখার জন্য সঠিক সমাধান, কঠোর পরিশ্রম ও সমর্পণ থাকাটা খুবই জরুরি।

পুস্তকের বিভিন্ন অধ্যায়ে বিভিন্ন বিষয়ের ওপর চর্চা করা হয়েছে, যেমন কিভাবে আপনি নিজেকে প্রেরণা প্রদান করবেন, সময়ের সদ্ব্যবহার, সমস্যার সমাধান, সৃজনশীল চিন্তন, প্রবন্ধকীয় ক্ষমতা, অনুশাসন, আত্মদয়ার থেকে মুক্তি, সংশয়হীনতা, সরল ও উচ্চ বিচার, সফলতার রহস্য, সার্থক জীবন, মনের ওপর নিয়ন্ত্রণ, একঘেঁয়েমির হাত থেকে রেহাই, সফল বিবাহ, কথোপকথন কৌশল ইত্যাদি।

আপনি যদি সাবধানতার সাথে বিষয় গুলি নিয়ে বিশ্লেষণ করেন তাহলে এই গুলি যে শুধু আপনার জীবনকে সংশয়হীন করে তুলবে তাই নয় তা জীবনের প্রতি একটা নতুন দৃষ্টিভঙ্গী প্রদান করতে সাহায্য করবে।